高职高专“十三五”规划教材·财会专业

审计学基础与案例

（第2版）

张冬梅　伍春晖　龚　诤　主　编

张冬青　张　宁　副主编

電子工業出版社
Publishing House of Electronics Industry
北京·BEIJING

内 容 简 介

本书根据《教育部关于加强高职高专教育人才培养工作的意见》文件的精神，精选对学生终身发展有益的基础知识和基本技能，注重教材的基础性、实践性，使理论与实践相结合。

本书以“提高学生实践能力，培养学生的职业技能”为宗旨，将企业年度会计报表审计的工作过程划分为审计概述、中国注册会计师职业道德、接受业务委托、评估风险并采取应对措施、制定审计计划、审计销售与收款循环、审计采购与付款循环、审计生产与存货循环、审计货币资金、编制审计报告 10 个学习情境。每一学习情境由若干任务组成，每一任务都包含了学习目标、技能目标、任务引入、任务分析、知识链接、思考与讨论、案例分析等内容。

本书既可作为高等职业院校会计类专业和管理类专业学生的专业教材，又可作为成人教育的教学用书及供会计师事务所审计人员学习参考使用。

图书在版编目（CIP）数据

审计学基础与案例 / 张冬梅，伍春晖，龚诤主编. —2 版. —北京：电子工业出版社，2018.3

ISBN 978-7-121-33633-1

Ⅰ. ①审… Ⅱ. ①张…②伍…③龚… Ⅲ. ①审计学—高等职业教育—教材 Ⅳ. ①F239.0

中国版本图书馆 CIP 数据核字（2018）第 021979 号

策划编辑：贾瑞敏　胡伟卷
责任编辑：贾瑞敏　　　特约编辑：许振伍　孙明珍
印　　刷：北京虎彩文化传播有限公司
装　　订：北京虎彩文化传播有限公司
出版发行：电子工业出版社
　　　　　北京市海淀区万寿路 173 信箱　邮编 100036
开　　本：787×1 092　1/16　印张：17　字数：435 千字
版　　次：2013 年 8 月第 1 版
　　　　　2018 年 3 月第 2 版
印　　次：2018 年 8 月第 2 次印刷
定　　价：45.00 元

凡所购买电子工业出版社图书有缺损问题，请向购买书店调换。若书店售缺，请与本社发行部联系，联系及邮购电话：(010)88254888，88258888。

质量投诉请发邮件至 zlts@phei.com.cn，盗版侵权举报请发邮件至 dbqq@phei.com.cn。

本书咨询联系方式：电话 010-62017651；邮箱 fservice@vip.163.com；QQ 群 427695338；微信 DZFW18310186571。

前　言

审计并不像其他学科，一切从零学起，由浅入深。学习审计的起点很高，在学习审计之前，不仅要具备扎实的会计、财务管理、税法、经济法和企业管理等相关方面的知识，而且还要具备丰富的会计工作实践经验；不仅需要以各门课程为基础，更需要广泛运用专业知识进行分析、判断。当今高职院校学生的基础相对比较薄弱，学生普遍认为审计难学，审计理论和观念太抽象，其中一个主要原因就是传统的审计教材太偏重于抽象的理论、术语和准则介绍，偏重于审计程序的描述，然而学生没有从事过审计工作，没有亲眼见过审计的工作过程，即使学会了书本上的审计知识也不会在实践中具体操作。基于这一点，我们编写了本教材。本教材从组织一个企业年度会计报表审计业务的全过程，让学生学习如何承接审计业务、如何签订审计业务约定书、如何评估审计风险、如何制定总体审计策略、如何制订具体审计计划、如何进行控制测试、如何进行实质性测试、如何形成审计工作底稿、如何编制审计报告。

本教材真实地再现了审计的整个工作过程，将审计理论知识讲解、审计程序描述与审计实践有机地结合在一起，使学生在学习理论知识的同时掌握审计技能，能够身临其境地体验审计人员的工作环境及乐趣，大大地提高学习审计的兴趣。

本教材不是按照学科体系的逻辑关系进行编写的，而是按照企业年度会计报表审计的工作流程进行编写，将整个审计工作过程划分为 10 个学习情境，26 项任务。学生完成了 26 项任务的训练，就基本学会了年度会计报表审计工作过程中工作任务所要求的主要能力与技能。每一项具体任务都是根据一项具体的审计工作设计的。学生在任务驱动下学习，教师的主要任务是指导学生完成具体审计任务，讲解与任务有关的审计理论与方法，而不是“教书”，即强调学生自主学习。在教学中真正体现了以审计的工作过程为导向，以任务为驱动，以岗位为培养目标的“教、学、做”一体化的教学模式——每次课程学习任务明确，实训项目可操作，学习成果可展示、可检验，彻底解决了传统教学中只讲审计理论，不进行审计实训，理论与实践脱节的弊病。

本教材由张冬梅、伍春晖、龚诤担任主编，张冬青、张宁担任副主编。编写分工如下：学习情境一、学习情境四、学习情境五、学习情境六由黑龙江建筑职业技术学院张冬梅编写；学习情境三、九由金肯职业技术学院伍春晖编写；学习情境二、七由武汉软件工程职业学院龚诤编写；学习情境八由广东黑龙江大学张冬青编写；学习情境十由金肯职业技术学院张宁编写。

本书在编写过程中参考了大量资料，在此向有关单位及作者表示感谢。

由于本书是突破传统审计学科知识框架的第一步尝试，再加上时间仓促和作者水平有限，恳请从事审计学理论研究、审计实务、审计教学的各位专家批评指正。

编　者

目 录

学习情境一

审计概述

知识目标

1. 掌握审计的本质特征。
2. 掌握审计的职能、作用。
3. 掌握审计的分类。
4. 掌握审计的总目标和具体目标。
5. 掌握获取审计证据的各种审计程序。
6. 掌握各种审计证据的分类及内容。
7. 掌握审计证据的充分性和适当性及其关系。
8. 掌握审计工作底稿的格式、内容。
9. 掌握注册会计师的法律责任。

能力目标

1. 能够认清审计的本质、职能及作用。
2. 能够根据具体审计业务确定审计总目标及具体目标。
3. 能够运用检查、观察、询问、函证、重新计算、重新执行和分析性程序等方法获取所需的审计证据。
4. 能够清楚了解注册会计师承担的法律责任。

任务一　审计的本质

任务引入

16 世纪，地中海沿岸的商业城市已经比较繁荣。其中，威尼斯是地中海沿岸航海贸易最为发达的城市，是东西方贸易的枢纽，商业经营规模不断扩大。由于单个业主难以向企业投入巨额资金，为适应筹集资金的需要，合伙制企业便应运而生。合伙经营方式催生了对注册会计师审计的最初需求。尽管当时合伙制企业的合伙人都是出资者，但是有的合伙人参与企业的经营管理，有的合伙人不参与，所有权与经营权开始分离。那些参与经营管理的合伙人有责任向不参与经营管理的合伙人证明合伙契约得到了认真履行，利润的计算与分配是正确的，以保障全体合伙人的权益。在这种情况下，客观上需要独立的熟悉会计专业的第三方对合伙企业的经济活动进行鉴证，于是人们开始聘请会计专家来担任查账和公证工作。这样，在 16 世纪意大利的商业城市中出现了一批具有良好的会计知识，专门从事查账和公证工作的专业人员，他们从事的工作，可以说是注册会计师审计的起源。随着会计专业人员人数的增多，他们于 1581 年在威尼斯创立了威尼斯会计协会。其后，米兰等城市的职业会计师也成立了类似的组织。

注册会计师审计虽然起源于意大利，但对后来注册会计师职业的发展影响不大，英国在注册会计师职业的形成和发展过程中发挥了重要作用。

18 世纪，英国的资本主义经济得到了迅速发展，生产的社会化程度大大提高，企业的所有权与经营权进一步分离。企业主希望有外部的会计师检查企业管理人员是否存在贪污、盗窃和其他舞弊行为，于是英国出现了第一批以查账为职业的独立会计师。他们受企业主委托，对企业会计账目进行逐笔检查，重点在查错防弊，得出的检查结果向企业主报告。因为是否聘请独立会计师进行查账由企业主自行决定，所以当时的独立审计尚为任意审计。股份有限公司的兴起，使公司的所有权与经营权进一步分离，绝大多数股东不再直接参与经营管理，但由于涉及自身的利益，所以非常关心公司的经营成果。证券市场上潜在的投资人同样十分关心公司的经营情况，以便进行投资决策。同时，由于金融资本对产业资本的逐步渗透，增加了债权人的风险，债权人也非常重视公司的生产经营情况，以便决定是否继续贷款或是否索偿债务。公司的财务状况和经营成果，只能通过公司提供的财务报表来反映，因此，在客观上产生了由独立会计师对公司财务报表进行审计，以保证财务报表真实可靠的需求。值得一提的是，注册会计师的“催产剂”是 1721 年英国的“南海公司事件”。

1710 年，英国政府用发行中奖债券募集的资金创立了南海股份公司（以下简称南海公司）。该公司以发展南大西洋贸易为目的，获得了专卖非洲黑奴给西班牙、美洲等国家和地区的 30 年垄断权，而最大的特权是可以自由地从事海外贸易活动。但南海公司在创立的近 10 年内，经营惨淡，业绩平平。为扭转这种局面，1719 年，英国政府做出了准许将中奖债券总额 70%（约 1 000 万英镑）的资金与南海公司股票进行转换的决定。与此同时，南海公司的董事们开始散布各种所谓的好消息，宣称该公司在年底将有大量利润实现，并煞有介事地预计，在 1720 年的圣诞节，公司可能要按面值的 60%支付股利。因而自 1720 年 4 月起，南海公司的股票价格节节攀高，至 1720 年 7 月，股票价格已高达 1 050 英镑。随着南海公司股价的扶摇直上，一场投机浪潮席卷全国。1720 年 6 月，为了制止各类“泡沫公司”的膨胀，英国国会通过了《泡沫公司取缔法》。自此，许多公司被解散，公众开始清醒过来，对一些公司的怀疑逐渐扩展到南海公司身上。1720 年 9 月，英国议会成立了一个由 13 人组成的特别委员会，对“南海公司事件”进行秘密查证。在调查过程中，特别委员会发现该公司的会计记录严重失实，明显存在蓄意篡改数据的舞弊行为，于是特邀了一位名叫查尔斯·斯奈尔的资深会计师，对南海公司的分公司索布里奇商社的会计账目进行检查。查尔斯通过对南海公司账目的查询和审核，于1721年提交了一份名为《伦敦市彻斯特·莱恩学校的书法大师兼会计师对索布里奇商社的会计账簿进行检查的意见》，从而宣告了独立会计师——注册会计师的诞生。在该报告中，查尔斯指出了公司存在舞弊行为、会计记录严重不实等问题。英国议会根据这份查账报告，将南海公司董事之一的雅各希·布伦特及他的合伙人的不动产全部予以没收。其中一位叫乔治·卡斯韦尔的爵士，被关进了著名的伦敦塔监狱。

“南海公司事件”的发生到查处足以说明，建立在所有权与经营权相分离基础上的股份有限公司，必须要由一个了解、熟悉会计语言的第三者，站在客观公正的立场上，对表达所有者与经营者利益的财务报表进行独立检查，通过提高会计信息的可靠性，来协调、平衡所有者与经营者之间的经济责任关系。如果缺乏民间审计这一机制，就会像“南海公司事件”一样，使经营者为所欲为，严重损害所有者利益，从而破坏整个社会经济的稳定发展。为了监督公司管理层的经营管理活动，保护投资者、债权人的利益，避免“南海公司事件”重演，英国政府于1844年颁布了《公司法》，规定股份有限公司必须设监察人，负责审查公司的账目。1845年，英国政府又对《公司法》进行了修订，规定股份公司的账目必须经董事会以外的人员审计。于是，独立会计师业务迅速发展，独立会计师人数越来越多。此后，英国政府对一批精通会计业务、熟悉查账知识的独立会计师进行了资格确认。1853年，在英国的爱丁堡创立了第1个注册会计师的专业团体——爱丁堡会计师协会。该协会的成立，标志着注册会计师职业的诞生。1862年，英国的《公司法》确定注册会计师为法定的破产清算人，从而奠定了注册会计师审计的法律地位。

从20世纪初开始，全球经济发展重心逐步由欧洲转向美国，因此，美国的注册会计师审计得到了迅速发展，对注册会计师职业在全球的迅速发展发挥了重要作用。

在美国，南北战争结束后出现了一些民间会计组织，如纽约的会计学会。该学会在1882年刚成立时被称为会计师和簿记师协会，为会计人员提供继续教育等服务。当时英国巨额资本开始流入美国，促进了美国经济的发展。为了保护广大投资者和债权人的利益，英国的注册会计师远涉重洋到美国开展审计业务，同时美国本土也很快形成了自己的注册会计师队伍。1887年，美国公共会计师协会成立，1916年该协会改组为美国注册会计师协会，后来成为世界上最大的注册会计师职业团体。这一时期，美国许多州正式承认注册会计师是一门职业，执业人员通过考试获取注册会计师称号。许多最重要的铁路公司和工业公司都定期地聘请注册会计师检查它们的账簿。注册会计师审计逐步渗透到社会经济领域的不同层面。

1929—1933年，资本主义世界经历了历史上最严重的经济危机，大批企业倒闭，投资者和债权人蒙受了巨大的经济损失。这在客观上促使企业利益相关者从只关心企业财务状况转变到更加关心企业的盈利水平，产生了对企业利润表进行审计的客观要求。美国1933年的《证券法》规定，在证券交易所上市的企业的财务报表必须接受注册会计师审计，向社会公众公布注册会计师出具的审计报告。因此，审计报告使用人扩大到社会公众。美国注册会计师协会与证券交易所合作的特别委员会与纽约证券交易所上市委员会于1936年发表了《独立注册会计师对财务报表的检查》，明确规定应当检查全部财务报表，并向股东报告，尤其强调利润表审计。从这一点看，美国注册会计师审计的重点已从保护债权人为目的的资产负债表审计，转向以保护投资者为目的的利润表审计。第二次世界大战以后，经济发达国家通过各种渠道推动本国的企业向海外拓展，跨国公司得到空前发展。国际资本的流动带动了注册会计师职业的跨国界发展，形成了一批国际会计师事务所。随着会计师事务所规模的扩大，形成了国际四大会计师事务所，即普华永道、安永、毕马威和德勤。

由此可见，注册会计师审计起源于企业所有权和经营权的分离，是市场经济发展到一定阶段的产物。从注册会计师审计的历程看，注册会计师审计最早起源于意大利合伙企业，在英国股份公司出现后得以形成，伴随着美国资本市场的发展而逐步完善起来。

任务分析

1. 审计产生的基础是什么？
2. 什么是审计？
3. 审计的职能是什么？
4. 审计的作用是什么？

知识链接

一、注册会计师审计的含义

美国会计学会审计基本概念委员会于 1973 年发表的《基本审计概念说明》，将其定义为："审计是一个系统化过程，即通过客观地获取和评价有关经济活动与经济事项认定的证据，以证实这些认定与既定标准的符合程度，并将结果传达给有关使用者。"

二、审计的特征

审计监督的本质特征，就是高层次的经济监督。这种本质特征，主要表现在以下几个方面。

（一）审计主体的独立性

审计主体的独立性是指审计机构和人员依法独立行使审计监督权，不受其他行政机关、社会团体和个人的干涉。

审计主体的独立性主要表现在组织上的独立性、人员上的独立性、工作上的独立性和经济上的独立性。在组织上，审计机构必须是单独设置的独立的专职机构，它既不能与被审计单位有组织上的关系，也不能附属于其他部门；在人员上，审计人员必须依法审计、公正无私、不偏不倚，其任免应受到国家法律的保护；在工作上，审计人员必须依法独立行使审计监督权，独立进行审查，做出审计判断，并提出审计报告；在经济上，审计机构应有自己专门的经费来源，有足够的经费，独立自主地从事审计工作。

审计主体的独立性是由审计人在审计关系中所处的超脱地位决定的。任何一种审计活动都必须有审计人、被审计人和审计委托人 3 个方面。审计人（即第三关系人）在接受审计委托人的委托或授权的情况下，对被审计人进行审查，向审计委托人证实被审计人的责任、状况与问题；被审计人（即第二关系人）对审计委托人负有经济责任，并由审计人对其受托经济责任进行审查；审计委托人（即第一关系人）将其财产授予被审计人经营管理，要求被审计人对它们承担经济责任，并从审计人那里获取有关被审计人受托经济责任履行的书面报告。审计人、被审计人和审计委托人三者的关系如图 1-1 所示。

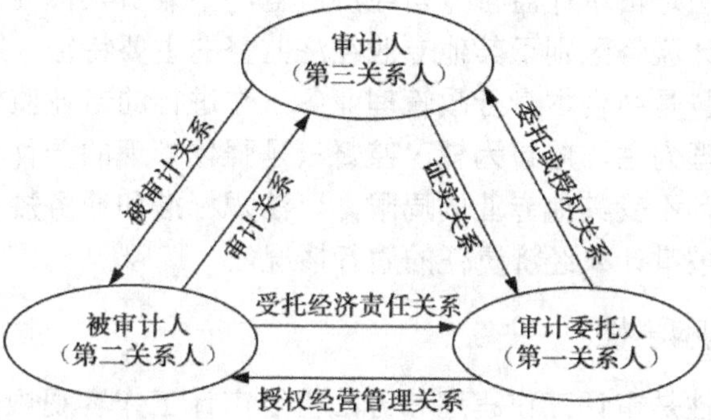

图 1-1　审计关系

从图 1-1 可见，审计人与审计委托人和被审计人之间不存在经济利害关系，它对审计委托人和被审计人都具有主动性和自由性，处于超脱地位，这就决定了审计主体的独立性。

（二）审计对象的广泛性

审计对象的广泛性是指审计实体和内容在范围上的广泛性。具体来说，凡是负有财政、财务和经营管理责任的政府机关、社会团体和企事业单位，都具有一定的经济责任关系，因而都是审计委托人授权审计的对象，即审计对象。

审计对象的广泛性是由审计在经济监督体系中所处的较高层次的地位决定的。在我国经济监督体系中，企事业单位内部的监督，属于单位内部的自我约束机制。它作为整个经济监督的基础，主要解决微观经济活动中出现的问题——财政、税务、金融、物价、工商行政等部门的专业经济监督。虽然是作为整个经济监督体系的中坚力量，但由于其受专业的局限和条件分割体制的制约，往往侧重本部门、本单位的职责，因而只能是在其专业范围内对企事业单位经济活动进行专业监督。审计组织是专司经济监督的，它不参与被审计单位的经营管理，与审计委托人、被审计人之间均不存在经济利害关系，处于客观超脱地位，因而它可以按照委托人的授权，不仅可以对企事业单位等经济组织的微观经济活动进行监督，还可以对专业经济监督部门的经济活动进行再监督。审计监督处于较高层次的地位并受法律的保护，决定了审计对象的广泛性。

（三）审计监督的权威性

审计监督的权威性使审计组织的工作过程具有法律保障，且审计结果具有法律效力。审计监督的权威性是审计独立性的明显体现，只有审计组织独立行使监督权，不受其他行政机关、社会团体和个人的干涉，才能确立审计组织的权威性。

在我国，审计的权威性主要表现在 3 个方面：一是审计组织是根据宪法规定建立的，宪法对审计组织赋予了依照法律独立行使审计监督的权力；二是审计组织按照委托人的委托依法行使职权时，有权要求被审计人提供有关资料，政府审计组织还有权追究违法乱纪的原因和经济责任，有权纠正违反国家规定的收支，制止损失浪费；三是审计组织出具的审计报告具有法律效力，政府审计机关的审计决定，还可以依法定性、处理和处罚。

（四）审计监督的专职性

审计监督的专职性是指审计监督专司经济监督，不兼负其他经济管理工作的特征。审计监督的专职性是审计监督区别于其他专业经济监督的主要特征。财政、税务、金融、工商管理等专业经济监督是结合本身行政管理业务工作进行的专业监督，这些部门参与本专业的经济管理，以管理为主，监督为辅，监督只是强化管理的一种辅助手段；而审计组织不参与具体经济管理，不受其他专业的局限，以法规标准和业务规范标准监督被审计人行为，进而查明和评价被审计人经济责任的履行情况。

（五）审计手段的科学性

审计手段的科学性是审计工作程序和方法符合审计工作客观规律的特征。为了完成审计任务，审计人采用了各种科学严密的审计程序和方法。这些程序和方法，不仅吸收了其他学科程序和方法的优点，也形成了审计学特有的方法体系。在审计活动中，审计人利用各种审计手段，对被审计人的经济活动进行审查，确认其是否执行了审计标准，并对其执行、不执行或违背标准的行为进行取证，形成充分有效的审计证据。在此基础上，对比审计标准与审计证据，提出被审计人行为的差异，然后对其差异进行评价，形成审计意见，以审计报告形式提供给审计委托人。审计通过科学严密的手段，保证了审计任务的完成。

三、审计的对象

审计对象是指被审计单位的财政财务收支及其有关的经济活动，以及作为这些经济活动信息载体的会计资料和其他相关资料。具体地说包括下列两方面的内容。

（一）被审计单位的财政财务收支及其有关的经济活动

无论是传统审计还是现代审计，无论是政府审计、内部审计还是民间审计，都要求以被审计单位客观存在的财政财务收支及其有关的经济活动作为审计对象，对其是否合法、公允、合理进行审查和评价，以便对其所负受托经济责任是否认真履行进行确定、证明和监督。政府审计的对象，根据宪法规定，为国务院各部门和地方各级政府的财政收支，国家金融机构和企业、事业组织的财务收支；内部审计的对象为本部门、本单位的财务收支及其他有关的经济活动；民间审计的对象为委托人指定的被审计单位的财务收支和其他有关的经济活动。

（二）被审计单位的会计资料和其他相关资料

审计对象主要包括记载和反映被审计单位财政财务收支，作为会计信息载体的会计凭证、账簿、报表等会计资料，以及相关的计划、预算、经济合同等其他资料；提供被审计单位经济活动信息的载体除上述会计、计划、统计等资料外，还有经营目标，预测、决策方案，经济活动分析资料，技术资料等其他资料，电子计算机的磁带、磁盘等会计信息载体。以上这些都是审计的具体对象。

综上所述，审计的对象是指被审计单位的财政财务收支及其有关的经济活动，以及作为这些经济活动信息载体的会计资料和其他相关资料。会计资料和其他相关资料是审计对象的现象，其所反映的被审计单位的财政财务收支及其有关的经济活动是审计对象的本质。

四、审计的职能

审计的职能是审计客观上固有的、不受人们主观意志支配的内在功能。审计职能是审计的本质属性。审计具有经济监督、经济评价和经济鉴证 3 项职能。

（一）经济监督

经济监督是审计的基本职能。它是指监察和督促被审计单位的经济活动，使其按照正常的经济规律和法规制度运行。审计监督是整个经济监督体系中的一个重要组成部分。通过审计监督，可以对被审计单位的财政财务收支及其有关经济活动的真实性、合法性、效益性进行审查，促使其符合国家的方针、政策、法规、制度、计划和预算的要求，借以维护财经法纪。

纵观审计产生和发展的历史，审计无不表现为经济监督的活动，履行着经济监督的职能。通过审计监督，可以严肃财经纪律，维护国家和人民的利益，可以加强宏观调控和管理，可以促进企事业单位经济效益的提高。可见，经济监督是审计的基本职能。

（二）经济评价

经济评价是指审计人员通过对被审计单位的财政财务收支和有关经济活动进行审核检查，就其经济决策、预算、计划和方案是否先进可行，执行情况如何，经济效益高低优劣，以及内部控制是否健全、严密、有效等内容做出评价，为有关方面提供决策信息。

审核检查被审计单位的财政财务收支及其有关的经济活动，是进行经济评价的前提。只有查明了被审计单位的客观事物真相，才能按照一定的标准，进行对比分析，形成各种经济评价意见。经济评价的过程，同时也是肯定成绩，发现问题的过程。经济评价职能是现代审计对传统审计在职能上的拓展。

（三）经济鉴证

经济鉴证又称审计公正，是指通过审核鉴定，确认被审计单位的财务报表和经济资料是否真实、正确，是否可以信赖，并做出书面证明，以供审计委托人或其他有关方面使用。

经济鉴证职能是随着现代审计的发展而出现的一项职能，不断受到人们的重视而日益强化，并显示其重要作用。在我国，民间审计组织鉴证业务的范围越来越广，执业越来越规范，在经济生活中发挥的作用也越来越重要。

不同的审计组织形式在审计职能的体现上侧重点有所不同，政府审计和内部审计侧重于经济监督和经济评价，民间审计侧重于经济鉴证。

五、审计的作用

审计的作用是指审计职能在审计工作中产生的客观效果。审计的作用是随着审计职能的显现而逐步发挥出来的。我国现阶段审计的作用，概括起来主要有防护作用和促进作用。

（一）审计的防护作用

审计的防护作用是指运用审计监督职能产生的防范、保护、维护、保证、保障等实际效果。这是传统审计具有的作用。发挥审计的防护作用，可以检查经济资料及其反映的经济活动的真实性和准确性，保证经济信息的准确可靠，保护财产的安全完整，确保计划、预算的顺利完成。这样，不仅可以维护财经法纪，保障经济秩序，还可以健全法制，防止违法乱纪行为的发生，保证国家方针、政策和经济法规的顺利实施，确保市场经济的健康有效运行。

（二）审计的促进作用

审计的促进作用，主要是审计评价职能在审计工作中产生的正面效应。审计人员在审计过程中，可以根据检查审核的情况，进行审计评价。这样，既可以对被审计单位合理的地方、有效的方面及取得的成绩进行评价，又可以指出被审计单位存在的问题、不合理的地方，提出改进意见，以利于被审计单位不断完善内部管理制度，提高会计信息的质量和管理水平，挖掘内部潜力，不断提高经济效益。

任务二　审计的分类

任务引入

2017年年末，中信会计师事务所接受某省审计厅的委托，对该省行政事业单位的财政财务收支状况进行审计，该事务所所长经过多方考虑决定派注册会计师张某担任项目经理，对该省管辖的3所公办大学进行审计。张某进驻到某大学后，与该大学的财务部门、审计部门有关人员取得联系，并获取了有关资料。

该大学审计部门的小王，刚从某建筑大学工程造价专业毕业，负责该大学基建项目工程造价审计。在工作之余，小王问注册会计师张某这样一个问题：我是本单位的审计人员，你是会计师事务所的审计人员，而贵所又接受省审计厅的委托对我单位进行审计，那么，我们这3个审计部门——省审计厅、会计师事务所、我所在大学的审计部。这3个审计机构是什么关系？在业务上，是谁领导谁？我该服从会计师事务所的领导、省审计厅的领导，还是我单位的领导？如果你是注册会计师张某，该如何回答小王的问题？

任务分析

要想回答这个问题，就必须要明白省审计厅、会计师事务所、该大学的审计部各自的职责是什么，它们是如何分工的；这3种审计机构，它们之间是什么样的关系。

知识链接

一、按审计主体分类

审计主体是指具有并行使审计权的组织机构和专职人员。审计主体在审计活动中处于主导地位，是审计行为的执行者。

审计按其主体的性质划分，可以分为政府审计、内部审计和注册会计师审计 3 类。

（一）政府审计

政府审计又称国家审计，是指政府审计部门对政府部门和国有企事业单位的财政财务收支及其有关经济活动的真实性、合规性和效益性进行的审查。政府审计是在政府首脑领导下代表政府进行的审计。例如，我国审计署对中石油的审计、省审计厅对本省各市财政预算收支执行的审计均属政府审计。

（二）内部审计

内部审计是指由部门、单位内部专职审计机构专职审计人员进行的审计。内部审计的内容是本部门、本单位财政财务收支的审计、财经法纪的审计及经济效益的审计。内部审计的职能是在本部门、本单位相对独立地行使审计监督权，是实现经济管理的一种必要手段，其内容并不限于各部门、各单位会计核算的工作监督，还涉及经济活动的各个领域，是增强内部控制的一个重要环节。

（三）注册会计师审计

注册会计师审计又称民间审计，是指由经政府有关部门审核批准的注册会计师组成的会计师事务所，在接受委托人的委托后，根据审计业务约定书对被审计单位进行的审计。注册会计师具有独立性、委托性和有偿性。这种审计风险高、责任重。审计理论的产生、发展及审计方法的变革都基本围绕它展开。本书阐述的审计理论与实务也主要是针对注册会计师审计而言的。

二、按审计内容和目的分类

（一）财政财务收支审计

财政财务收支审计又称常规或传统审计，是指审计机构对被审计单位的财务报表及有关资料的公允性及其所反映的财政、财务收支的合法性和合规性进行的审计。财政财务审计的目标主要是：审查和评价被审计单位的财政、财务收支是否合法、合规，同时还需审查和评价这些活动的会计账目和财务报表的真实性、正确性和公允性，查明有无错弊和被审计单位履行受托经济责任的实绩。

财政收支审计是国家审计机关对中央机关和地方各级政府的财政收支活动进行的审计；财务收支审计是国家审计机关、内部审计机构和社会审计组织对企事业单位的财务收支活动进行的审计。

（二）财经法纪审计

财经法纪审计又称法纪审计，是指审计机构对被审计单位和个人严重侵占国家财产、严重损失浪费和其他严重损害国家经济利益等违法乱纪行为进行的专案审计。它是我国审计监督的一种重要形式。审计的主要内容是严重侵占国家财产、严重损失浪费、贪污盗窃、行贿受贿等，以及由于失职、渎职造成严重损失的重大经济案件。其目的是保护国有财产安全完整，维护企事业单位、所有者、出资人和职工的合法权益。

（三）经济效益审计

经济效益审计是指审计机构对被审计单位的财政、财务收支及其经营管理活动的经济性和效益性实施的审计。其审计的内容包括各级政府的财政收支和管理活动，行政事业单位的资金使用和管理活动，固定资产投资及其管理活动的经济效益情况及影响因素、途径等。审计目标侧重于检查和评价被审计单位经济活动的经济效益性或合理有效性。

三、按审计主体与被审计单位的关系分类

（一）外部审计

外部审计是指由独立于被审计单位之外的国家审计机关或民间审计组织实施的审计。由于外部审计机构与被审计单位并无利害关系，在组织上和职权行使上都具有独立性，所以其审计报告具有法律效力，在社会上具有公正性，如会计师事务所实施的审计。

（二）内部审计

内部审计是由部门或单位内部设立的专职审计机构或审计人员进行的审计。由于内部审计机构设在部门、单位之内，其独立性不及外部审计，所以其报告主要供内部管理部门使用。

四、按审计范围分类

（一）全面审计

全面审计又称全部审计，是指对被审计单位一定时期的财政、财务收支及其经济活动的各个方面及其资料进行的全面审计。其优点是审查详细彻底，结果比较准确可靠；缺点是费时费力，审计业务量过于繁重。它一般适用于规模较小、业务较少的或内部控制制度不完善、会计基础工作较为薄弱的单位。

（二）部分审计

部分审计又称局部审计，是指对被审计单位一定期间的财务收支或经营管理活动的某些方面及其资料进行的部分的、有目的的和重点的审计。其优点是时间短，耗资少，能及时发现和纠正问题，达到预定的目标；缺点是容易遗漏问题，具有一定的局限性，如对销

售业务的审计。

（三）专项审计

专项审计又称专题审计，是指针对某一特定项目进行的审计。专项审计的审计范围小，针对性强，有利于围绕当前中心工作开展，有利于提出有针对性的意见和建议。

五、按审计采用的技术模式分类

（一）账项基础审计

账项基础审计是审计技术发展的第 1 阶段。它是指顺着或逆着财务报表的生成过程，通过对会计账簿和凭证进行详细审阅，对财务账表之间的勾稽关系进行逐一核实，来检查是否存在会计舞弊行为和技术上的错误。在进行财务报表审计，特别是专门的舞弊审计时，采用这种技术有利于做出可靠的审计结论。

（二）制度基础审计

制度基础审计是审计技术发展的第 2 阶段。它建立在健全的内部控制系统可以提高会计信息质量的基础上，即首先进行内部控制系统的测试和评价，当评价结果表明被审计单位的内部控制健全且运行有效、值得依赖时，在随后对报表项目的实质性程序工作中，审计人员可以仅抽取小部分样本进行审查；相反，则需扩大实质性程序的范围。这样能够提高审计的效率，有利于保证抽样审计的质量。

（三）风险导向审计

风险导向审计又称风险基础审计，是审计技术的最新发展阶段。采用这种审计技术时，审计人员一般从对被审计单位委托审计的动机、经营环境、财务状况等方面进行全面的风险评估出发，利用审计风险模型，规划审计工作，积极运用分析性程序，力争将审计风险控制在可以接受的水平上。

任务三 审计的目标

任务引入

2017 年 3 月 19 日，注册会计师张某等人接受事务所的委派到华雨公司进行年度会计报表审计，该公司主要从事路灯铺设，兼营塑料管（主要适用于路灯铺设）生产。在审计过程中注册会计师张某发现了一件奇怪的事情：在该公司的会计账上有生产塑料管的人工费、材料费及其他水、电费用等，但在该公司的固定资产账上却没有该项固定资产，经营租入固定资产账上也没有该项资产。张某很是疑惑，没有生产设备，那么这些产品是如何加工出来的呢？询问被审计单位的财务负责人，该负责人支支吾吾，解释不清。于是，张某决定到生产现场去寻找线索。张某采取突击方式来到生产现场，询问生产车间主任有关生产设备的来源，因为该公司财务负责人与车间主任没有时间事先沟通，该主任便照实回答："该设备是公司通过应收账款抵债换来的。"但是，该生产设备在该公司的财务账上却没有体现。在事实面前，财务负责人终于承认了自己的错误。

任务分析

1. 该公司在固定资产核算上犯了什么错误？
2. 审计人员在审计过程中如何才能够发现此类错误？

知识链接

一、审计的总目标

审计的目的是提高财务报表预期使用者对财务报表的依赖程度。这一目的可以通过注册会计师对财务报表是否在所有重大方面按照适用的财务报表编制基础编制发表审计意见得以实现。就大多数通用目的财务报告编制基础而言，注册会计师针对财务报表是否在所有重大方面按照财务报告编制基础编制并实现公允反映发表审计意见。注册会计师按照审计准则和相关职业道德要求执行审计工作，能够形成这样的意见。

（一）注册会计师的总体目标

① 对财务报表整体是否不存在由于舞弊或错误导致的重大错报获取合理保证，使得注册会计师能够对财务报表是否在所有重大方面按照适用的财务报告编制基础编制发表审计意见。

② 按照审计准则的规定，根据审计结果对财务报表出具审计报告，并与管理层和治理层沟通。

财务报表使用者之所以希望注册会计师对财务报表的合法性和公允性发表意见，主要有以下四方面原因。

① 利益冲突。财务报表使用者往往有着各自的利益，且这种利益与被审计单位管理层的利益大不相同。出于对自身利益的关心，财务报表使用者常常担心管理层提供带有偏见、不公正，甚至欺诈性的财务报表。为此，他们往往向外部注册会计师寻求鉴证服务。

② 财务信息的重要性。财务报表是财务报表使用者进行经济决策的重要信息来源，在有些情况下，还是唯一的信息来源。在进行投资、贷款和其他经济决策时，财务报表使用者期望财务报表中的信息相关、可靠，并且期待注册会计师确定被审计单位是否按公允会计原则编制财务报表。

③ 复杂性。由于会计业务的处理及财务报表的编制日趋复杂，财务报表使用者因缺乏会计知识而难以对财务报表的质量做出评估，因此他们要求注册会计师对财务报表的质量进行鉴证。

④ 间接性。绝大多数财务报表使用者都不参与被审计单位的经营，这种限制导致财务报表使用者不可能接触到编制财务报表依据的会计记录和会计账簿，即使使用者可以接触，但往往由于时间和成本的限制，无法对其进行审查。在这种情况下，使用者有两种选择：

一是相信这些会计信息的质量；二是依赖第三者的鉴证。显然，使用者倾向于选择第 2 种方式。

（二）目标的导向作用

财务报表审计的总体目标对注册会计师的审计工作发挥着导向作用，它界定了注册会计师的责任范围，直接影响注册会计师计划和实施审计程序的性质、时间安排和范围，决定了注册会计师如何发表审计意见。例如，既然财务报表审计目标是对财务报表整体发表审计意见，注册会计师就可以只关注与财务报表编制和审计有关的内部控制，而不对内部控制本身发表鉴证意见。同样，注册会计师关注被审计单位的违反法规行为，是因为这些行为影响到财务报表，而不是对被审计单位是否存在违反法规行为提供鉴证。

二、审计的具体目标

审计的具体目标是审计总目标的具体化，应当根据审计总目标和被审计单位的认定来确定。

（一）认定

认定又称管理当局的认定，是指管理层在财务报表中做出的明确或隐含的表达，注册会计师将其用于考虑可能发生的不同类型的潜在错报。

认定与审计目标密切相关，注册会计师的基本职责就是确定被审计单位管理层对其财务报表的认定是否恰当。注册会计师了解了认定，就很容易确定每个项目的具体审计目标。通过考虑可能发生的不同类型的潜在错报，注册会计师运用认定评估风险，并据此设计审计程序以应对评估的风险。

保证财务报表公允反映被审计单位的财务状况和经营情况等是管理层的责任。当管理层声明财务报表已按照适用的财务报告编制基础编制，在所有重大方面做出公允反映时，就意味着管理层对财务报表各组成要素的确认、计量、列报及相关的披露做出了认定。管理层在财务报表上的认定有些是明确表达的，有些则隐含表达。例如，管理层在资产负债表中列报存货及其金额，意味着做出了这些明确的认定：①记录的存货是存在的；②存货以恰当的金额包括在财务报表中，与之相关的计价或分摊调整已恰当记录。同时，管理层也做出下列隐含的认定：①所有应当记录的存货均已记录；②记录的存货都由被审计单位拥有。

对于管理层对财务报表各组成要素做出的认定，注册会计师的审计工作就是要确定管理层的认定是否恰当。

1. 与审计期间各类交易和事项相关的认定

注册会计师对审计期间的各类交易和事项运用的认定通常分为下列类别。

① 发生。记录的交易或事项已发生，且与被审计单位有关。

② 完整性。所有应当记录的交易和事项均已记录。

③ 准确性。与交易和事项有关的金额及其他数据已恰当记录。

④ 截止。交易和事项已记录于正确的会计期间。

⑤ 分类。交易和事项已记录于恰当的账户。

2. 与期末账户余额相关的认定

注册会计师对期末账户余额运用的认定通常分为下列类别。

① 存在。记录的资产、负债和所有者权益是存在的。

② 权利和义务。记录的资产由被审计单位拥有或控制，记录的负债是被审计单位应当履行的偿还义务。

③ 完整性。所有应当记录的资产、负债和所有者权益均已记录。

④ 计价和分摊。资产、负债和所有者权益以恰当的金额包括在财务报表中，与之相关的计价或分摊调整已恰当记录。

3. 与列报和披露相关的认定

各类交易和账户余额的认定正确只是为列报正确打下了必要的基础，财务报表还可能因被审计单位误解有关的规定或舞弊等而产生错报。另外，还可能因被审计单位没有遵守一些专门的披露要求而导致财务报表错报。因此，即使注册会计师审计了各类交易和账户余额的认定，发现了各类交易和账户余额的具体审计目标，也不意味着就获取了足以对财务报表发表审计意见的充分、适当的审计证据。注册会计师还应当对各类交易、账户余额及相关账项在财务报表中列报的正确性实施审计。

基于此，注册会计师对列报和披露运用的认定通常分为下列类别。

① 发生及权利和义务。披露的交易、事项和其他情况已发生，且与被审计单位有关。

② 完整性。所有应当包括在财务报表中的披露均已包括。

③ 分类和可理解性。财务信息已被恰当地列报和描述，且披露内容表述清楚。

④ 准确性和计价。财务信息和其他信息已公允披露，且金额恰当。

（二）具体审计目标

注册会计师了解认定后，就很容易确定每个项目的具体审计目标，并以此作为评估重大错报风险及设计和实施进一步审计程序的基础。

1. 与审计期间各类交易和事项相关的审计目标

① 发生。由发生认定推导的审计目标是确认已记录的交易是真实的。例如，如果没有发生销售交易，但在销售日记账中记录了一笔销售，则违反了该目标。

发生认定所要解决的问题是管理层是否把那些不曾发生的项目列入财务报表。它主要与财务报表组成要素的高估有关。

② 完整性。由完整性认定推导的审计目标是确认已发生的交易确实已经记录。例如，如果发生了销售交易，但没有在销售明细账和总账中记录，则违反了该目标。

发生和完整性两者强调的是相反的关注点。发生目标针对潜在的高估，而完整性目标则针对漏记交易（低估）。

③ 准确性。由准确性认定推导出的审计目标是确认已记录的交易是按正确金额反映的。例如，如果在销售交易中，发出商品的数量与账单上的数量不符，或者是开账单时使用了错误的销售价格，或者是账单中的乘积或加总有误，或者是在销售明细账中记录了销售的金额，则违反了该目标。

准确性与发生、完整性之间存在区别。例如，如果已记录的销售交易是不应当记录的（如发出的商品是寄销商品），则即使发票金额是准确计算的，仍违反了发生目标；再如，如果已入账的销售交易是对正确发出商品的记录，但金额计算错误，则违反了准确性目标，但没有违反发生目标。在完整性与准确性之间也存在同样的关系。

④ 截止。由截止认定推导出的审计目标是确认接近于资产负债表日的交易记录于恰当的期间。例如，如果本期交易推到下期，或者下期交易提到本期，均违反了截止目标。

⑤ 分类。由分类认定推导出的审计目标是确认被审计单位记录的交易经过适当分类。例如，如果将现销记录为赊销、将出售经营性固定资产所得的收入记录为营业收入，则会导致分类的错误，从而违反了分类的目标。

2. 与期末账户余额相关的审计目标

① 存在。由存在认定推导的审计目标是确认记录的金额确实存在。例如，如果不存在某顾客的应收账款，在应收账款明细表中却列入了对该顾客的应收账款，则违反了存在目标。

② 权利和义务。由权利和义务认定推导的审计目标是确认资产归属于被审计单位，负债属于被审计单位的义务。例如，将他人寄售商品列入被审计单位的存货中，违反了权利目标；将不属于被审计单位的债务记入账内，违反了义务目标。

③ 完整性。由完整性认定推导的审计目标是确认已存在的金额均已记录。例如，如果存在某顾客的应收账款，而应收账款明细表中却没有列入，则违反了完整性目标。

④ 计价和分摊。资产、负债和所有者权益以恰当的金额包括在财务报表中，与之相关的计价或分摊调整已恰当记录。

3. 与列报和披露相关的审计目标

① 发生及权利和义务。将没有发生的交易、事项，或者与被审计单位无关的交易和事项包括在财务报表中，则违反该目标。例如，复核董事会会议记录中是否记载了固定资产抵押等事项，询问管理层固定资产是否抵押，即是对列报的权利认定的运用。如果被审计单位拥有被抵押的固定资产，则需要将其在财务报表中列报，并说明与之相关的权利受到限制。

② 完整性。如果应当披露的事项没有包括在财务报表中，则违反了该目标。例如，检查关联方和关联方交易，以验证其在财务报表中是否得到充分披露，就是对列报的完整性认定的运用。

③ 分类和可理解性。财务信息已被恰当地列报和描述，且披露内容表述清楚。例如，检查存货的主要类别是否已披露、是否将一年内到期的长期负债列为流动负债，就是对列报的分类和可理解性认定的运用。

④ 准确性和计价。财务信息和其他信息已公允披露，且金额恰当。例如，检查财务报表附注是否分别对原材料、在产品和产成品等存货成本核算方法做了恰当说明，就是对列报的准确性和计价认定的运用。

通过上面的介绍可知，认定是确定具体审计目标的基础，注册会计师通常将认定转换为能够通过审计程序予以实现的审计目标。针对财务报表每一项目表现出的各项认定，注册会计师相应地确定一项或多项审计目标，然后通过执行一系列审计程序获取充分、适当的审计证据以实现审计目标。认定、审计目标和审计程序之间的关系如表1-1所示。

表1-1 认定、审计目标和审计程序之间的关系

认 定	审计目标	审计程序
存在性	资产负债表列示的存货存在	实施存货监盘程序
完整性	销售收入包括了所有已发货的交易	检查发货单和销售发票的编号及销售明细账
准确性	应收账款反映的销售业务是否基于正确的价格和数量，计算是否准确	比较价格清单与发票上的价格、发货单与销售订购单上的数量是否一致，重新计算发票上的金额
截止	销售业务记录在恰当的期间	比较上一年度最后几天和下一年度最初几天的发货单日期与记账日期
权利和义务	资产负债表中的固定资产确实为公司拥有	查阅所有权证书、购货合同、结算单和保险单
计价和分摊	以净值记录应收款项	检查应收账款账龄分析表、评估计提的坏账准备是否充足

任务四 审 计 程 序

任务引入

2018年3月30日，滨市某上市公司（股票代码600×0×）公布其上一年度的会计报告。该公司总体运行平稳，企业内、外的经营运营环境并没有发生大的恶化。但是，第2天，股市刚开盘，投资机构及中小投资者纷纷“用脚投票”，该公司股票股价大跌8%。表1-2是该公司利润表摘要。

表1-2 利润表摘要

万元

指 标	2017年四季	2017年三季	2017年二季	2017年一季
营业收入	105 677.91	100 647.15	75 355.83	36 257.52
营业成本	75 621.02	70 475.02	52 337.5	25 173.21
营业费用	4 547.40	3 331.81	2 830.95	1 788.96
管理费用	5 688.78	4 374.76	3 045.54	1 776.22
财务费用	2 648.53	1 834.05	1 164.53	501.12
营业利润	15 328.92	20 143.34	15 427.98	6 812.12
投资收益	1 199.75	261.48	186.27	87.06
营业外收支净额	1 035.45	4 189.02	643.61	−19.15
利润总额	16 364.37	24 332.36	16 071.59	6 792.98
净利润	14 167.49	23 826.98	16 108.94	6 783.98

是什么原因导致投资者如此剧烈的反映？该上市公司的会计报表到底有何玄机？

任务分析

将本期的营业收入、营业利润与上期的营业收入、营业利润进行比较，看其数据之间

的逻辑关系是否正确，是否合乎情理。

2017 年二季营业收入－2017 年一季营业收入＝39 098.31（元）

2017 年二季营业利润－2017 年一季营业利润＝8 615.86（元）

2017 年三季营业收入－2017 年二季营业收入＝25 291.32（元）

2017 年三季营业利润－2017 年二季营业利润＝4 715.36（元）

2017 年四季营业收入－2017 年三季营业收入＝5 030.76（元）

2017 年四季营业利润－2017 年三季营业利润＝－4 814.42（元）

通过纵向数据对比，可以看出第四季度的营业收入、营业利润与前 3 个季度有明显的出入，要么是该公司第四季度经营出现较大问题，要么就是该公司在第四季度人为调整了利润。第四季度的营业收入应该是审计人员的重点审计领域。

注册会计师要运用哪些方法获取审计证据，以完成对被审计单位的审计工作？

知识链接

注册会计师的审计过程如图 1-2 所示。

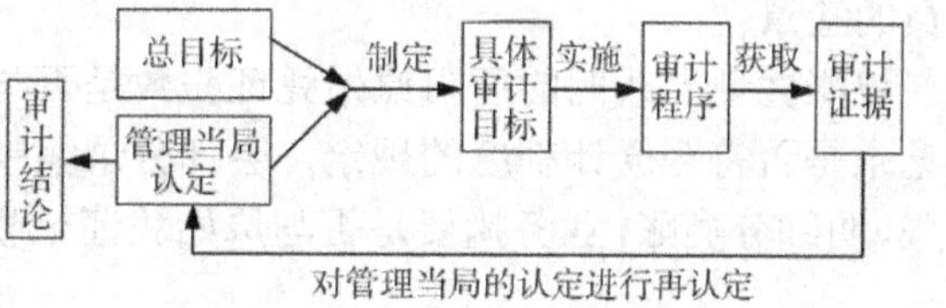

图 1-2　注册会计师的审计过程

注册会计师面临的主要决策之一，就是通过实施审计程序，获取充分、适当的审计证据，以满足对财务报表发表意见。受到成本的约束，注册会计师不可能检查和评价所有可能获取的证据，所以对审计证据充分性、适当性的判断是非常重要的。注册会计师利用审计程序获取审计证据涉及 4 个方面的决策：①选用何种审计程序；②对选定的审计程序，应当选取多大的样本规模；③应当从总体中选取哪些项目；④何时执行这些程序。

审计程序是指注册会计师在审计过程中的某个时间，对将要获取的某类审计证据如何进行收集的详细指令。

在审计过程中，注册会计师可根据需要单独或综合运用以下审计程序，以获取充分、适当的审计证据。

一、检查

检查又可分为检查记录或文件和检查有形资产。

（一）检查记录或文件

检查是指注册会计师对被审计单位内部或外部生成的，以纸质、电子或其他介质形式存在的记录和文件进行审查，或者对资产进行实物审查。

1. 按审查书面资料的技术分类

（1）审阅法

审阅法是指审计人员对被审计单位的会计资料和其他资料进行详细的阅读和审查的一种审查方法。审阅法侧重于审查书面资料的真实性、合法性，主要是审阅会计凭证、会计账簿和会计报表。

① 原始凭证的审阅。

- 原始凭证上反映的经济业务是否符合规定。
- 原始凭证上记载的抬头、日期、数量、单价、金额等方面的字迹是否清晰、数字是否相符，有无涂改情况。
- 审阅填发原始凭证的单位名称、地址和公章，审查凭证的各项手续是否完善。如果有不符合规定的情况，就可能存在问题。

② 记账凭证的审阅。

- 合规性审阅。审阅记账凭证是否附有合法的原始凭证。
- 完整性审阅。记账凭证的审批传递手续是否符合规定程序，有无制单、复核、记账和主管人员的签章。
- 正确性审阅。记账凭证上载明的所附原始凭证张数是否与原始凭证的张数一致，记账凭证的记录是否符合会计制度的规定，会计分录编制及金额是否正确，是否正确计入总账、明细分类账，业务摘要是否与原始凭证记载经济活动内容相一致。

③ 账簿的审阅。

账簿的审阅主要是审阅明细分类账和日记账。审阅内容如下。

- 审阅账簿启用手续、使用记录和交接记录是否齐全完整；期初和期末余额的结转、承前页、转下页、月结和年结是否符合规定。
- 账簿各项记录是否规范和完备，如业务摘要、对应科目是否齐全，有无涂改痕迹，是否按规定的方法更正记账错误。
- 账簿记录的内容是否真实、正确。特别是注意审阅应收应付账款，材料成本差异、长期待摊费用、管理费用、制造费用等容易掩盖错弊和经常反映会计转账事项的账簿。

④ 会计报表的审阅。

- 审阅会计报表的编制是否符合《企业会计准则》及国家有关财务会计制度的规定。
- 审阅会计报表项目是否完整，各项目的对应关系和勾稽关系是否正确，相关数据是否一致。
- 审阅会计报表附注是否对应予以揭示的重大问题做了充分的披露。

⑤ 其他相关资料的审阅。

审阅计划、预算和定额时，可结合上期拟订的计划、预算、定额与实际的执行结果和完成情况，审阅计划、预算和定额的制定是偏高还是偏低，是否适度，有无冒进或保守的情况，还要根据本期的计划、预算和定额的执行情况，查看各项指标是否完成。

审阅合同时，主要审阅合同的签订是否合法，是否有效；审阅合同内容是否符合合同法的规定，合同条款是否齐全，合同签订手续是否完备，实际执行结果是否与合同一致。

审阅规章制度时，主要审阅单位内部制定的规章制度是否符合企业的实际情况；审阅内部控制制度是否健全等。

（2）核对法

核对法是指对被审计单位的凭证、账簿和报表等书面资料之间的有关数据，按照其内在联系进行相互对照检查，以获取审计证据的方法。核对法侧重审查各种相关资料的一致性。其主要内容包括以下几方面。

① 证证核对。原始凭证上记载的数量、单价、金额及其合计数是否与相关原始凭证及记账凭证一致。

② 账证核对。日记账或明细分类账的记录是否与相应的原始凭证或记账凭证的记录一致。

③ 账账核对。总分类账的账户记录是否与所属明细分类账的账户记录合计数相符。

④ 账表核对。总分类账各账户的借方发生额和余额合计与贷方发生额和余额合计是否相等。总分类账各账户的发生额和余额合计是否与会计报表上相应项目的金额相等。会计报表上各有关项目的数字计算是否正确，各报表之间的有关数字是否一致，如果涉及前期的数字，则要核对是否与前期会计报表上的有关数字相符。

⑤ 账单核对。本单位的有关账目与外单位的单证之间的核对。核对本单位的往来账户与客户的对账单之间的债权债务数额是否相符；核对本单位的银行存款和银行借款的数额与银行对账单的数额经过调节后是否相符；相对本单位与上级或下级单位之间的拨款、交款数额是否相符。

⑥ 账实核对。实物盘存记录与本期有关账目的记录是否相符。

2. 按审查书面资料的顺序分类

（1）顺查法

顺查法是指按照会计核算的处理顺序，依次对证、账、表各个环节进行审查的方法。其具体操作是：首先审查原始凭证是否真实正确、合理合法，并核对记账凭证，然后再以记账凭证核对账簿，审查账证是否一致，总分类账余额同所属明细分类账余额的合计是否一致，最后用账簿核对会计报表，审查调整结账事项同编制的报表是否一致。

顺查法的优点是：审查全面、不易发生遗漏、方法简单、易于核对、结果精确。

顺查法的缺点是：面面俱到，容易忽视重大问题，费时费力，工作量大。

适用范围：规模较小、业务量少、内部控制制度不健全的被审计单位，以及重要的审计事项和贪污舞弊的专案审计。

（2）逆查法

逆查法是指按照会计核算相反的处理顺序，依次对表、账、证各个环节进行审查的方法。其具体做法是：根据审计人员掌握的线索，先从审阅、分析会计报表入手，然后根据分析中发现的问题，有重点地与有关总账、明细账核对，进而审查记账凭证，直到审查原始凭证。

3. 按审查书面资料的数量分类

（1）详查法

详查法是对被审计单位审计期内被审事项的所有凭证、账簿、报表进行详细审查的一种审计方法。详查法的特点是：对被审计期间的全部会计资料和其反映的经济活动进行全面、详细的审查，以查找其中的错弊为重要目标。

详查法的优点是：能全面查清被审计单位存在的问题，特别是对弄虚作假、营私舞弊等违反财经法纪行为，一般不易疏漏，以保证审计质量。

详查法的缺点是：工作量太大，费时费力，审计成本高，故难以普遍采用。

适用范围：适用于规模较小的单位，或者有重大错弊、违法行为的单位。

（2）抽查法

抽查法是指从被审计单位被审查期内特定审计事项的全部会计资料中选取部分资料进行审查，根据审查结果推断全部资料有无错弊的一种审计方法。抽查法的特点是：根据被审查期的审计对象总体的具体情况、审计目的和要求选取具有代表性的样本，然后根据抽取样本的审查结果来推断总体的正确性，或者推断其余未抽查部分有无错弊。

抽查法的优点是：高效率、低费用，节约时间和人力，能够收到事半功倍的效果。

抽查法的缺点是：如果样本抽查不当，不能代表总体特征，就可能做出错误结论。

适用范围：适用于内部控制制度健全、会计基础较好的单位。

（二）检查有形资产

检查有形资产是指注册会计师对资产实物进行审查。检查有形资产程序主要适用于存货和现金，也适用于有价证券、应收票据和固定资产等。

1. 盘点法

盘点法又称盘存法或监盘法，是对被审计单位的财产物资进行实地盘点，从中取得审计证据的方法。盘点的财产物资包括现金、有价证券、原材料、在产品、库存商品或产成品、固定资产、低值易耗品、包装物和其他有形资产。

按具体做法不同，盘点法一般可分为直接盘点和监督盘点两种方法。

（1）直接盘点法

直接盘点法是指审计人员直接对实物资产进行盘点的方法。

这种方法主要适用于现金、有价证券和贵重物品等的盘点。盘点时必须有经办人和主管负责人在场，以明确责任。盘点后应填写盘点记录，由有关人员共同签字。至于其他财产物资，一般数量较繁多，审计人员不可能亲自一一点清，一般应由经办人员清点，由审计人员抽查。

（2）监督盘点法

监督盘点法是指审计人员在现场监督，由被审计单位的有关人员进行盘点，以证实书面资料同实物是否相符的审计方法。

这种方法主要适用于数量较多的实物，如固定资产、材料、在产品、产成品和其他财产物资等的盘点。审计人员除监督盘点外，还应抽查其中一部分物资，抽查比例应根据具体情况确定。如果发现问题较大，可以扩大抽查面，必要时也可以要求重新盘点。盘点结束，审计人员应会同被审计单位有关人员编制盘点清单，并根据盘点的短缺数，调整账面记录，盘点清单即作为审计报告的附件。审计人员监盘实物资产时，应对其质量及所有权予以关注。

盘点法还可分为突击盘点和通知盘点。突击盘点是指事先不通知被审计单位，突然提出对某项资产进行盘点的方法；通知盘点是指事先通知被审计单位，由被审计单位协助对盘点事项进行周密规划的盘点方法。突击盘点一般只适用于对现金、有价证券等的盘点；对其他实物资产的盘点一律采用通知盘点。

2. 调节法

调节法是指在审查某个项目时，由于被审计单位结账日和审计日数据不一致，通过对有关数据进行增减调节，用来证实结账日数据账实是否一致的审计方法。调节法常用于以下两方面。

① 对未达账项的调节。通过编制银行存款余额调节表，对被审计单位与开户银行双方发生的未达账项进行增减调节，以验证银行存款的余额是否正确。

② 对财产物资的调节。当财产物资的盘存日同书面资料结账日不同时，结合实物盘存、盘存日期与结账日期之间新发生的出入库数量，对盘存日有关财产物资的盘存数进行增减调节，以验证或推算结账日有关财产物资的应结存数。其计算公式为：

结账日数量＝盘存日盘点数量＋结账日至盘存日发出数量－结账日至盘存日收入数量

例 1–1　审计人员于 2018 年 3 月 5 日监督盘点某企业甲材料。盘点结果如下。

① 该材料 2017 年 12 月 31 日账面结存量为 4 900 千克。

② 2018 年 1 月 1 日至 3 月 5 日收入甲材料 880 千克，发出 1 200 千克。

③ 2018 年 3 月 5 日盘点时，实际盘点量为 4 580 千克。

经审阅核对，证实 2018 年 1 月 1 日期初余额及收发数均正确无误，审计人员编制库存材料调节表（见表 1-3）验证其账实是否相符。

表 1-3　库存材料调节表　　千克

材料名称	2018 年 3 月 5 日盘点的存货量	2018 年 1 月 1 日至 3 月 5 日调节表		比　较		
		加：发出量	减：收入量	2017 年 12 月 31 日实有量	2017 年 12 月 31 日账面数	差　异
	1	2	3	4=1+2−3	5	6=4−5
甲材料	4 580	1 200	880	4 900	4 900	0

经过调节计算，证实了会计报告日甲材料实存量与原账面存量 4 900 千克是一致的，因此，注册会计师可以对甲材料予以确认。

二、观察

观察是指注册会计师查看相关人员正在从事的活动或实施的程序。例如，注册会计师对被审计单位人员执行的存货盘点或控制活动进行观察。观察可以提供执行有关过程或程序的审计证据，但观察所提供的审计证据仅限于观察发生的时点，而且被观察人员的行为可能因被观察而受到影响，这也会使观察提供的审计证据受到限制。

三、询问

询问是指注册会计师以书面或口头方式，从被审计单位内部或外部的知情人获取财务信息和非财务信息，并对答复进行评价的过程。作为其他审计程序的补充，询问广泛应用于整个审计过程中。

采用这种方法时，审计人员需要注意以下事项。

① 明确查询内容，事先拟出询问提纲。

② 确定询问对象，要向知情人询问。

③ 在询问过程中，应采用恰当的询问方式，查询内容应做好记录。

④ 如果作为重要证据使用，应当请被询问人签字。

⑤ 询问法获取的证据只能作为辅助证据，为进一步审计指明方向。

知情人员对询问的答复可能为注册会计师提供尚未获悉的信息或佐证证据。另一方面，对询问的答复也可能提供与注册会计师已获取的其他信息存在重大差异的信息。例如，关于被审计单位管理层凌驾于控制之上的可能性的信息。在某些情况下，对询问的答复为注册会计师修改审计程序或实施追加的审计程序提供了基础。

尽管对通过询问获取的审计证据予以佐证通常特别重要，但在询问管理层意图时，获取的支持管理层意图的信息可能是有限的。在这种情况下，了解管理层过去所声称意图的实现情况、选择某项特别措施时声称的原因及实施某项具体措施的能力，可以为佐证通过询问获取的证据提供相关信息。

针对某些事项，注册会计师可能认为有必要向管理层和治理层获取声明书，以证实对口头询问的答复。

四、函证

函证是指注册会计师直接从第三方（被函证者）获取书面答复以作为审计证据的过程。书面答复可以采用纸质、电子或其他介质等形式。

（一）函证的内容

1. 银行存款、借款及与金融机构往来的其他重要信息

注册会计师应当对银行存款、借款（包括零余额账户和在本期内注销的账户），以及与金融机构往来的其他重要信息实施函证程序，除非有充分证据表明某一银行存款、借款及与金融机构往来的其他重要信息对财务报表不重要且与之相关的重大错报风险很低。

如果不对这些项目实施函证程序，注册会计师应当在审计工作底稿中说明理由。

2. 应收账款

注册会计师应当对应收账款实施函证程序，除非有充分证据表明应收账款对财务报表不重要，或者函证很可能无效。

如果认为函证很可能无效，注册会计师应当实施替代审计程序，获取相关、可靠的审计证据。

如果不对应收账款函证，注册会计师应当在审计工作底稿中说明理由。

（二）函证的方式

函证有以下两种方式。

1. 积极式函证

积极式函证要求收函单位对询问的事项无论与事实是否相符必须给予回函答复。积极式函证适用于内部控制差、会计核算质量差、金额重要、疑点多等情况。

2. 消极式函证

消极式函证要求收函单位对询问的事项有异议时，才在限定的时间内给予复函。消极式函证适用于内部控制好、会计核算质量高、金额小、疑点少等情况。

消极式函证比积极式函证提供的审计证据的说服力低。除非同时满足下列条件，注册会计师不得将消极式函证作为唯一实质性程序，以应对评估的认定层次重大错报风险。

① 注册会计师将重大错报风险评估为低水平，并已就与认定相关的控制运行的有效性获取充分、适当的审计证据。

② 需要实施消极式函证程序的总体由大量的小额、同质的账户余额、交易或事项构成。

③ 预期不符事项的发生率很低。

④ 没有迹象表明接收询证函的人员或机构不认真对待函证。

（三）对函证的控制

当实施函证程序时，注册会计师应当对询证函保持控制，包括以下几个方面。

① 确定需要确认或填列的信息。

② 选择适当的被询证者。

③ 设计询证函，包括正确填列被询证者的姓名和地址，以及被询证者直接向注册会计师回函的地址等信息。

④ 发出询证函并予以跟进，必要时再次向被询证者寄发询证函。

（四）管理层不允许寄发询证函时的处理

如果管理层不允许寄发询证函，注册会计师应当实施以下程序。

1）询问管理层不允许寄发询证函的原因，并就其原因的正当性及合理性收集审计证据。

2）评价管理层不允许寄发询证函对评估的相关重大错报风险（包括舞弊风险），以及其他审计程序的性质、时间安排和范围的影响。

3）实施替代程序，以获取相关、可靠的审计证据。

如果认为管理层不允许寄发询证函的原因不合理，或者实施替代程序无法获取相关、可靠的审计证据，注册会计师应当按照《中国注册会计师审计准则第 1151 号——与治理层的沟通》的规定，与治理层进行沟通。注册会计师还应当按照《中国注册会计师审计准则第 1502 号——在审计报告中发表非无保留意见》的规定，确定其对审计工作和审计意见的影响。

（五）实施函证程序的结果

如果存在对询证函回函的可靠性产生疑虑的因素，注册会计师应当进一步获取审计证据以消除这些疑虑。

如果认为询证函回函不可靠，注册会计师应当评价其对评估的相关重大错报风险（包括舞弊风险），以及其他审计程序的性质、时间安排和范围的影响。

在未回函的情况下，注册会计师应当实施替代程序以获取相关、可靠的审计证据。

如果注册会计师认为取得积极式函证回函是获取充分、适当的审计证据的必要程序，则替代程序不能提供注册会计师需要的审计证据。在这种情况下，如果未获取回函，注册会计师应当按照《中国注册会计师审计准则第 1502 号——在审计报告中发表非无保留意见》的规定，确定其对审计工作和审计意见的影响。

注册会计师应当调查不符事项，以确定是否表明存在错报。

五、重新计算

重新计算是指注册会计师对记录或文件中的数据计算的准确性进行核对。重新计算可通过手工方式或电子方式进行。重新计算通常包括计算销售发票和存货的总金额、加总日记账和明细账、检查折旧费用和预付费用的计算、检查应纳税额的计算等。

六、重新执行

重新执行是指注册会计师独立执行原本作为被审计单位内部控制组成部分的程序或控制。例如，注册会计师利用被审计单位的银行存款日记账和银行对账单，重新编制银行存款余额调节表，并与被审计单位编制的银行存款余额调节表进行比较。

七、分析程序

分析程序是指注册会计师通过分析不同财务数据之间及财务数据与非财务数据之间的内在关系，对财务信息做出评价。分析程序还包括在必要时对识别出的、与其他相关信息不一致或与预期值差异重大的波动或关系进行调查。

（一）注册会计师实施分析程序的目的

① 在实施实质性分析程序时，获取相关、可靠的审计证据。

② 在临近审计结束时，设计和实施分析程序，帮助注册会计师对财务报表形成总体结论，以确定财务报表是否与其对被审计单位的了解一致。

（二）实质性分析程序

在设计和实施实质性分析程序时，无论单独使用或与细节测试结合使用，注册会计师都应当注意以下内容。

① 考虑针对所涉及认定评估的重大错报风险和实施的细节测试（如果有），确定特定实质性分析程序对这些认定的适用性。

② 考虑可获得信息的来源、可比性、性质和相关性及与信息编制相关的控制，评价在对已记录的金额或比率做出预期时使用数据的可靠性。

③ 对已记录的金额或比率做出预期，并评价预期值是否足够精确地识别重大错报（包括单项重大的错报和单项虽不重大但连同其他错报可能导致财务报表产生重大错报的

错报）。

④ 确定已记录金额与预期值之间可接受的，且无须做进一步调查的差异额。

分析程序常用的具体方法包括以下几种。

1. 比较分析法

比较分析法又称对比分析，是普遍使用的重要的分析方法。该方法主要是通过对经济指标在数量上的比较，揭示经济指标间数量关系和差异的一种方法。比较分析法按照财务分析的形式又可以分为与计划比较、横向比较、纵向比较。

（1）与计划比较

通过与计划比较能反映出实际与计划的差异程度，为进一步分析和寻找企业潜力提供方向。通过将实际指标与计划指标比较分析，可以检查企业各项计划执行程度和执行结果，确定有关指标计划完成的好坏，使得具体分析有明确的目标。

（2）横向比较

横向比较即与同业的标准比较，可以揭示企业的竞争地位，并可以找出与先进水平的差距，有利于吸收先进经验补偿自己企业的劣势。对于企业某些指标完成的好与坏，只局限在企业内部来评价，往往不能说明问题，因为市场经济是开放式经济，闭门造车、独自发展的可能性已经不复存在。因此，企业必须面向社会、面向市场走开放式发展之路，以便在激烈的竞争中占有一席之地。

（3）纵向比较

纵向比较是与历史上的数据标准相比较。通过连续数期的对财务报表项目的比较，能够反映出企业的发展动态，以揭示当期财务状况和营业情况的增减变化，判断引起变动的主要原因是什么。因此，这是一种动态的比较，可以总结企业发展的规律，预测企业未来的发展趋势。

2. 比率分析法

比率分析法是把某些彼此存在关联的项目加以对比，计算出比率，据此确定财务活动变动程度的分析方法。比率是相对数，采用这种方法，能够把某些条件下的不可比指标变为可比指标，从确定的比率差异中发现问题。

（1）构成比率

构成比率又称结构比率，是指某项财务指标的各组成部分数值占总体数值的百分比，反映部分与总体的关系。其计算公式为：

$$构成比率=\frac{某个组成部分数值}{总体数值}\times 100\%$$

构成比率通常反映会计报表各项目的纵向关系，如企业资产中流动资产、固定资产和无形资产占资产总额的百分比（资产构成比率）。利用构成比率，可以考察总体中某个部分的形成和安排是否合理，以便协调各项财务活动，突出重点。

（2）效率比率

效率比率是某项经济活动中所费与所得的比率，反映投入与产出的关系。利用效率比率指标，可以进行得失比较，考察经营成果，评价经济效益。将利润项目与工程结算成本、工程结算收入、资本等项目加以对比，可以计算出成本利润率、营业利润率及资本利润率等利润率指标，可以从不同角度观察比较企业盈利能力的高低及其增减变化情况，分析考察企业财务成果，评价企业经营状况和经济效益水平。

（3）相关比率

相关比率是以某个项目和与其有关但又不同的项目加以对比所得的比率，反映有关经济活动的相互关系。利用相关比率指标，可以考察有联系的相关业务安排得是否合理，以保障企业运营活动能够顺畅进行。如果将流动资产与流动负债对比，计算出流动比率，就可以据此判断企业的短期偿债能力。

比率分析法的优点是计算简便，计算结果也比较容易判断，而且可以使某些指标在不同规模的企业之间进行比较，甚至也能在一定程度上超越行业间的差别进行比较。但采用这一方法时应该注意以下几点。

① 对比项目的相关性。计算比率的子项和母项必须具有相关性，把不相关的项目进行对比是没有意义的。在构成比率指标中，部分指标必须是总体指标这个大系统中的一个小系统；在效率比率指标中，投入与产出必须有因果关系；在相关比率指标中，两个对比指标也要有内在联系，才能评价有关经济活动之间是否协调均衡、安排是否合理。

② 对比口径的一致性。计算比率的子项和母项必须在计算时间、范围等方面保持口径一致。

③ 衡量标准的科学性。运用比率分析，需要选用一定的标准与之对比，以便对企业的财务状况做出评价。通常而言，科学合理的对比标准有：第一，预定目标，如预算指标、设计指标、定额指标和理论指标等；第二，历史标准，如上期实际、上年同期实际、历史先进水平及有典型意义时期的实际水平等；第三，行业标准，如主管部门或行业协会颁布的技术标准、国内外同类企业的先进水平、国内外同类企业的平均水平等；第四，公认标准。

任务五　审计证据

任务引入

2018年3月，注册会计师张某等人接受事务所委派到嘉市某房地产公司进行年度会计报表审计，在审计该公司支付给设计院的设计费时，张某发现该公司的会计分录记录如下。

借：开发成本——前期费用（设计费）　　1 000 000

　　贷：应交税费——税金及附加　　50 000

　　　　银行存款　　950 000

张某询问该公司财务负责人为什么这样处理这笔业务，该公司财务负责人拿出本地税务局的红头文件，该文件要求：所有在嘉市有经营收入的企业（纳税地点无论是否归属嘉市），其应交纳的税金及附加一律由当地企业代扣代交。

请问：该公司财务负责人出示的本地税务机关的文件是否可以作为该公司账务处理的依据？

任务分析

要想解答这个问题，首先要知道什么是审计证据，其次要清楚什么样的证据才是充分、适当的审计证据。

知识链接

一、审计证据的含义

审计证据是指注册会计师为了得出审计结论和形成审计意见而使用的信息。审计证据包括构成财务报表基础的会计记录含有的信息和其他信息。

（一）会计记录中含有的信息

会计记录是指对初始会计分录形成的记录和支持性记录，如支票、电子资金转账记录、发票和合同；总分类账、明细分类账、会计分录及对财务报表予以调整但未在账簿中反映的其他分录；支持成本分配、计算、调节和披露的手工计算表和电子数据表。

会计记录是编制财务报表的基础，构成注册会计师执行财务报表审计业务所需获取的审计证据的重要部分。这些会计记录通常是电子数据，因而要求注册会计师对内部控制予以充分关注，以获取这些记录的真实性、准确性和完整性。进一步说，电子形式的会计记录可能只能在特定时间获取，如果不存在备份文件，特定期间之后有可能无法再获取这些记录。

会计记录还可能包括以下内容。

① 销售发运单和发票、顾客对账单及顾客的汇款通知单。

② 附有验货单的订购单、购货发票和对账单。

③ 考勤卡和其他工时记录、工薪单、个别支付记录和人事档案。

④ 记账凭证。

（二）其他信息

会计记录中含有的信息本身并不足以提供充分的审计证据作为对财务报表发表审计意见的基础，注册会计师还应当获取用作审计证据的其他信息。可用作审计证据的其他信息包括注册会计师从被审计单位内部或外部获取的会计记录以外的信息。

① 被审计单位会议记录。

② 被审计单位内部控制手册。

③ 询证函的回函。

④ 分析师的报告。

⑤ 与竞争者的比较数据。

⑥ 通过询问、观察和检查等审计程序获取的信息，如通过检查存货获取存货存在性的证据等。

⑦ 注册会计师自身编制或获取的可以通过合理推断得出结论的信息，如注册会计师编制的各种计算表、分析表等。

财务报表依据的会计记录中包含的信息和其他信息共同构成了审计证据，两者缺一不可。如果没有前者，审计工作将无法进行；如果没有后者，可能无法识别重大错报风险。只有将两者结合在一起，才能将审计风险降至可接受的低水平，为注册会计师发表审计意见提供合理基础。

二、审计证据的种类

审计证据按其外形特征可以分为书面证据、实物证据、口头证据和环境证据四大类。

（一）书面证据

书面证据是审计人员在审计过程中获取的各种以书面文件为存在形式的证据。

书面证据的可靠性取决于两个因素：一是证据本身是否容易被涂改或伪造；二是书面证据的来源是否可靠。

书面证据按其来源可以分为外部证据和内部证据两类。

1. 外部证据

外部证据是被审计单位以外的人或机构编制的书面证据，一般具有较强的证明力。

外部证据包括两类：一类是由被审计单位以外的机构或人士编制并由其直接递交审计人员的书面证据，如应收账款函证回函、保险公司和证券经纪人的证明等。此类证据因未经被审计单位有关职员之手，排除了伪造、更改凭证的可能性，因而证明力是最强的。另一类是由被审计单位以外的机构或人士编制、但由被审计单位持有并提交给审计人员的书面证据，如顾客订单、购货发票、银行对账单等。由于此类证据已经被审计单位职员之手，在评价其可靠性时，审计人员应考虑其被涂改、伪造的可能性。虽然这类外部证据的可靠性不如第一类外部证据，但相对于内部证据而言仍具有较高的可靠性。

此外，外部证据还包括审计人员为证明某个事项而自己动手编制的各种计算表、分析表。例如，审计人员审查成本的真实性时重新计算产品成本取得的审计证据；审计人员亲自参加财产物资盘点而取得的审计证据。这种证据可信赖程度高，具有很强的证明力。

2. 内部证据

内部证据是由被审计单位的内部机构或人员编制和提供的书面证据。它包括被审计单位的会计记录、被审计单位管理当局的声明书和其他各种由被审计单位编制和提供的有关书面文件。

一般而言，内部证据不如外部证据可靠。审计人员在确认内部证据的可靠性时，应考虑两方面因素的影响。

① 内部证据是否经过外部流转，并获得其他单位或个人的承认，如销售发票、付款支票等，其具有较高的可靠性。

② 被审计单位内部控制的好坏。如果被审计单位内部控制健全有效，则内部证据具有较强的可靠性；反之则弱。如果收料单与领料单经过了被审计单位不同部门的审核、签章，并且所有凭据预先连续编号并按序号依次做了处理，则这些内部证据具有较高的可靠性。

（二）实物证据

实物证据是指在审计对象作为实物形态而存在的情况下，审计人员通过实际观察或清查盘点获取的、用以确定某些实物资产是否确实存在的证据。例如，库存现金、各种存货和固定资产等可以通过监盘或实地观察来证明其是否确实存在。在审计实务中，最典型的实物证据就是各类盘点表。

通常实物证据被认为是最可靠的证据，具有很强的证明力。但实物资产的存在并不完全能证实被审计单位对其拥有所有权。例如，年终盘点的存货可能包括其他企业寄售或委托加工的部分，或者已经销售而等待发运的商品。

实物证据只能证明其存在，不能证据实物的所有权及其价值。

（三）口头证据

口头证据是由被审计单位职员或其他人员对审计人员的提问进行口头答复而形成的审计证据。

一般而言，口头证据本身并不足以证明事情的真相，但审计人员往往可以通过口头证据发掘出一些重要的线索，从而有利于对某些需审核的情况做进一步的调查，以收集到更为可靠的证据。

在审计过程中，审计人员应把各种重要的口头证据尽快做成记录，并要求被询问者签名确认，同时应尽可能地从不同渠道取得其他相应证据的支持。相对而言，不同人员对同一问题所做的口头陈述相同时，口头证据具有较高的可靠性。

（四）环境证据

环境证据又称状况证据，是指对被审计单位产生影响的各种环境事实。环境证据包括以下几种。

1. 有关企业内部控制情况

如果被审计单位有着良好的内部控制，就可增加其会计资料的可信赖度。相应的审计人员需要收集的其他审计证据就可以适当减少。

2. 被审计单位管理人员的素质

被审计单位管理人员的素质越高，其提供的证据发生差错的可能性就越小。

3. 各种管理条件和管理水平

被审计单位的管理条件越好、管理水平越高，其所提供的证据可靠程度也越高。

三、审计证据的充分性与适当性

注册会计师应当保持职业怀疑态度，运用职业判断，评价审计证据的充分性和适当性。

（一）审计证据的充分性

审计证据的充分性是对审计证据数量的衡量。注册会计师需要获取的审计证据的数量受其对重大错报风险评估的影响，并受审计证据质量的影响。

注册会计师需要获取的审计证据的数量受其对重大错报风险评估的影响，如果评估的重大错报风险越高，需要的审计证据可能越多，并受审计证据质量的影响。如果审计证据质量高，需要的审计证据可能越少。然而，注册会计师仅靠获取更多的审计证据可能无法弥补其质量上的缺陷。

例如，注册会计师对某计算机公司进行审计，经过分析认为，受被审计单位行业性质的影响，存货陈旧的可能性相当高，存货计价的错报可能性就比较大。为此，注册会计师在审计中，就要选取更多的存货样本进行测试，以确定存货陈旧的程度，从而确认存货的价值是否被高估。

（二）审计证据的适当性

审计证据的适当性是对审计证据质量的衡量，即审计证据在支持审计意见所依据的结论方面具有的相关性和可靠性。

相关性和可靠性是审计证据适当性的核心内容，只有相关且可靠的审计证据才是高质量的。

1. 审计证据的相关性

相关性是指用作审计证据的信息与审计程序的目的和所考虑的相关认定之间的逻辑联系。用作审计证据的信息的相关性可能受测试方向的影响。例如，如果某审计程序的目的是测试应付账款的计价高估，则测试已记录的应付账款可能是相关的审计程序；如果某审计程序的目的是测试应付账款的计价低估，则测试已记录的应付账款不是相关的审计程序，相关的审计程序可能是测试期后支出、未支付发票、供应商结算单及发票未到的收货报告单等。

特定的审计程序可能只为某些认定提供相关的审计证据，而与其他认定无关。例如，检查期后应收账款收回的记录和文件可以提供有关存在和计价的审计证据，但未必提供与截止测试相关的审计证据。类似地，有关某一特定认定（如存货的存在认定）的审计证据，不能替代与其他认定（如该存货的计价认定）相关的审计证据。但另一方面，不同来源或不同性质的审计证据可能与同一认定相关。

2. 审计证据的可靠性

审计证据的可靠性是指证据的可信程度。

审计证据的可靠性受其来源和性质的影响，并取决于获取审计证据的具体环境。注册会计师在判断审计证据的可靠性时，通常会考虑下列原则。

① 从外部独立来源获取的审计证据比从其他来源获取的审计证据更可靠。从外部独立来源获取的审计证据未经被审计单位有关职员之手，从而减少了伪造、更改凭证或业务记录的可能性，因而其证明力最强。此类证据如银行询证函回函、应收账款询证函回函、保险公司等机构出具的证明等。相反，从其他来源获取的审计证据，由于证据提供者与被审计单位存在经济或行政关系等原因，其可靠性应受到质疑。

② 内部控制有效时内部生成的审计证据比内部控制薄弱时内部生成的审计证据更可靠。如果被审计单位有着健全的内部控制且在日常管理中得到一贯的执行，会计记录的可信赖程度将会增加。如果被审计单位的内部控制薄弱，甚至不存在任何内部控制，被审计单位内部凭证记录的可靠性就大为降低。例如，如果与销售业务相关的内部控制有效，注

册会计师就能从销售发票和发货单中取得比内部控制不健全时更加可靠的审计证据。

③ 直接获取的审计证据比间接获取或推论得出的审计证据更可靠。例如，注册会计师观察某项内部控制的运行得到的证据比询问被审计单位某项内部控制的运行得到的证据更可靠。间接获取的证据有被涂改及伪造的可能性，降低了可依赖程度。推论得出的审计证据，其主观性较强，人为因素较多，可信赖程度也受到影响。

④ 文件、记录形式（无论是纸质、电子或其他介质）存在的审计证据比口头形式的审计证据更可靠。例如，会议的同步书面记录比对讨论事项事后的口头表述更可靠。口头证据本身并不足以证明事实的真相，仅仅提供了一些重要线索，为进一步调查确认所用。例如，注册会计师在对应收账款进行账龄分析后，可以向应收账款负责人询问逾期应收账款收回的可能性。如果该负责人的意见与注册会计师自行估计的坏账损失基本一致，则这一口头证据就可成为证实注册会计师对有关坏账损失判断的重要证据。但在一般情况下，口头证据往往需要得到其他相应证据的支持。

⑤ 从原件获取的审计证据比从传真件或复印件获取的审计证据更可靠。注册会计师可审查原件是否有被涂改或伪造的迹象，排除伪证，提高证据的可依赖程度。而传真件或复印件容易被篡改或伪造，可靠性较低。

注册会计师在按照上述原则评价审计证据的可靠性时，还应当注意可能出现的重要例外情况。例如，审计证据虽然是从独立的外部来源获得，但如果该证据是由不知情者或不具备资格者提供，审计证据也可能是不可靠的。同样，如果注册会计师不具备评价证据的专业能力，那么即使是直接获取的证据，也可能不可靠。

（三）充分性和适当性之间的关系

充分性和适当性是审计证据的两个重要特征，两者缺一不可，只有充分且适当的审计证据才是有证明力的。

注册会计师需要获取的审计证据的数量也受审计证据质量的影响。审计证据质量越高，需要的审计证据数量可能越少。也就是说，审计证据的适当性会影响审计证据的充分性。例如，被审计单位内部控制健全时生成的审计证据更可靠，注册会计师只需获取适量的审计证据，就可以为发表审计意见提供合理的基础。

尽管审计证据的充分性和适当性相关，但如果审计证据的质量存在缺陷，那么注册会计师仅靠获取更多的审计证据可能无法弥补其质量上的缺陷。例如，注册会计师应当获取与销售收入完整性相关的证据，实际获取的却是有关销售收入真实性的证据，审计证据与完整性目标不相关，即使获取的证据再多，也证明不了收入的完整性。同样的，如果注册会计师获取的证据不可靠，那么证据数量再多也难以起到证明作用。

四、评价充分性和适当性时的特殊考虑

（一）对文件记录可靠性的考虑

审计工作通常不涉及鉴定文件记录的真伪，注册会计师也不是鉴定文件真伪的专家，但应当考虑用作审计证据的信息的可靠性，并考虑与这些信息生成和维护相关控制的有效性。

如果在审计过程中识别出的情况使其认为文件记录可能是伪造的，或者文件记录中的某些条款已发生变动、注册会计师应当做出进一步调查，包括直接向第三方询证，也可以考虑利用专家的工作以评价文件记录的真伪。例如，如果发现某银行询证函回函有伪造或篡改的迹象，注册会计师应当做进一步的调查，并考虑是否存在舞弊的可能性。必要时，应当通过适当方式聘请专家予以鉴定。

（二）使用被审计单位生成信息时的考虑

注册会计师为获取可靠的审计证据，实施审计程序时使用的被审计单位生成的信息需要足够完整和准确。例如，通过用标准价格乘以销售量来对收入进行审计时，其有效性受到价格信息准确性和销售量数据完整性和准确性的影响。类似地，如果注册会计师打算测试总体（如付款）是否具备某一特征（如授权），若选取测试项目的总体不完整，则测试结果可能不太可靠。

（三）证据相互矛盾时的考虑

如果针对某项认定从不同来源获取的审计证据或获取的不同性质的审计证据能够相互印证，与该项认定相关的审计证据则具有更强的说服力。例如，注册会计师通过检查委托加工协议发现被审计单位有委托加工材料，且委托加工材料占存货比重较大，经发函询证后证实委托加工材料确实存在。委托加工协议和询证函这两个不同来源的审计证据互相印证，证明委托加工材料真实存在。

如果从不同来源获取的审计证据或获取的不同性质的审计证据不一致，表明某项审计证据可能不可靠，注册会计师应当追加必要的审计程序。

例 1-2 注册会计师张某接受委托对华宇公司2017年度会计报表进行审计，在审计过程中注册会计师张某发现华宇公司与长城公司于2017年2月1日签订了一份委托加工协议，合同金额为1 500 000元，但在检查华宇公司的存货时并未发现有委托加工材料，因金额较大，张某遂向长城公司发了一份询证函，长城公司回函说委托加工材料已加工完成并返回被审计单位，委托加工协议和询证函回函这两个不同来源的证据不一样。请问这时，注册会计师该如何处理？

分析：委托加工协议和询证函回函这两个不同来源的证据不一样，委托加工材料是否真实存在受到质疑。这时，注册会计师应追加审计程序，确认委托加工材料收回后是否未入库或被审计单位收回后予以销售而未入账。

（四）获取审计证据时对成本的考虑

注册会计师可以考虑获取审计证据的成本与所获取信息的有用性之间的关系，但不应以获取审计证据的困难和成本为由减少不可替代的审计程序。

在保证获取充分、适当的审计证据的前提下，控制审计成本也是会计师事务所增强竞争能力和获取能力必需的。但为了保证得出的审计结论、形成的审计意见是恰当的，注册会计师不应将获取审计证据的成本高低和难易程度作为减少不可替代的审计程序的理由。

任务六　审计工作底稿

任务引入

安达信会计师事务所在2002年倒闭前，是与普华永道、安永、毕马威、德勤比肩的全球五大会计师事务所之一。

安达信的倒闭缘起美国另一家巨头企业安然公司（以下简称安然）的破产案。

位于美国德克萨斯州的安然曾是世界上最大的电力、天然气及电信公司之一，资产规模曾达1 000多亿美元，连续多年被《财富》杂志评选为“美国最具创新精神公司”。

然而就在2001年10月16日，安然的命运发生了急速的转向。当天股市收盘之后，安然发布了第三季度财报。其中有一项是公司一次性冲销了高达逾10亿美元的税后投资坏账，这笔巨额坏账是在安然和两家关联公司的交易中形成的。诡异的是，这两家公司都由安然首席财务官法斯特管理。

证券分析师们当天就此质询安然，美国证券交易委员会则第二天就进入对安然的调查。安然的内部交易和财务造假黑幕就此揭开。此前的3年中，安然虚增盈利5亿多美元，少列债务6亿多美元，虚增股东权益则达数10亿美元。1个多月，安然股价从近40美元自由落体式地跌到4美元。11月底，安然申请破产保护。

而在调查安然的同时，美国监管部门的司法利剑也指向了安达信会计师事务所。安达信会计师事务所自安然1985年成立伊始就为它做审计，安然一半的董事与安达信会计师事务所有着直接或间接的联系，甚至首席会计师和财务总监都来自安达信会计师事务所。安然案爆发的半个月时间内，安达信会计师事务所竟销毁了数千页安然公司的审计工作底稿及有关文件，直到11月8日收到美国证券交易委员会的传票后才停止销毁文件。

2002年3月，美国司法部以妨碍司法公正对安达信会计师事务所提起刑事诉讼，理由是该公司在安然丑闻事发后毁掉了相关文件和计算机记录，从而开创了美国历史上第一起大型会计师事务所受到刑事调查的案例。同年6月，安达信会计师事务所被美国法院认定犯有阻碍政府调查安然破产案的罪行。安达信会计师事务所就此宣告倒闭，正式遁迹于其从事了近90年的会计审计业。

任务分析

导致曾经是世界五大会计师事务所之一的安达信会计师事务所倒闭的直接导火索是什么？

知识链接

一、审计工作底稿的含义

审计工作底稿是指注册会计师对制定的审计计划、实施的审计程序、获取的相关审计证据，以及得出的审计结论做出的记录。审计工作底稿是审计证据的载体，是注册会计师在审计过程中形成的审计工作记录和获取的资料。它形成于审计过程，也反映整个审计过程。

二、审计工作底稿的编制目的

审计工作底稿在计划和执行审计工作中发挥着关键作用。它提供了审计工作实际执行情况的记录，并形成审计报告的基础。审计工作底稿也可用于质量控制复核、监督会计师事务所对审计准则的遵循情况及第三方的检查等。在会计师事务所因执业质量而涉及诉讼或有关监管机构进行执业质量检查时，审计工作底稿能够提供证据，证明会计师事务所是否按照中国注册会计师审计准则的规定执行了审计工作。

因此，注册会计师应当及时编制审计工作底稿，以实现下列目的。

① 提供充分、适当的记录，作为出具审计报告的基础。

② 提供证据，证明注册会计师已按照审计准则和相关法律法规的规定计划和执行了审计工作。

③ 有助于项目组计划和执行审计工作。

④ 有助于负责督导项目组成员按照审计准则的规定，履行指导、监督与复核审计工作。

⑤ 便于项目组说明其执行审计工作的情况。

⑥ 保留对未来审计工作持续产生重大影响的事项的记录。

⑦ 便于会计师事务所按照审计准则的规定，实施质量控制复核与检查。

⑧ 便于监管机构和注册会计师协会根据相关法律法规或其他相关要求，对会计师事务所实施执业质量检查。

三、审计工作底稿的编制要求

注册会计师编制的审计工作底稿，应当使未曾接触该项审计工作的有经验的专业人士清楚地了解以下内容。

① 按照审计准则和相关法律法规的规定实施的审计程序的性质、时间安排和范围。

② 实施审计程序的结果和获取的审计证据。

③ 审计中遇到的重大事项和得出的结论，以及在得出结论时做出的重大职业判断。

四、审计工作底稿的存在形式

审计工作底稿可以以纸质、电子或其他介质形式存在。

随着信息技术的广泛运用，审计工作底稿的形式从传统的纸质形式扩展到电子或其他介质形式。但无论审计工作底稿以哪种形式存在，会计师事务所都应当针对审计工作底稿设计和实施适当的控制，以实现下列目的。

① 使审计工作底稿清晰地显示其生成、修改或复核的时间和人员。

② 在审计业务的所有阶段，尤其是在项目组成员共享信息或通过互联网将信息传递给

其他人员时，保护信息的完整性和安全性。

③ 防止未经授权改动审计工作底稿。

④ 允许项目组和其他经授权的人员为适当履行职责而接触审计工作底稿。

为便于会计师事务所内部进行质量控制和外部执业质量检查或调查，以电子或其他介质形式存在的审计工作底稿，应与其他纸质形式的审计工作底稿一并归档，并应能通过打印等方式，转换成纸质形式的审计工作底稿。

在实务中，为便于复核，注册会计师可以将以电子或其他介质形式存在的审计工作底稿通过打印等方式，转换成纸质形式的审计工作底稿，并与其他纸质形式的审计工作底稿一并归档，同时，单独保存这些以电子或其他介质形式存在的审计工作底稿。

五、审计工作底稿的内容

审计工作底稿通常包括以下内容。

① 总体审计策略。

② 具体审计计划。

③ 分析表。

④ 问题备忘录。

⑤ 重大事项概要。

⑥ 询证函回函和声明。

⑦ 核对表。

⑧ 有关重大事项的往来函件。

⑨ 被审计单位文件记录的复印件或摘要（如重大的或特定的合同和协议）。

⑩ 审计业务约定书。

⑪ 管理建议书。

⑫ 项目组内部或项目组与被审计单位举行的会计记录。

⑬ 与其他人士（如其他注册会计师、律师、专家等）的沟通文件及错报汇总表。

六、确定审计工作底稿的格式、要素和范围时应考虑的因素

在确定审计工作底稿的格式、要素和范围时，注册会计师应当考虑下列因素。

① 被审计单位的规模和复杂程度。通常来说，对大型被审计单位进行审计形成的审计工作底稿，比对小型被审计单位进行审计形成的审计工作底稿要多；对业务复杂被审计单位进行审计形成的审计工作底稿，比对业务简单被审计单位进行审计形成的审计工作底稿要多。

② 拟实施审计程序的性质。通常情况下，不同的审计程序会使得注册会计师获取不同性质的审计证据，由此注册会计师可能会编制不同的审计工作底稿。例如，注册会计师编制的有关函证程序的审计工作底稿（包括询证函及回函、有关不符事项的分析等）和存货监盘程序的审计工作底稿（包括盘点表、注册会计师对存货的测试记录等）在内容、格式及范围方面是不同的。

③ 识别出的重大错报风险。识别和评估的重大错报风险水平的不同可能导致注册会计师实施的审计程序和获取的审计证据不尽相同。例如，如果注册会计师识别出应收账款存在较高的重大错报风险，而其他应收款的重大错报风险较低，则注册会计师可能对应收账款实施较多的审计程序并获取较多的审计证据，因而对测试应收账款的记录会比针对测试其他应收账款记录的内容多且范围广。

④ 已获取的审计证据的重要程度。注册会计师通过执行多项审计程序可能会获取不同的审计证据，有些审计证据的相关性和可靠性较高，有些质量则较差，注册会计师可能区分不同的审计证据进行有选择性的记录。因此，审计证据的重要程度也会影响审计工作底稿的格式、内容和范围。

⑤ 识别出的例外事项的性质和范围。有时注册会计师在执行审计程序时会发现例外事项，由此可能导致审计工作底稿在格式、内容和范围方面的不同。例如，某个函证的回函表明存在不符事项，如果在实施恰当的追查后发现该例外事项并未构成错报，注册会计师可能只在审计工作底稿中解释发生该例外事项的原因及影响；反之，如果该例外事项构成错误，注册会计师可能需要执行额外的审计程序并获取更多的审计证据，由此编制的审计工作底稿在内容和范围方面可能有很大不同。

⑥ 当从已执行审计工作或获取审计的记录中不易确定结论，或者结论的基础时，记录结论或结论基础的必要性。在某些情况下，特别是在涉及复杂的事项时，注册会计师仅将已执行的审计工作或获取的审计工作证据记录下来，并不容易使其他有经验的注册会计师通过合理的分析，得出审计结论或结论的基础。这时注册会计师应当考虑是否需要进一步说明并记录得出结论的基础（即得出结论的过程）及该事项的结论。

⑦ 审计方法和使用的工具。审计方法和使用的工具可能影响审计工作底稿的格式、内容和范围。例如，如果使用计算机辅助审计技术对应收账款的账龄进行重新计算，通常可以针对总体进行测试，而采用人工方式重新计算时，则可能会针对样本进行测试，由此形成的审计工作底稿会在格式、内容和范围方面有所不同。

七、审计工作底稿的要素

通常，审计工作底稿包括下列全部或部分要素。

① 审计工作底稿的标题。

② 审计过程记录。

③ 审计结论。

④ 审计标识及其说明。

⑤ 索引号及编号。

⑥ 编制者姓名及编制日期。

⑦ 复核者姓名及复核日期。

⑧ 其他应说明的事项。

八、审计工作底稿归档工作的性质

在出具审计报告前，注册会计师应完成所有必要的审计程序，取得充分、适当的审计证据并得出适当的审计结论。由此，在审计报告日后将审计工作底稿归整为最终审计档案是一项事务性的工作，不涉及实施新的审计程序或得出新的结论。

如果在归档期间对审计工作底稿做出的变动属于事务性的，注册会计师可以做出变动，主要包括以下内容。

① 删除或废弃被取代的审计工作底稿。

② 对审计工作底稿进行分类、整理和交叉索引。

③ 对审计档案归整工作的完成核对表签字认可。

④ 记录在审计报告日前获取的、与项目组相关成员进行讨论并达成一致意见的审计证据。

九、审计档案的结构

在实务中，审计档案可以分为永久性档案和当期档案。

（一）永久性档案

永久性档案是指那些记录内容相对稳定，具有长期使用价值，并对以后审计工作具有重要影响和直接作用的审计档案。例如，被审计单位的组织结构、批准证书、营业执照、章程、重要资产的所有权或使用权的证明文件复印件等。如果永久性档案中的某些内容已发生变化，注册会计师应当及时予以更新。为保持资料的完整性以便满足日后查阅历史资料的需要，永久性档案中被替换下的资料一般也需保留。例如，被审计单位因增加注册资本而变更了营业执照等法律文件，被替换的旧营业执照等文件可以汇总在一起，与其他有效的资料分开，作为单独部分归整在永久性档案中。

（二）当期档案

当期档案是指那些记录内容经常变化，主要供当期和下期审计使用的审计档案，如总体审计策略和具体审计计划。

目前，一些大型国际会计师事务所不再区分永久性档案和当期档案。

十、审计工作底稿的归档期限和保存期限

审计工作底稿的归档期限为审计报告日后60天内。

如果注册会计师未能完成审计业务，审计工作底稿的归档期限为审计业务中止后的60天内。

在完成最终审计档案的归整工作后，注册会计师不应在规定的保存期限届满前删除或废弃任何性质的审计工作底稿。

会计师事务所应当自审计报告日起，对审计工作底稿至少保存10年。

如果注册会计师未能完成审计业务，会计师事务所应当自审计业务中止日起，对审计工作底稿至少保存10年。

十一、审计工作底稿归档后的变动

（一）需要变动审计工作底稿的情形

注册会计师发现有必要修改现有审计工作底稿或增加新的审计工作底稿的情形主要有以下两种。

① 注册会计师已实施了必要的审计程序，取得了充分、适当的审计证据并得出了恰当的审计结论，但审计工作底稿的记录不够充分。

② 审计报告日后，发现例外情况要求注册会计师实施新的或追加审计程序，或者导致注册会计师得出新的结论。例外情况主要是指审计报告日后发现与已审计财务信息相关，且在审计报告日已经存在的事实，该事实如果被注册会计师在审计报告日前获知，可能影响审计报告。例如，注册会计师在审计报告日后才获知法院在审计报告日前已对被审计单位的诉讼、索赔事项做出最终判决结果。例外情况可能在审计报告日后发现，也可能在财务报表日后发现，注册会计师应当按照审计准则的相关规定，对例外事项实施新的或追加的审计程序。

（二）变动审计工作底稿时的记录要求

在完成最终审计档案的归整工作后，如果发现有必要修改现有审计工作底稿或增加新的审计工作底稿，无论修改或增加的性质如何，注册会计师均应当记录下列事项。

① 修改或增加审计工作底稿的理由。

② 修改或增加审计工作底稿的时间和人员，以及复核的时间和人员。

十二、审计工作底稿的复核

项目质量控制复核是指在审计报告日或审计报告日之前，项目质量控制复核人员对项目组做出的重大判断和在编制审计报告时得出的结论进行客观评价的过程。

项目质量控制复核适用于上市实体财务报表审计，以及会计师事务所确定需要实施项目质量控制复核的其他审计业务。

上市实体是指其股份、股票或债券在法律法规认可的证券交易所报价或挂牌，或者在法律法规认可的证券交易所或其他类似机构的监管下进行交易的实体。

项目质量控制复核人员是指项目组成员以外的，具有足够、适当的经验和权限，对项目组做出的重大判断和在准备审计报告时得出的结论进行客观评价的合伙人、会计师事务所其他人员、具有适当资格的外部人员或由这类人员组成的小组。

项目质量控制复核人员应当客观地评价项目组做出的重大判断及编制审计报告时得出的结论。

评价工作应当涉及下列内容。

① 与项目合伙人讨论重大事项。

② 复核财务报表和拟出具的审计报告。

③ 复核选取的与项目组做出的重大判断和得出的结论相关的审计工作底稿。

④ 评价在编制审计报告时得出的结论，并考虑拟出具审计报告的恰当性。

对于上市实体财务报表审计，项目质量控制复核人员在实施项目质量控制复核时，还应当考虑以下内容。

① 项目组就具体审计业务对会计师事务所独立性做出的评价。

② 项目组是否已就涉及意见分歧的事项，或者其他疑难问题或争议事项进行适当咨询，以及咨询得出的结论。

③ 选取的用于复核的审计工作底稿，是否反映了项目组针对重大判断执行的工作，以及是否支持得出的结论。

会计师事务所采用制衡制度，以确保委派独立的、有经验的审计人员作为其所熟悉行业的项目质量控制复核人员。复核范围取决于审计项目的复杂程度及未能根据具体情况出具审计报告的风险。许多会计师事务所不仅对上市公司审计进行项目质量控制复核，也会联系审计客户的组合，对那些高风险或涉及公众利益的审计项目实施项目质量控制复核。

任务七　注册会计师的法律责任

任务引入

银广厦（全称广厦（银川）实业有限责任公司）是我国深圳证券交易所（以下简称深交所）的一家上市公司，其利润的造假过程可谓典型。在被指控造假的 1999 年和 2000 年两年间，曾任天津广厦财务总监后任董事长的董博自称受银广厦董事、财务总监、总会计师兼董事会秘书丁功民指示操作了财务造假。而身为银广厦董事局副主席兼总裁的李有强也承认董博所言属实，天津广厦的账都是假的。

据董博供认，1999 年 11 月，丁功民打电话给他，要求他将每股的利润做到 0.80 元。董博进行了相应的计算，得出天津广厦公司需要制造多少利润，进而根据这一利润，计算出天津广厦需要多大的产量、多少的销售量及购进多少原材料等数据。

1999 年的财务造假从购入原材料开始，董博虚构了北京某商贸有限公司、北京市京通商贸有限公司、北京市东风实用技术研究所等单位，让这几家单位作为天津广厦的原材料供应方、虚构购入萃取产品原材料蛋黄粉、姜、桂皮、产品包装桶等物，并到黑市购买了发票、汇款单、银行进账单等票据，从而伪造了这几家单位的销售发票和天津广厦发往这几家单位的银行汇款单。

有了原材料的购入，也便有了产品的销售，董博又伪造了总价值 5 610 万马克的货物出口报关单 4 份、德国捷高公司北京办事处支付的金额 5 400 万元出口产品的货款银行进账单 3 份。为完善造假过程，董博又指使当时天津广厦的职工伪造了萃取产品虚假入库单、班组生产记录、产品出库单等单据。

最后，董博又虚构了天津广厦萃取产品出口收入 23 898.60 万元。后该虚构的年度财务报表经深圳中天勤会计师事务所审计后，并入银广厦公司年报，当年，银广厦公司向社会发布的虚假净利润高达 12 778.66 万元。

次年，财务造假行动继续进行，只是此次已不再虚构原材料供货方。据董博称，依旧是接受丁功民的指示，伪造了虚假出口销售合同、银行汇款单、销售发票、出口报关单及德国诚信贸易公司支付的货款进账单，同时同样指使天津广厦职工伪造了虚假财务凭据。

结果，2000 年天津广厦共虚构萃取产品出口收入 72 400 万元，虚构年度财务报告由深圳中天勤会计师事务所进行审计，注册会计师刘加荣、徐林文签署无保留意见审计报告，向社会公布虚假净利润 41 764.643 万元。

2001 年年初，为进一步完善造假程序，董博虚构销售收入，从天津市北辰国税局领购增值税专用发票 500 份。除向正常销售单位开具外，董博指使天津广厦公司职员付树通以天津广厦公司名义向天津禾源公司（系天津广厦公司萃取产品总销）虚开增值税专用发票 290 份，价税合计 22 145.659 万元，涉及税款 3 764.761 万元，后以销售货款没有全部回笼为由，仅向北辰区国税局交纳税款 500 万元。

2001 年 5 月，为中期利润分红，银广厦总裁李有强以购买设备为由，向上海金尔顿投资公司借款 1.5 亿元打入天津禾源公司，又以销售萃取产品回款的形式打回天津广厦账户，随后其中 1.25 亿元以天津广厦利润的形式上交银广厦公司。

最后，法庭认为：银广厦造假案是一个由李有强同意、丁功民授意、董博实施、阎金岱协助，以及注册会计师刘加荣、徐林文“明知”有假而不为的过程。

2003 年 9 月 16 日，宁夏回族自治区银川市中级人民法院对银广厦刑事案做出一审判决，原天津广厦董事长兼财务总监董博因提供虚假财务报告罪被判处有期徒刑三年，并处罚金人民币 10 万元。同时，法院以提供虚假财务报告罪分别判处原银广厦董事局副主席兼总裁李有强、原银广厦董事兼财务总监、总会计师丁功民、原天津广厦副董事长兼总经理阎金岱有期徒刑三年零六个月，并处罚金 3 万至 8 万元；以出具证明文件重大失实罪分别判处深圳中天勤会计师事务所合伙人刘加荣、徐林文有期徒刑两年零六个月、两年零三个月，并各处罚金 3 万元。

任务分析

1. 请说明注册会计师执业过程中产生法律责任的情形有哪些方面，并应相应承担哪些法律后果。

2. 试分析本案中注册会计师刘加荣、徐林文承担法律责任的原因。

知识链接

一、注册会计师承担法律责任的依据

注册会计师在执行审计业务时，应当按照审计准则的要求审慎执业，保证执业质量，控制审计风险。否则，一旦出现审计失败，就有可能承担相应的责任。法律责任的出现，通常是因为注册会计师在执业时没有保持应有的职业谨慎，并因此导致了对他人权利的损

害。应有的职业谨慎指的是注册会计师应当具备足够的专业知识和专业能力，按照执业准则的要求执业。如果没有应有的职业谨慎，就会出现审计失败，审计风险就会变成实际的损失。

注册会计师承担的责任，通常是由被审计单位的经营失败引发的。经营失败是指企业由于经济或经营条件的变化（如经济衰退、不当的管理决策或出现意料之外的行业竞争等）而无法满足投资者的预期。被审计单位经营失败时，也可能会连累注册会计师。很多会计和法律专业人士认为，财务报表使用者控告会计师事务所的主要原因之一，是不理解经营失败和审计失败之间的差别。审计失败是指注册会计师由于没有遵守审计准则的要求而发表了错误的审计意见；审计风险是指财务报表中存在重大错报，而注册会计师发表不恰当审计意见的可能性。由于审计中的固有限制影响注册会计师发现重大错报的能力，注册会计师不能对财务报表整体不存在重大错报获取绝对保证。特别是，如果被审计单位管理层精心策划和掩盖舞弊行为，注册会计师尽管完全按照审计准则执业，有时还是不能发现某项重大舞弊行为。

当注册会计师未能发现重大错报并出具了错误的审计意见时，就可能产生注册会计师是否恪守应有的职业谨慎这一法律问题。如果注册会计师在审计过程中没有尽到应有的职业谨慎，就属于审计失败。在这种情况下，法律通常允许因为注册会计师未尽到应有的职业谨慎而遭受损失的各方获得由审计失败导致的部分或全部损失的补偿。但是，由于审计业务的复杂性，判断注册会计师未能尽到应有的谨慎也是一项困难的工作。尽管如此，注册会计师如果未能恪守应有的职业谨慎通常由此承担责任，并可能致使会计师事务所也遭受损失。

二、对注册会计师法律责任的认定

（一）违约

违约是指合同一方或多方未能履行合同条款规定的义务。当违约给他人造成损失时，注册会计师应负违约责任。例如，会计师事务所在商定的期间内未能提交纳税申报表，或者违反了与被审计单位订立的保密协议等。

（二）过失

过失是指在一定条件下，没有保持应有的职业谨慎。评价注册会计师的过失，是以其他合格注册会计师在相同条件下可做到的谨慎为标准的。当过失给他人造成损失时，注册会计师应负过失责任。过失可按程度不同分为普通过失和重大过失。

普通过失又称一般过失，通常是指没有保持职业上应有的职业谨慎；对注册会计师而言则是指没有完全遵循专业准则的要求。例如，未按特定审计项目获取充分、适当的审计证据就出具审计报告的情况，可视为一般过失。

重大过失是指连最基本的职业谨慎都没有保持。对注册会计师而言，则是指根本没有遵循专业准则或没有按专业准则的基本要求执行审计。

（三）欺诈

欺诈又称舞弊，是一种以欺骗或坑害他人为目的的故意的错误行为。作案具有不良动机是欺诈的重要特征，也是欺诈与普通过失和重大过失的主要区别之一。对于注册会计师而言，欺诈是为了达到欺骗他人的目的，明知委托单位的财务报表有重大错报，却加以虚假的陈述，出具无保留意见的审计报告。

与欺诈相关的另一个概念是“推定欺诈”，又称“涉嫌欺诈”，是指虽无故意欺诈或坑害他人的动机，却存在极端或异常的过失。推定欺诈和重大过失这两个概念的界限往往很难界定。在美国，许多法院曾经将注册会计师的重大过失解释为推定欺诈，特别是近年来有些法院放宽了“欺诈”一词的范围，使得推定欺诈和欺诈在法律上成为等效的概念。这样，具有重大过失的注册会计师的法律责任就进一步加大了。

三、中国注册会计师承担法律责任的种类

注册会计师因违约、过失或欺诈给被审计单位，或者其他利害关系人造成损失的，按照有关法律规定，可能被判承担民事责任、行政责任或刑事责任。

（一）民事责任

1.《民法通则》的规定

1987 年 1 月 1 日施行的《中华人民共和国民法通则》第一百零六条规定：“公民、法人违反合同或者不履行其他义务的，应当承担民事责任。公民、法人由于过错侵害国家的、集体的财产，侵害他人财产、人身的，应当承担民事责任。没有过错，但法律规定应当承担民事责任的，应当承担民事责任。”

2.《注册会计师法》的规定

1994 年 1 月 1 日实施的《中华人民共和国注册会计师法》（以下简称《注册会计师法》）在第六章“法律责任”中规定了注册会计师的行政、刑事和民事责任。其中，关于民事责任的条款是第四十二条“会计师事务所违反本法规定，给委托人、其他利害关系人造成损失的，应当依法承担赔偿责任。”

3.《证券法》的规定

2005 年 10 月 27 日修订的《中华人民共和国证券法》（以下简称《证券法》）第一百七十三条规定：“证券服务机构为证券的发行、上市、交易等证券业务活动制作、出具审计报告、资产评估报告、财务顾问报告、资信评级报告或者法律意见书等文件，应当勤勉尽责，对所依据的文件资料内容的真实性、准确性、完整性进行核查和验证。其制作、出具的文件有虚假记载、误导性陈述或者重大遗漏，给他人造成损失的，应当与发行人、上市公司承担连带赔偿责任，但是能够证明自己没有过错的除外。”

4.《公司法》的规定

2005 年 10 月 27 日修订的《中华人民共和国公司法》（以下简称《公司法》）第二百零八条第三款规定：“承担资产评估、验资或者验证的机构因出具的评估结果、验资或者验证证明不实，给公司债权人造成损失的，除能够证明自己没有过错的外，在其评估或者证明

不实的金额范围内承担赔偿责任。”

（二）行政责任

1.《注册会计师法》的规定

《注册会计师法》第三十九条第一款规定：“会计师事务所违反本法第二十条、第二十一条规定的，由省级以上人民政府部门给予警告，没收违法所得，可以并处违法所得一倍以上五倍以下的罚款；情节严重的，并可以由省级以上人民政府财政部门暂停其经营业务或者予以撤销。”

《注册会计师法》第三十九条第二款规定：“注册会计师违反本法第二十条、第二十一条规定的，由省级以上人民政府财政部门给予警告，情节严重的，可以由省级以上人民政府财政部门暂停其执行业务或者吊销注册会计师证书。”

2.《证券法》的规定

《证券法》第二百〇一条规定：“为股票的发行、上市、交易出具审计报告、资产评估报告或者法律意见书等文件的证券服务机构和人员，违反本法第四十五条的规定买卖股票的，责令依法处理非法持有的股票，没收违法所得，并处以买卖股票等值以下的罚款。”

第二百〇七条规定：“违反本法第七十八条第二款的规定，在证券交易活动中做出虚假陈述或者信息误导的，责令改正，处以三万元以上二十万元以下的罚款；属于国家工作人员的，还应当依法给予行政处分。”

第二百二十三条规定：“证券服务机构未勤勉尽责，所制作、出具的文件有虚假记载、误导性陈述或者重大遗漏的，责令改正，没收业务收入，暂停或者撤销证券服务业务许可，并处以业务收入一倍以上五倍以下的罚款。对直接负责的主管人员和其他直接责任人员给予警告，撤销证券从业资格，并处以三万以上十万元以下的罚款。”

第二百二十五条规定：“上市公司、证券公司、证券交易所、证券登记结算机构、证券服务机构，未按照有关规定保存有关文件和资料的，责令改正，给予警告，并处以三万元以上三十万元以下的罚款；隐匿、伪造、篡改或者毁损有关文件和资料的，给予警告，并处以三十万元以上六十万元以下的罚款。”

3.《公司法》的规定

《公司法》第二百〇八条第一款规定：“承担资产评估、验资或者验证的机构提供虚假材料的，由公司登记机关没收违法所得，处以违法所得一倍以上五倍以下的罚款，并可以由有关主管部门依法责令该机构停业、吊销直接责任人员的资格证书，吊销营业执照。”

第二百〇八条第二款规定：“承担资产评估、验资或者验证的机构因过失提供有重大遗漏的报告的，由公司登记机关责令改正，情节较重的，处以所得收入一倍以上五倍以下的罚款，并可以由有关主管部门依法责令该机构停业，吊销直接责任人员的资格证书，吊销营业执照。”

4.《违反注册会计师法处罚暂行办法》的规定

第四条规定，“对注册会计师的处罚种类包括：警告；没收违法所得；罚款；暂停执行部分或全部业务，暂停执业的最长期限为12个月；吊销有关执业许可证；吊销注册会计师证书。”

第五条规定，“对事务所的处罚种类包括：警告；没收违法所得；罚款；暂停执行部分或全部业务，暂停执业的最长期限为12个月；吊销有关执业许可证；撤销事务所。”

（三）刑事责任

1.《注册会计师法》的规定

第三十九条第三款规定：“会计师事务所、注册会计师违反本法第二十条、第二十一条的规定，故意出具虚假的审计报告、验资报告，构成犯罪的，依法追究刑事责任。”

《注册会计师法》第二十条规定，注册会计师执行审计业务，遇有这些情形之一的，应当拒绝出具有关报告：①委托人示意其做不实或不当证明的；②委托人故意不提供有关会计资料和文件的；③因委托人有其他不合理要求，致使注册会计师出具的报告不能对财务会计的重要事项做出正确表述的。

《注册会计师法》第二十一条规定，注册会计师执行审计业务，必须按照执业准则、规则确定的工作程序出具报告。注册会计师执行审计业务出具报告时，不得有这些行为：①明知委托人对重要事项的财务会计处理与国家有关规定相抵触，而不予指明；②明知委托人的财务会计处理会直接损害报告使用人或其他利害关系人的利益，而予以隐瞒或做不实的报告；③明知委托人的财务会计处理会导致报告使用人或其他利害关系人产生重大误解，而不予指明；④明知委托人的会计报表的重要事项有其他不实的内容，而不予指明。对委托人有前款所列行为，注册会计师按照执业准则、规则应当知道的，适用前款规定。

2.《证券法》的规定

第二百三十一条规定：“违反本法规定，构成犯罪的，依法追究刑事责任。”

3.《公司法》的规定

第二百一十六条规定：“违反本法规定，构成犯罪的，依法追究刑事责任。”

4.《中华人民共和国刑法》的规定

第二百二十九条规定：“承担资产评估、验资、验证、会计、审计、法律服务等职责的中介组织的人员故意提供虚假证明文件，情节严重的，处五年以下有期徒刑或者拘役，并处罚金。前款规定的人员，索取他人财物或者非法收受他人财物，犯前款罪的，处五年以上十年以下有期徒刑，并处罚金。第一款规定的人员，严重不负责任，出具的证明文件有重大失实，造成严重后果的，处三年以下有期徒刑或者拘役，并处或者单处罚金。”

第二百三十一条规定：“单位犯本节第二百二十一条至第二百三十条规定之罪的，对单位判处罚金，并对其直接负责的主管人员和其他直接责任人员，依照本节各该条的规定处罚。”

5.《违反注册会计师法处罚暂行办法》的规定

《违反注册会计师法处罚暂行办法》第三十一条规定：“注册会计师和事务所的违法行为构成犯罪时，应当移交司法机关，依法追究刑事责任。”

参考资料

《中国注册会计师审计准则第1101号——注册会计师的总体目标和审计工作的基本要求》

《中国注册会计师审计准则第 1121 号——对财务报表审计实施的质量控制》

《中国注册会计师审计准则第 1131 号——审计工作底稿》

《中国注册会计师审计准则第 1142 号——财务报表审计中对法律法规的考虑》

《中国注册会计师审计准则第 1311 号——对存货、诉讼和索赔、分部信息等特定项目获取审计证据的具体考虑》

《中国注册会计师审计准则第 1312 号——函证》

《中国注册会计师审计准则第 1313 号——分析程序》

《中华人民共和国公司法》2013 年修订

《中华人民共和国证券法》2013 年修订

《中华人民共和国注册会计师法》

《中华人民共和国刑法》2015 年修订

《违反注册会计师法处罚暂行办法》

思考与讨论

1. 审计的本质特征是什么？
2. 审计的对象是什么？
3. 审计的职能是什么？
4. 审计的作用是什么？
5. 审计的总目标是什么？
6. 什么是管理当局的认定？
7. 审计的具体目标是什么？
8. 注册会计师应如何检查原始凭证、记账凭证、账簿和会计报表？
9. 注册会计师应对哪些会计账户进行函证？
10. 如果被审计单位不允许发询证函，注册会计师该怎么办？
11. 什么是书面证据、实物证据、口头证据和环境证据？
12. 什么是审计证据的充分性和适当性？它们是什么关系？
13. 哪些审计工作底稿属于永久性档案？哪些审计工作底稿属于当期档案？
14. 在什么情况下注册会计师要承担民事责任？
15. 在什么情况下注册会计师要承担刑事责任？
16. 在什么情况下注册会计师要承担行政责任？

案例分析

1. 表 1-4 和表 1-5 是甘肃××钢铁股份有限公司 2017 年度的主要财务数据。要求：请用分析程序找出注册会计师应重点关注哪些账户，并说出理由。

表 1-4　甘肃××钢铁股份有限公司主要财务数据　　元

账户 \ 时间	2017 年	2016 年	本期比上年同期增减/%	2015 年
营业收入	39 524 507 359.70	35 948 440 451.64	9.95	31 133 996 912.10
利润总额	1 200 021 389.09	419 585 498.07	186.00	257 284 588.40
归属于上市公司股东的净利润	939 434 791.40	320 909 483.56	192.74	249 137 570.59
归属于上市公司股东的扣除非经常性损益的净利润	933 222 972.13	124 605 772.96	648.94	104 742 218.36
经营活动产生的现金流量净额	872 514 448.73	1 457 977 962.38	−40.16	2 117 752 662.77
账户 \ 时间	2017 年年末	2016 年年末	本期末比上年同期末增减/%	2015 年年末
总资产	30 495 795 632.93	26 085 583 737.91	16.91	27 616 719 115.61
所有者权益（或股东权益）	10 713 044 309.63	9 883 059 187.40	8.40	9 532 371 490.94

表 1-5　主要财务指标　　元

账户 \ 时间	2017 年	2016 年	本期比上年同期增减/%	2015 年
基本每股收益/（元/股）	0.459 2	0.156 9	192.67	0.121 8
稀释每股收益/（元/股）	0.459 2	0.156 9	192.67	0.121 8
扣除非经常性损益后的基本每股收益/（元/股）	0.456 2	0.098 6	362.68	0.12
加权平均净资产收益率/%	9.07	3.05	增加 6.02 个百分点	2.64
扣除非经常性损益后的加权平均净资产收益率/%	9.01	1.70	增加 7.31 个百分点	2.18
每股经营活动产生的现金流量净额/（元/股）	0.43	0.71	−39.44	1.04
账户 \ 时间	2017 年年末	2016 年年末	本期末比上年同期末增减/%	2015 年年末
归属于上市公司股东的每股净资产/元/股	5.24	4.83	8.49	4.66

2. 表 1-6 是宁夏××股份有限公司 2017 年度的主要财务数据。**要求**：用分析程序找出注册会计师应重点关注哪些账户，并说出理由。

表 1-6 宁夏××股份有限公司主要财务数据

元

时间 账户	2017 年	2016 年	本期比上年同期增减/%	2015 年
营业收入	1 618 113 451.82	1 525 671 551.49	6.06	1 474 291 659.20
利润总额	−52 717 449.71	7 967 970.89	−761.62	6 266 844.79
归属于上市公司股东的净利润	−53 856 637.53	4 939 190.05	−1 190.39	5 632 258.02
归属于上市公司股东的扣除非经常性损益的净利润	−57 713 299.60	1 581 105.84	−3 750.18	−2 107 590.40
经营活动产生的现金流量净额	−108 934 831.32	119 388 375.59	−191.24	47 160 379.30
时间 账户	2017 年年末	2016 年年末	本期末比上年同期末增减/%	2015 年年末
总资产	1 807 392 433.70	1 588 450 112.97	13.78	1 469 982 638.50
所有者权益（或股东权益）	433 348 598.70	489 450 905.49	−11.46	485 626 534.32

3. 表 1-7 是××股份有限公司 2017 年度的主要财务数据。**要求**：用分析程序找出注册会计师应重点关注哪些账户，并说出理由。

表 1-7 ××股份有限公司主要财务数据

元

时间 账户	2017 年	2016 年	本年比上年增减/%	2015 年
营业总收入/元	935 868 135.88	706 011 887.05	32.56	641 112 482.56
利润总额/元	10 186 135.18	40 557 871.93	−74.88	40 522 126.08
归属于上市公司股东的净利润/元	7 921 901.94	28 783 439.92	−72.48	42 272 394.65
归属于上市公司股东的扣除非经常性损益的净利润/元	8 428 889.21	19 099 521.26	−55.87	25 882 137.11
经营活动产生的现金流量净额/元	−130 684 746.39	8 646 234.19	−1 611.46	27 675 616.63
时间 账户	2017 年年末	2018 年年末	本年末比上年末增减/%	2015 年年末
总资产/元	1 088 238 756.18	1 119 122 585.46	−2.76	1 155 496 300.37
归属于上市公司股东的所有者权益/元	873 810 927.35	889 856 910.02	−1.80	888 260 314.49
股本/股	295 980 000.00	295 980 000.00	0	295 980 000.00

4. 注册会计师张某接受委托对华宇公司 2016 年度会计报表进行审计。该公司存货金额占全部资产的 30%。其中，存放在本地北京仓库的存货占全部存货的 65%，存放在该公司的海南分公司的存货占全部存货的 35%。张某只对北京的存货进行了监盘，并未对存放在海南分公司的存货进行监盘或委托当地会计师事务所的注册会计师监盘。张某在存货的审计工作底稿中这样写道："该公司的大部分存货都存放在北京，存放在海南的存货只占一小部分，故未对存放在海南的存货进行监盘，并不影响注册会计师的判断。"**要求**：注册会计师张某的做法是否正确？如果不正确，请指出错在哪里。

5. 华宇公司 2016 年 6 月份销售明细账如表 1-8 所示。**要求**：运用审阅法对该公司销售明细账进行审计，指出该公司销售明细账是否正确？如果不正确，请指出存在的问题。

表 1-8　产品销售费用明细

元

2016年		摘　要	包装费	运输费	装卸费	保险费	广告费	展览费	其他
月	日								
6	2	付 1 号产品包装费	2 500						
6	4	付报刊广告费					30 000		
6	5	付展览公司展览费						19 500	
6	6	付运费		6 500					
6	7	招待客户用餐							3 050
6	8	付装卸费			4 000				
6	9	付装运工意外死亡赔偿金							100 000
6	14	付 2 号产品包装费	3 000						
6	18	付车站装卸费			8 600				
6	19	付销货合同违约金							4 000
6	23	付电台产品广告费					4 000		
6	27	付运输保险费				1 480			
6	30	付门市部职工工资							26 500
6	30	付门市部差旅费							12 000
6	30	销售费用结转	5 500	6 500	12 600	1 480	34 000	19 500	173 000

6. 注册会计师张某对华宇股份有限公司审计时，取得资料如表 1-9、表 1-10、表 1-11、表 1-12 和表 1-13 所示。

表 1-9　资产负债表

2016 年 12 月 31 日

元

资　产	金　额	负债和所有者权益	金　额
货币资金	98 640.00	短期借款	40 000.00
应收账款	22 516.00	应付账款	136 000.00
存货	250 800.00	应交税金	12 000.00
其中：材料	120 000.00	其中：增值税	2 400.00
在产品	130 800.00	所得税	9 600.00
产成品	0	实收资本	400 000.00
固定资产原值	354 200.00	盈余公积	10 000.00
减：累计折旧	107 000.00	未分配利润	21 156.00
固定资产净值	247 200.00	所有者权益合计	431 156.00
资产合计	619 156.00	负债和所有者权益合计	619 156.00

表 1-10 材料总账

元

2016 年		凭证字号	摘 要	收 入	发 出	结 存
月	日					
12	1		期初结余			26 000.00
12	2		购入	150 000.00		
12	16		购入	240 000.00		
12	31		生产领用		296 000.00	
12	31		小 计	390 000.00	296 000.00	120 000.00

表 1-11 生产成本总账

元

成本项目	直接材料	直接人工	制造费用	合 计
期初在产品	40 000.00	4 000.00	8 000.00	52 000.00
本期投入	296 000.00	32 000.00	50 000.00	378 000.00
费用合计	336 000.00	36 000.00	58 000.00	430 000.00
单位成本	2 240.00	288.00	464.00	2 992.00
结转产成品（200 件）	224 000.00	28 800.00	46 400.00	299 200.00
期末在产品（100 件）	112 000.00	7 200.00	11 600.00	130 800.00

表 1-12 材料收发月存表

项目 \ 材料		A 材料	B 材料	C 材料	D 材料	合计
期初	数量	300 件	80 千克	80 套	400 千克	
	单价/元	40.00	100.00	50.00	5.00	
	金额/元	12 000.00	8 000.00	4 000.00	2 000.00	26 000.00
收入	数量	5 200 件	1 000 千克	1 440 套	2 000 千克	
	单价/元	40.00	100.00	50.00	5.00	
	金额/元	208 000.00	100 000.00	72 000.00	10 000.00	390 000.00
支出	数量	4 500 件	800 千克	560 套	1 600 千克	
	单价/元	40.00	100.00	50.00	5.00	
	金额/元	180 000.00	80 000.00	28 000.00	8 000.00	296 000.00
结存	数量	1 000 件	280 千克	960 套	800 千克	
	单价/元	40.00	100.00	50.00	5.00	
	金额/元	40 000.00	28 000.00	48 000.00	4 000.00	120 000.00

表 1-13 存货盘存表

2016 年 12 月 31 日

存货名称	单 位	数 量
材料：A 材料	件	1 400
B 材料	千克	360
C 材料	套	1 120
D 材料	千克	800
在产品	件	100
产成品	件	0

该公司所得税税率为25%。请对资产负债表进行检查，指出存在的问题，并做出调整，编制调整后的资产负债表。

7. 2017年2月28日，注册会计师张某等人在对华西厂进行2016年度会计报表审计时，获得下列资料。

（1）该厂生产甲产品，材料一次投入，逐步消耗，每投入100千克A材料可以生产出甲产品100千克。

（2）2016年12月31日，该企业对在产品和产成品进行了盘点，盘点结果是：在产品结存2 100千克，加工程度为50%；产成品结存4 800千克。期末在产品和产成品账面记录与盘点数一致。

（3）2017年2月28日，审计人员对在产品和产成品进行了盘点，盘点结果是：在产品盘存2 000千克，加工程度为50%，产成品盘存5 000千克。

（4）其他有关资料如下：2017年1月1日至2月28日，领料单记录生产领用A材料5 000千克，产成品交库单记录甲产品入库数4 000千克，产品发货单记录甲产品出库数4 500千克。

要求：运用调节法验证2016年12月31日有关会计资料的准确性。

8. 丫丫公司2016年12月31日生产的产成品——羽绒服明细账如表1-14所示。

表1-14 结存数量表（2016年12月31日）

件

品 种	一 等 品	二 等 品	三 等 品
男式	751	271	61
女式	991	331	211
童式	561	231	41

按照注册会计师张某的要求，该厂于2017年1月13日上午进行了盘点，盘点结果如表1-15所示。

表1-15 盘点表（2017年1月13日）

件

品 种	一 等 品	二 等 品	三 等 品
男式	719	327	57
女式	958	366	69
童式	525	67	31

注册会计师张某查阅产成品仓库卡片，2017年1月1日至1月13日收付记录如表1-16所示。

表1-16 收付记录

件

品 种	收 入			支 出		
	一等品	二等品	三等品	一等品	二等品	三等品
男式	2 351	271	61	2 283	315	65
女式	2 541	281	211	2 404	206	253
童式	751	271	61	777	335	71

要求：根据2017年1月13日实际盘点结果，用调节法核实2016年12月31日结存数，并与原明细账结存数量核对，检查原记录的真实性和正确性。

9. 注册会计师张某在对华宇公司 2016 年度会计报表进行审计时，对该公司的几家债权人进行了函证，但有几家应收账款函证回函结果与被审计单位会计记录不一致。**要求：**应收账款函证结果与被审计单位会计记录不一致的原因主要有哪些？注册会计师应相应实施哪些主要的审计程序？

10. 注册会计师张某审计华宇公司 2016 年度会计报表，要求被审计单位提供所有银行账户的信息，包括资产负债表日余额为 0 的银行存款户，被审计单位财务人员不理解。**要求：**如果你是张某，你如何向被审计单位人员解释这一行为？

11. 注册会计师张某在对华宇公司 2016 年度会计报表进行审计时，收集到以下 6 组审计数据。

①收料单与购货发票；②销货发票副本与产品出库单；③领料单与材料成本计算表；④工资计算单与工资发放单；⑤存货盘点表与存货监盘记录；⑥银行询证函回函与银行对账单。

要求：分别说明每组审计证据中哪项审计证据较为可靠，并说明理由。

12. 李力是一家公司的承包经营负责人，在承包经营 3 年期结束后，他聘请了当地一家会计师事务所对其经营期内的财务报表进行了审计。该会计师事务所经过审计，出具了无保留意见的审计报告，即认为该公司在承包经营期内的财务报表已公允地反映其财务状况。不久，检察机关接到举报，有人反映李力在承包经营期内，勾结财务经理和出纳，暗自收受回扣，侵吞国家财税。为此，检察机关传讯了李力，李力到了检察机关后，手持会计师事务所出具的审计报告，振振有词地说："会计师事务所已出具了审计报告，证明我没有经济问题，如果不信，你们可以去问注册会计师。"**要求：**①李力的话是否有道理？如果有错，错在哪里？②如果你是那家会计师事务所的负责人，你将如何回答这一问题？

13. 注册会计师在对海凡公司应收账款进行函证后，得到如下信息。

（1）客户 A 回函，表示欠款已于两个月前偿还。试问：审计人员应如何处理？

（2）客户 B 没有回函已发出的积极式函证。试问：审计人员应采取什么样的审计手段？

（3）客户 C 回函表示有一笔 60 万元的欠款，但双方已于半年前达成协议，用一批价值 60 万元的货款抵债，因此这笔债务已经勾销。试问：这时审计人员应如何验证？

14. 审计人员于 2017 年 1 月对被审计单位 2016 年下半年的账目进行审查，查得以下情况：累计折旧账户 7、8、9、10 月均为 7 800 元，11 月为 12 450 元，12 月为 5 880 元。**要求：**如果你是审计人员，试分析审计的重点是什么，指出查证的思路（列出查找的步骤、方法），并说明你在查证过程中所需运用的审计方法。

15. 2017 年 2 月 2 日，审计助理小张经注册会计师王玲的安排，前去华宇公司验证存货的账面余额。在盘点前，小张在路上听几个工人在议论，得知存货中可能存在不少无法出售的变质产品。对此，小张对存货进行实地抽点，并比较存货量与最近销量。抽点结果表明，存货数量合理，收发也较为有序。由于该产品技术含量较高，小张无法鉴别出存货中是否有变质产品，于是，他不得不询问该公司的存货部高级主管。高级主管的答复是，该产品无质量问题。

小张在盘点工作结束后，开始编制工作底稿。在备注中，小张将听说有变质产品的事填入其中，并建议在下阶段的存货审计程序中，应特别注意是否存在变质产品。王玲在复核工作底稿时，再一次向小张详细了解存货盘点情况，特别是有关变质产品的情况，还特别对当时议论此事的工人进行询问，但这些工人矢口否认了此事。于是，王玲与存货部高级主管商讨后得出结论，认为“存货价值公允且均可出售”。底稿复核后，王玲在备注栏后填写了“变质产品问题经核商无证据，但下次审计时应加以考虑”。由于华宇公司总经理抱怨王玲前几次出具了有保留意见的审计报告，使得他们在贷款时遇到了不少麻烦，因此在审计结束后，注册会计师王玲对该年的财务报表出具了无保留意见审计报告。

2 个月后，华宇公司资金周转不灵，主要是存货中存在大量的变质产品无法出售，致使到期的银行贷款无法偿还。银行拟向会计师事务所索赔，认为注册会计师在审核存货时存在重大过失。债权人在法庭上出具了王玲的工作底稿，认为注册会计师明知存货高估，但迫于总经理的压力，没有揭示财务报表中存在问题，因此应该承担银行的贷款损失。

要求：①引述工人关于变质产品的议论是否应记入审计工作底稿？②注册会计师王玲是否已尽到了责任？③对于银行的指控，这些审计工作底稿能否支持或不利于注册会计师的抗辩立场？银行的指控是否具有充分证据？请说明理由。

16. 长城公司 2016 年 12 月 31 日财务报表显示，其应收账款余额为 20 万元，坏账准备 6 000 元。注册会计师张某运用了所有的审计程序审核了上述两个账户，认为表述恰当，符合会计准则要求。但在 2017 年 1 月 25 日外勤工作尚未结束时，长城公司的主要客户兴隆公司因遭受火灾而无力偿还长城公司的债务。2016 年 12 月 31 日的账面显示，当时应收兴隆公司的账款金额为 12 万元。现注册会计师张某与长城公司的财务经理讨论有关火灾情况。张某认为报表上要调整这一火灾损失，而财务经理认为不应该调整这一损失，因为火灾发生在 2017 年。**要求：**①张某应如何取得证据，证明这一损失是发生在 2016 年，而不是 2017 年？②哪些证据将成为调整 2016 年财务报表的依据？

17. A 注册会计师负责对甲公司 2016 年度财务报表进行审计。在对甲公司 2016 年 12 月 31 日的存货进行监盘时，发现部分存货的财务明细账、仓库明细账、实物监盘三者的数量不一致，相关资料如表 1-17 所示。

表 1-17　部分存货的相关资料

序　号	存货名称	财务明细账数量	仓库明细账数量	实物监盘数量
1	a 产品	35 套	30 套	30 套
2	b 产品	27 套	25 套	27 套
3	c 材料	1 600 千克	1 600 千克	1 700 千克
4	d 材料	1 200 千克	1 200 千克	1 000 千克

要求：

（1）根据监盘结果，假定不考虑舞弊及财务明细账串户登记、仓库明细账串户登记的情况，逐项分析存货数量差异可能存在的主要原因。

（2）针对存货的财务明细账数量与实物监盘数量不一致情况，简要说明应当实施哪些必要的审计程序。

18. 甲、乙、丙 3 位出资人共同投资设立丁有限责任公司（以下简称丁公司）。甲、乙出资人按照出资协议的约定按期交纳了出资额，丙出资人通过与银行串通编造虚假的银行进账单，虚构了出资。ABC 会计师事务所的分支机构接受委托对拟设立的丁公司的注册资本进行审验，并委派 A 注册会计师担任项目组负责人。审验过程中，A 注册会计师按照执业准则的要求，实施了检查文件记录、向银行函证等必要的程序，保持了应有的职业谨慎，但未能发现丙出资人的虚假出资情况。A 注册会计师在出具的验资报告中认为，各出资人已全部交足出资额，并在验资报告的说明段中注明“本报告仅供工商登记使用”。丁公司注册登记半年后，丙出资人补足了虚构的出资额。一年后，乙出资人抽逃其全部出资额。两年后，丁公司因资金短缺和经营不善等原因导致资不抵债，无力偿付戊供应商的材料款。戊供应商以 ABC 会计师事务所出具不实验资报告为由，向法院提起民事诉讼，要求 ABC 会计师事务所承担连带赔偿责任。ABC 会计师事务所提出 3 项抗辩理由，要求免于承担民事责任：一是审验工作乃分支机构所为，与本会计师事务所无关；二是戊供应商与本会计师事务所及分支机构不存在合约关系，因而不是利害关系人；三是验资报告已经注明“仅供工商登记使用”，戊供应商因不当使用验资报告而遭受损失与本会计师事务所无关。

要求：回答下列问题，并简要说明理由。

（1）戊供应商可以对哪些单位或个人提起民事诉讼？

（2）ABC 会计师事务所提出的抗辩理由是否成立？

（3）ABC 会计师事务所是否可以免于承担民事责任？

19. A 注册会计师负责对常年审计客户甲公司 2016 年度财务报表进行审计。甲公司从事商品零售业，存货占其资产总额的 60%。除自营业务外，甲公司还将部分柜台出租，并为承租商提供商品仓储服务。根据以往的经验和期中测试的结果，A 注册会计师认为甲公司有关存货的内部控制有效。A 注册会计师计划于 2016 年 12 月 31 日实施存货监盘程序。A 注册会计师编制的存货监盘计划部分内容摘录如下。

（1）在到达存货盘点现场后，监盘人员观察代柜台承租商保管的存货是否已经单独存放并予以标明，确定其未被纳入存货盘点范围。

（2）在甲公司开始盘点存货前，监盘人员在拟检查的存货项目上做出标识。

（3）对以标准规格包装箱包装的存货，监盘人员根据包装箱的数量及每箱的标准容量直接计算确定存货的数量。

（4）在存货监盘过程中，监盘人员除关注存货的数量外，还需要特别关注存货是否出现毁损、陈旧、过时及残次等情况。

（5）对存货监盘过程中收到的存货，要求甲公司单独码放，不纳入存货监盘的范围。

（6）在存货监盘结束时，监盘人员将除作废的盘点表单以外的所有盘点表单的号码记录于监盘工作底稿。

要求：

（1）针对上述（1）至（6）项，逐项指出是否存在不当之处。如果存在，简要说明理由。

（2）假设因雪灾导致监盘人员于原定存货监盘日未能到达盘点现场，指出 A 注册会计师应当采取何种补救措施。

学习情境二

中国注册会计师职业道德

知识目标

1. 掌握注册会计师职业道德的基本原则。
2. 掌握对遵循职业道德基本原则产生不利影响的因素。
3. 掌握应对不利影响的防范措施。
4. 掌握解决与道德冲突问题的办法。

能力目标

1. 在执业时能够根据职业道德原则，保持诚信、独立、客观和公正、具备专业胜任能力和应有的关注，保守秘密、具有良好的职业行为。
2. 在执业时，能够考虑对遵循职业道德基本原则产生不利影响的因素。
3. 在执业时，能够应对不利影响采取防范措施。
4. 在执业时，发生与道德冲突问题时，能够顺利解决。

任务一　遵守职业道德基本原则

任务引入

北京长城机电科技产业公司（以下简称长城公司）从 1992 年 6 月至 1993 年 2 月在全国共集资 10 亿多元人民币，投资者达 10 万人。长城公司副总裁王××根据朋友提供的电话号码，与北京中诚会计师事务所二分所取得联系，并于 1993 年 3 月 16 日与郭××等人到二分所，谎称为了在深圳和香港等地集资，需要资信证明。3 月 22 日王××等再次到二分所，要求二分所快办。3 月 24 日，二分所副所长郭××派耿××、刘××去长城公司实地了解情况，两人吃了午饭，拿了小礼品，与王××商定 26 日开始办理。

3月26日上午9点多，二分所注册会计师刘××、王×、翟××到长城公司，首先与财务部经理孙××签订了协议书，确定业务内容为“对1993年3月末公司权益审核确认并出具报告”。王××提出要当天出具报告，公司明后天开董事会要用。三人即根据长城公司提供的账表开始工作。中午到饭店吃饭至下午1点多钟，继续工作一段时间后，刘××开始起草报告，草稿经过王×、翟××和孙××看后，送长城公司总裁沈太福，沈太福看后交付打印。3名注册会计师待报告打印完校对，于晚上7点多钟，由长城公司派车送回家，并给每人加班、夜餐费100元。

3月27日上午，王××等带着100份打印好的审验报告和空白转账支票到二分所，郭××、刘××等人按照长城公司的要求，在100份报告上加盖了注册会计师名章和中诚会计师事务所公章，收费10万元审计费。北京中诚会计师事务所出具的审验报告被长城公司广为散发，对长城公司的信用已有怀疑的一些投资者到公司去退资，因看到北京中诚会计师事务所的验资报告而未退。在长城公司存款已被政府冻结时，北京中诚会计师事务所出具的这份虚假审验报告，对向长城公司索退集资款的投资者起到了搪塞、欺骗的作用，给国家金融管理带来了消极影响，造成了严重的后果。

此案移交司法机关处理后，法院对承办长城公司审计业务的两名注册会计师依法判处了有期徒刑。

任务分析

1. 该案注册会计师受到法律制裁的原因是什么？
2. 注册会计师在执业过程中应遵守哪些职业道德？

知识链接

为了规范中国注册会计师职业行为，提高职业道德水准，维护职业形象，中国注册会计师协会制定了《中国注册会计师职业道德守则》和《中国注册会计师协会非执业会员职业道德守则》。中国注册会计师协会会员包括注册会计师和非执业会员。非执业会员是指加入中国注册会计师协会但未取得中国注册会计师证书的人员。中国注册会计师协会会员职业道德守则规定了职业道德基本原则和职业道德概念框架，会员应当遵守职业道德基本原则，并能够运用职业道德概念框架解决职业道德问题。

注册会计师为实现执业目标，必须遵守一系列前提或一般原则。一般包括这些职业道德基本原则：诚信、独立性、客观和公正、专业胜任能力和应有的关注、保密、良好的职业行为。

一、诚信

诚信是指诚实、守信。也就是说，一个人言行与内心思想一致，不虚假；能够履行与他人的约定而取得对方的信任。诚信原则要求执业注册会计师应当在所有的职业关系和商业关系中保持正直和诚实，秉公处事、实事求是。

注册会计师如果认为业务报告、申报资料或其他信息存在下列问题，则不得与这些有问题的信息发生牵连。

① 含有严重虚假或误导性的陈述。

② 含有缺乏充分依据的陈述或信息。

③ 存在遗漏或含糊其辞的信息。

注册会计师如果注意到已与有问题的信息发生牵连，应当采取措施消除牵连。在鉴证业务中，如果注册会计师依据执业准则出具了恰当的非标准业务报告，不被视为违反上述要求。

二、独立性

独立性是指不受外来力量控制、支配，按照一定之规行事。独立性原则通常是对注册会计师而非执业会员提出的要求。在执行鉴证业务时，注册会计师必须保持独立性。在市场经济条件下，投资者主要依赖财务报表判断投资风险，在投资机会中做出选择。如果注册会计师不能与客户保持独立性，而是存在经济利益、关联关系，或者屈从于外界压力，就很难取信于社会公众。

注册会计师执行审计和审阅业务及其他鉴证业务时，应当从实质上和形式上保持独立性，不得因任何利害关系影响其客观性。

实质上的独立性是一种内心状态，使得注册会计师在提出结论时不受损害职业判断的因素影响，诚信行事，遵循客观和公正原则，保持职业怀疑态度。

形式上的独立性是一种外在表现，使得一个理性且掌握充分信息的第三方，在权衡所有相关事实和情况后，认为会计师事务所或审计项目组成员没有损害诚信原则、客观和公正原则或职业怀疑态度。

会计师事务所在承办审计和审阅业务及其他鉴证业务时，应当从整体层面和具体业务层面采取措施，以保持会计师事务所和项目组的独立性。

三、客观和公正

客观是指按照事物的本来面目去考察，不添加个人的偏见。公正是指公平、正直，不偏袒。客观和公正原则要求会员应当公正处事、实事求是，不得由于偏见、利益冲突或他人的不当影响而损害自己的职业判断。如果存在导致职业判断出现偏差，或者对职业判断产生不当影响的情形，会员不得提供相关专业服务。

四、专业胜任能力和应有的关注

专业胜任能力和应有的关注原则要求会员通过教育、培训和执业实践获取和保持专业胜任能力。会员应当持续了解并掌握当前法律、技术和实务的发展变化，将专业知识和技能始终保持在应有的水平，确保为客户提供具有专业水准的服务。

会员作为专业人士，在许多方面都要履行相应的责任，保持和提高专业胜任能力就是其中的重要内容。专业胜任能力是指会员具有专业知识、技能和经验，能够经济、有效地完成客户委托的业务。会员如果不能保持和提高专业胜任能力，就难以完成客户委托的业务。事实上，如果会员在缺乏足够的知识、技能和经验的情况下提供专业服务，就构成了一种欺诈。一个合格的会员，不仅要充分认识自己的能力，对自己充满信心，更重要的是，必须清醒地认识到自己在专业胜任能力方面存在的不足。如果会员不能认识到这一点，承接了难以胜任的业务，就可能给客户乃至社会公众带来危害。

注册会计师在应用专业知识和技能时，会员应当合理运用职业判断。专业胜任能力可分为两个独立阶段：①专业胜任能力的获取；②专业胜任能力的保持。会员应当持续了解和掌握相关的专业技术和业务的发展，以保持专业胜任能力。持续职业发展能够使会员发展和保持专业胜任能力，使其能够胜任特定业务环境中的工作。

应有的关注，要求会员遵守执业准则和职业道德要求，勤勉尽责，认真、全面、及时地完成工作任务。在审计过程中，会员应当保持职业怀疑态度，运用专业知识、技能和经验，获取和评价审计证据。同时，会员应当采取措施以确保在其授权下工作的人员得到适当的培训和督导。在适当情况下，会员应当使客户、工作单位和专业服务及业务报告的其他使用者了解专业服务的固有局限性。

五、保密

会员能否与客户维持正常的关系，有赖于双方能否自愿而又充分地进行沟通和交流，不掩盖任何重要的事实和情况。只有这样，会员才能有效地完成工作。会员与客户的沟通，必须建立在为客户信息保密的基础上。这里所说的客户信息，通常是指涉密信息。一旦涉密信息被泄露或被利用，往往会给客户造成损失。因此，许多国家规定，在公众领域执业的注册会计师，在没有取得客户同意的情况下，不能泄露任何客户的涉密信息。

保密原则要求会员应当对在职业活动中获知的涉密信息予以保密，不得有下列行为。

① 未经客户授权或法律法规允许，向会计师事务所以外的第三方披露其所获知的涉密信息。

② 利用所获知的涉密信息为自己或第三方谋取利益。

会员在社会交往中应当履行保密义务。会员应当警惕无意泄密的可能性，特别是警惕无意中向近亲属或关系密切的人员泄密的可能性。近亲属是指配偶、父母、子女、兄弟姐妹、祖父母、外祖父母、孙子女、外孙子女。

另外，会员应当对拟接受的客户或拟受雇的工作单位向其披露的涉密信息保密。在终止与客户或工作单位的关系之后，会员仍然应当对在职业关系和商业关系中获知的信息保密。如果变更工作单位或获得新客户，会员可以利用以前的经验，但不应利用或披露以前职业活动中获知的涉密信息。会员应当明确在会计师事务所内部保密的必要性，采取有效措施，确保其下级员工及为其提供建议和帮助的人员遵循保密义务。

会员在下列情况下可以披露涉密信息。

① 法律法规允许披露，并且取得客户或工作单位的授权。

② 根据法律法规的要求，为法律诉讼、仲裁准备文件或提供证据，以及向有关监管机构报告发现的违法行为。

③ 法律法规允许的情况下，在法律诉讼、仲裁中维护自己的合法权益。

④ 接受注册会计师协会或监管机构的执业质量检查，答复其询问和调查。

⑤ 法律法规、执业准则和职业道德规范规定的其他情形。

六、良好的职业行为

会员在向公众传递信息及推介自己和工作时，应当客观、真实、得体，不得损害职业形象。

会员应当诚实、实事求是，不得有下列行为。

① 夸大宣传提供的服务、拥有的资质或获得的经验。

② 贬低或无根据地比较其他注册会计师的工作。

任务二 遵守职业道德基本框架

任务引入

2006年12月1日上午9点25分，明星电力（600101）前董事长、深圳市明伦集团有限公司（以下简称明伦集团）董事长周益明被四川省遂宁市中级人民法院一审判处无期徒刑，同时判处没收个人全部财产，剥夺政治权利终身。

周益明是中国资本市场上首位被以合同诈骗罪追究其掏空上市公司行为，并被判处无期徒刑的上市公司高管。

另外，明星电力原控股股东明伦集团被以“合同诈骗罪”起诉，法院判处罚金 5 000万元人民币。除周益明以外，牵涉明星电力一案的其余5名被告也被判合同诈骗罪，分别判处有期徒刑3～5年，判处罚金10万～20万元。据悉，明伦集团及周益明等人的违法所得将被依法追缴，还给明星电力。

年仅32岁的周益明曾是中国资本市场上的一个奇迹。在2003年，时年29岁的周益明就以10亿元身价入选当年胡润百富榜，排在第83位，其知名度一度高涨，被称为“深圳市最年轻的富豪”。

就是这样一个年轻的富豪，在被捕后却给审讯人员画了一张“致富流程图”。在这张“致富流程图”上，周益明描述了发财致富的方式，即第一步购买空壳公司，并成立集团公司；第二步运用银行贷款，通过母公司贷款由子公司担保、子公司贷款母公司担保，套取银行资金；第三步利用银行贷款收购上市公司，并维持资本的运作。

按照遂宁市中级人民法院的结论，经过对明伦集团及明伦集团控股子公司资产状况进行重新审计，截至2002年12月31日，明伦集团及其下属控股子公司资产的净资产实际为负值，即−1 710万元。

为了获取收购明星电力的资金，周益明投向了银行贷款。经司法机关调查，周益明在与遂宁市方面商谈收购明星电力的同时，还与华夏银行广州分行、上海浦东发展银行深圳罗湖支行及广东发展银行深圳春风路支行的高级管理人员进行着另外的“谈判”，周益明与上述银行的管理人员合谋，采取向银行承诺收购明星电力成功后，将明星电力股权质押给银行，在贷款的名义上，明伦集团及其控股公司以“企业流动资金贷款”为名，先后从上述几家银行获得贷款共计 4.2 亿元。

拿到钱后，周益明迅即将其中的 3.8 亿元用于收购明星电力，并如愿获取了上市公司的实际控制权。在 2003 年 3 月 20 日，周益明与明星电力先前的股东——遂宁市兴业资产经营公司、遂宁市电力物资公司签订股份转让协议，明伦集团受让明星电力国有股 21.07%的股权及法人股 7.07%的股权，合计持有 S 明星电力 28.14%股权成为第一大股东。

进入明星电力并不意味着事情完结，周益明开始面临归还银行贷款的压力，在这一压力下，他自然而然地打起了明星电力自有资金的主意。为归还银行贷款，周益明违规使用明星电力 2 亿元的资金。另外，明伦集团未归还的部分贷款加上明伦集团未成立前在银行的贷款共计 1.71 亿元左右由明星电力担保。

经调查，周益明获取明星电力的控制权后，即开始采用修改公司章程、改组董事会等方式控制明星电力的经营，并采用虚假贸易、恶意对外投资等方式，非法占有明星电力资金 4.63 亿元人民币和 1 074 万美元。

遂宁市中级人民法院认为，明伦集团及周益明等人以非法占有为目的，在签订和履行合同过程中，骗取第一大股东的身份和对明星电力的控制、管理权，并采用多种方式骗取明星电力拥有的或控制管理的巨额资金，其行为已构成合同诈骗罪，应以合同诈骗罪论处。

然而，有意思的是，当周益明立即着手成立深圳市明伦集团与遂宁接洽收购明星电力一事之时，他的净资产实际为负数。为达到收购资格，2003 年 3 月，周益明让人找到深圳市中喜会计师事务所，要将公司净资产做到 10 亿元以上。而在拿到公司资料的第二天，这家事务所就做出了一份总资产 27 亿元、净资产 12 亿元的 2002 年度资产审计报告。周益明一夜之间从“负翁”变成了“身价 27 亿元的富翁”，而付出的代价仅仅是给中喜会计师事务所 11 万元业务费。

中喜会计师事务所所长吴光影承认，整个审计报告出炉过程中，事务所根本没有派人到明伦集团进行资产核对，在此之前他甚至都没听说过有明伦集团这么一家公司。事实上，这家于 1995 年成立的会计师事务所曾因违规受到过警告处分，后于 2005 年更名，同年又因违规被注销。多年来，这样一个屡次违规的会计师事务所一直活跃在这一行业，据公安机关透露，中喜会计师事务所两年内出具的虚假审计报告竟然多达 5 000 份。

任务分析

1. 该案注册会计师受到法律制裁的原因是什么？
2. 注册会计师在接受审计业务时，面对不利影响应该采取怎样的防范措施？

知识链接

一、职业道德概念框架的内涵

职业道德概念框架是指解决职业道德问题的思路和方法，用以指导注册会计师：①识别对职业道德基本原则的不利影响；②评价不利影响的严重程度；③必要时采取防范措施消除不利影响或将其降低至可接受的水平。

在运用职业道德概念框架时，注册会计师应当运用职业判断。如果发现存在可能违反职业道德基本原则的情形，注册会计师应当评价其对职业道德基本原则的不利影响。在评价不利影响的严重程度时，注册会计师应当从性质和数量两个方面予以考虑。

如果认为对职业道德基本原则的不利影响超出可接受的水平，注册会计师应当确定是否能够采取防范措施，消除不利影响或将其降低至可接受的水平。

二、对遵循职业道德基本原则产生不利影响的因素

注册会计师对职业道德基本原则的遵循可能受到多种因素的不利影响。不利影响的性质和严重程度因注册会计师提供服务类型的不同而不同。可能对职业道德基本原则产生不利影响的因素包括自身利益、自我评价、过度推介、密切关系和外在压力。

（一）自身利益导致不利影响的情形

自身利益导致不利影响的情形主要包括以下几种。

① 鉴证业务项目组成员在鉴证客户中拥有直接经济利益。

② 会计师事务所的收入过分依赖某客户。

③ 鉴证业务项目组成员与鉴证客户存在重要且密切的商业关系。

④ 会计师事务所担心可能失去某重要客户。

⑤ 鉴证业务项目组成员正在与鉴证客户协商受雇于该客户。

⑥ 会计师事务所与客户就鉴证业务达成或有收费的协议。

⑦ 注册会计师在评价所在会计师事务所以往提供的专业服务时，发现了重大错误。

（二）自我评价导致不利影响的情形

自我评价导致不利影响的情形主要包括以下几种。

① 会计师事务所在对客户提供财务系统的设计或操作服务后，又对系统的运行有效性出具鉴证报告。

② 会计师事务所为客户编制原始数据，这些数据构成鉴证业务的对象。

③ 鉴证业务项目组成员担任或最近曾经担任客户的董事，或者高级管理人员。

④ 鉴证业务项目组成员目前或最近曾受雇于客户，并且所处职位能够对鉴证对象施加重大影响。

⑤ 会计师事务所为鉴证客户提供直接影响鉴证对象信息的其他服务。

（三）过度推介导致不利影响的情形

过度推介导致不利影响的情形主要包括以下几种。

① 会计师事务所推介审计客户的股份。

② 在审计客户与第三方发生诉讼或纠纷时，注册会计师担任该客户的辩护人。

（四）密切关系导致不利影响的情形

密切关系导致不利影响的情形主要包括以下几种。

① 项目组成员的近亲属担任客户的董事或高级管理人员。

② 项目组成员的近亲属是客户的员工，其所处职位能够对业务对象施加重大影响。

③ 客户的董事、高级管理人员或所处职位能够对业务对象施加重大影响的员工，最近

曾担任会计师事务所的项目合伙人。

④ 注册会计师接受客户的礼品或款待。

⑤ 会计师事务所的合伙人或高级员工与鉴证客户存在长期业务关系。

（五）外在压力导致不利影响的情形

外在压力导致不利影响的情形主要包括以下几种。

① 会计师事务所受到客户解除业务关系的威胁。

② 审计客户表示，如果会计师事务所不同意对某项交易的会计处理，则不再委托其承办协议中的非鉴证业务。

③ 客户威胁将起诉会计师事务所。

④ 会计师事务所受到降低收费的影响而不恰当地缩小工作范围。

⑤ 由于客户员工对讨论的事项更具有专长，注册会计师面临服从其判断的压力。

⑥ 会计师事务所合伙人告知注册会计师，除非同意审计客户不恰当的会计处理，否则将影响晋升。

三、应对不利影响的防范措施

注册会计师应当运用判断，确定如何应对超出可接受水平的不利影响，包括采取防范措施消除不利影响或将其降低至可接受的水平，或者终止业务约定或拒绝接受业务委托。

在运用判断时，注册会计师应当考虑：一个理性且掌握充分信息的第三方，在权衡注册会计师当时可获得的所有具体事实和情况后，是否很可能认为这些防范措施能够消除不利影响或将其降低至可接受的水平，以使职业道德基本原则不受损害。

应对不利影响的防范措施包括两类：①法律法规和职业规范规定的防范措施；②在具体工作中采取的防范措施。在具体工作中，应对不利影响的防范措施包括会计师事务所层面的防范措施和具体业务层面的防范措施。

（一）法律法规和职业规范规定的防范措施

法律法规和职业规范规定的防范措施主要包括以下内容。

① 取得注册会计师资格必需的教育、培训和经验要求。

② 持续的职业发展要求。

③ 公司治理方面的规定。

④ 执业准则和职业道德规范的要求。

⑤ 监管机构或注册会计师协会的监控和惩戒程序。

⑥ 由依法授权的第三方对注册会计师编制的业务报告、申报资料或其他信息进行外部复核。

（二）会计师事务所层面的防范措施

会计师事务所层面的防范措施主要包括以下内容。

① 领导层强调遵循职业道德基本原则的重要性。

② 领导层强调鉴证业务项目组成员应当维护公众利益。

③ 制定有关政策和程序，实施项目质量控制，监督业务质量。

④ 制定有关政策和程序，识别对职业道德基本原则的不利影响，评价不利影响的严重程度，采取防范措施消除不利影响或将其降低至可接受的水平。

⑤ 制定有关政策和程序，保证遵循职业道德基本原则。

⑥ 制定有关政策和程序，识别会计师事务所，或者项目组成员与客户之间的利益或关系。

⑦ 制定有关政策和程序，监控对某客户收费的依赖程度。

⑧ 向鉴证客户提供非鉴证服务时，指派鉴证业务项目组以外的其他合伙人和项目组，并确保鉴证业务项目组和非鉴证业务项目组分别向各自的业务主管报告工作。

⑨ 制定有关政策和程序，防止项目组以外的人员对业务结果施加不当影响。

⑩ 及时向所有合伙人和专业人员传达会计师事务所的政策和程序及其变化情况，并就这些政策和程序进行适当的培训。

⑪ 指定高级管理人员负责监督质量控制系统是否有效运行。

⑫ 向合伙人和专业人员提供鉴证客户及其关联实体的名单，并要求合伙人和专业人员与之保持独立。

⑬ 制定有关政策和程序，鼓励员工就遵循职业道德基本原则方面的问题与领导层沟通。

⑭ 建立惩戒机制，保障相关政策和程序得到遵守。

（三）具体业务层面的防范措施

具体业务层面的防范措施主要包括以下内容。

① 对已执行的非鉴证业务，由未参与该业务的注册会计师进行复核，或者在必要时提供建议。

② 对已执行的鉴证业务，由鉴证业务项目组以外的注册会计师进行复核，或者在必要时提供建议。

③ 向客户审计委员会、监管机构或注册会计师协会咨询。

④ 与客户治理层讨论有关的职业道德问题。

⑤ 向客户治理层说明提供服务的性质和收费的范围。

⑥ 由其他会计师事务所执行或重新执行部分业务。

⑦ 轮换鉴证业务项目组合伙人和高级员工。

四、道德冲突问题的解决

在遵循职业道德基本原则时，注册会计师应当解决遇到的道德冲突问题。

在解决道德冲突问题时，注册会计师应当考虑下列因素。

① 与道德冲突问题有关的事实。

② 涉及的道德问题。

③ 道德冲突问题涉及的职业道德基本原则。

④ 会计师事务所制定的解决道德冲突问题的程序。

⑤ 可供选择的措施。

在考虑上述因素并权衡可供选择措施的后果后，注册会计师应当确定适当的措施。如果道德冲突问题仍无法解决，注册会计师应当考虑向会计师事务所内部的适当人员咨询。

如果与所在会计师事务所或外部单位存在道德冲突，注册会计师应当确定是否与会计师事务所领导层或外部单位治理层讨论。

注册会计师应当考虑记录涉及的道德冲突问题、解决问题的过程，以及做出的相关决策。如果某项重大道德冲突问题未能解决，注册会计师可以考虑向注册会计师协会或法律顾问咨询。

如果所有可能采取的措施都无法解决道德冲突问题，注册会计师不得不与产生道德冲突问题的事项发生牵连。在这种情况下，注册会计师应当确定是否退出项目组或不再承担相关任务，或者向会计师事务所提出辞职。

参考资料

《中国注册会计师职业道德守则第 1 号——职业道德基本原则》(2010版)

《中国注册会计师职业道德守则第 2 号——职业道德概念框架》(2010版)

思考与讨论

1. 注册会计师职业道德的基本原则是什么？
2. 什么是注册会计师实质上的独立和形式上的独立？
3. 注册会计师在什么情况下可以披露涉密信息？
4. 对遵循职业道德基本原则产生不利影响的因素有哪些？
5. 因自身利益导致不利影响的情形有哪些？
6. 因自我评价导致不利影响的情形有哪些？
7. 因过度推介导致不利影响的情形有哪些？
8. 因密切关系导致不利影响的情形有哪些？
9. 因外在压力导致不利影响的情形有哪些？
10. 注册会计师应对不利影响有哪些防范措施？

案例分析

1. V 公司是 ABC 会计师事务所的常年审计客户。2016 年 11 月，ABC 会计师事务所与 V 公司续签了审计业务约定书，审计 V 公司 2016 年度会计报表。假定存在以下情形。

（1）V 公司由于财务困难，应付 ABC 会计师事务所 2015 年度审计费用 100 万元一直没有支付。经双方协商，ABC 会计师事务所同意 V 公司延期至 2017 年年底支付。在此期间，V 公司按银行同期贷款利率支付资金占用费。

（2）V 公司由于财务人员短缺，2016 年向 ABC 会计师事务所借用一名注册会计师，由该注册会计师将经会计主管审核的记账凭证录入计算机信息系统。ABC 会计师事务所未将该注册会计师包括在 V 公司 2016 年度会计报表审计项目组。

（3）甲注册会计师已连续 5 年担任 V 公司年度会计报表审计的签字注册会计师。根据有关规定，在审计 V 公司 2016 年度会计报表时，ABC 会计师事务所决定不再由甲注册会计师担任签字注册会计师。但在成立 V 公司 2016 年度会计报表审计项目组时，ABC 会计师事务所要求其继续担任外勤审计负责人。

（4）由于 V 公司降低 2016 年度会计报表审计费用近 1/3，导致 ABC 会计师事务所审计收入不能弥补审计成本，ABC 会计师事务所决定不再对 V 公司下属的两个重要的销售分公司进行审计，并以审计范围受限为由出具了保留意见的审计报告。

（5）V 公司要求 ABC 会计师事务所在出具审计报告的同时，提供内部控制审核报告。为此，双方另行签订了业务约定书。

（6）ABC 会计师事务所针对审计过程中发现的问题，向 V 公司提出了会计政策选用和会计处理调整的建议，并协助其解决相关账户调整问题。

要求：请根据中国注册会计师职业道德规范有关独立性的规定，分别判断上述 6 种情形是否对 ABC 会计师事务所的独立性造成损害，并简要说明理由。

2. 上市公司甲公司是 ABC 会计师事务所的常年审计客户。2017 年 4 月 1 日，ABC 会计师事务所与甲公司续签了 2017 年度财务报表审计业务约定书。XYZ 会计师事务所和 ABC 会计师事务所使用同一品牌，共享重要专业资源。ABC 会计师事务所遇到下列与职业道德有关的事项。

（1）ABC 会计师事务所委派 A 注册会计师担任甲公司 2017 年度财务报表审计项目合伙人。A 注册会计师曾担任甲公司 2012—2015 年度财务报表审计项目合伙人，但未担任甲公司 2016 年度财务报表审计项目合伙人。

（2）2017 年 9 月 15 日，甲公司收购了乙公司 80%的股权，乙公司成为其控股子公司。A 注册会计师自 2016 年 1 月 1 日起担任乙公司的独立董事，任期 5 年。

（3）B 注册会计师是 ABC 会计师事务所的合伙人，与 A 注册会计师同处一个业务部门。2017 年 3 月 1 日，B 注册会计师购买了甲公司股票 5 000 股，每股 10 元，由于尚未出售该股票，ABC 会计师事务所未委派 B 注册会计师担任甲公司审计项目组成员。

（4）丙公司是甲公司的母公司，甲公司审计项目组成员 C 的妻子在丙公司担任财务总监。

（5）甲公司审计项目组成员 D 曾在甲公司人力资源部负责员工培训工作，于 2017 年 2 月 10 日离开甲公司，加入 ABC 会计师事务所。

（6）2017 年 2 月 25 日，XYZ 会计师事务所接受甲公司委托，提供内部控制设计服务。

要求：针对上述（1）至（6）项，逐项指出 ABC 会计师事务所及其人员是否违反《中国注册会计师职业道德守则》，并简要说明理由。

3. ABC 会计师事务所负责审计甲公司 2016 年度财务报表，并委派 A 注册会计师担任审计项目组负责人。在审计过程中，审计项目组遇到下列与职业道德有关的事项。

（1）A 注册会计师与甲公司副总经理 H 同为京剧社票友，经 H 介绍，A 注册会计师从其他企业筹得款项，成功举办个人专场演出。

（2）审计项目组成员 B 与甲公司基建处处长 I 是战友，I 将甲公司职工集资建房的指标转让给 B，B 按照甲公司职工的付款标准交付了集资款。

（3）审计项目组成员 C 与甲公司财务经理 J 毕业于同一所财经院校。

（4）审计项目组成员 D 的朋友于 2015 年 2 月购买了甲公司发行的公司债券 20 万元。

（5）ABC 会计师事务所原行政部经理 E 于 2013 年 10 月离开事务所，担任甲公司办公室主任。

（6）甲公司系乙上市公司的子公司。2016 年年末，审计项目组成员 F 的父亲拥有乙上市公司 300 股流通股股票，该股票每股市值为 12 元。

要求：针对上述（1）至（6）项，分别指出是否对审计项目组的独立性构成威胁，并简要说明理由。

4. ABC 会计师事务所通过招投标程序接受委托，负责审计上市公司甲公司 2017 年度财务报表，并委派 A 注册会计师为审计项目组负责人，在招投标阶段和审计过程中，ABC 会计师事务所遇到下列与职业道德有关的事项。

（1）应邀投标时，ABC 会计师事务所在其投标书中说明，如果中标，需与前任注册会计师沟通后，才能与甲公司签订审计业务约定书。

（2）签订审计业务约定书时，ABC 会计师事务所根据有关部门的要求，与甲公司商定按六折收取审计费用，据此，审计项目组计划相应缩小审计范围，并就此事与甲公司治理层达成一致意见。

（3）签订审计业务约定书后，ABC 会计师事务所发现甲公司与本事务所另一常年审计客户乙公司存在直接竞争关系。ABC 会计师事务所未将这一情况告知甲公司和乙公司。

（4）审计开始前，应甲公司要求，ABC 会计师事务所指派一名审计项目组以外的员工根据甲公司编制的试算平衡表编制 2017 年度财务报表。

（5）审计过程中，适逢甲公司招聘高级管理人员，A 注册会计师应甲公司的要求对可能录用人员的证明文件进行检查，并就是否录用形成书面意见。

（6）审计过程中，A 注册会计师应甲公司要求协助制定公司财务战略。

要求：针对上述（1）至（6）项，分别指出 ABC 会计师事务所是否违反《中国注册会计师职业道德守则》，并简要说明理由。

学习情境三 接受业务委托

知识目标

1. 掌握承接审计业务的前提条件。
2. 掌握初步业务活动的目的、内容和程序。
3. 掌握审计业务约定书的内容。

能力目标

1. 能够根据具体事项判断是否接受该项业务为审计业务。
2. 能够根据具体情况开展初步业务活动。
3. 能够签订审计业务约定书。

任务一　接受客户关系

任务引入

琼民源案件是我国证券市场自建立以来最严重的一起证券欺诈案件。

1988 年 7 月，海南民源现代农业发展股份有限公司（以下简称琼民源公司）在海口注册成立。1992 年 9 月，琼民源公司在全国证券交易自动报价系统中募集法人股 3 000 万股，实收股本 3 000 万元。1993 年 4 月 30 日，该公司以琼民源 A 股（证券代码：0508）的名义在深圳上市，成为当时在深圳上市的 5 家异地企业之一。上市后的第二年，琼民源公司便开始走下坡路，经营业绩不佳，其股票无人问津，在 1995 年公布的年报中，琼民源 A 股每股收益不足 0.001 元，年报公布日（1996 年 4 月 30 日）其股价仅为 3.65 元。从 1996 年 7 月 1 日起，琼民源公司的股价以 4.45 元起步，在短短几个月内股价已蹿升至 20 元，翻了数倍。在被某些无形之手悉心把玩之后，琼民源公司成了创造 1996 年中国股市神话中的一匹“大黑马”。

经过一番精心包装之后，1997 年 1 月 22 日和 2 月 1 日，琼民源公司在《证券时报》上刊登的年度报告和补充公告称，1996 年该公司实现利润 5.7 亿余元，本年度资本公积金增加 6.57 亿元。年报赫然显示：每股收益 0.867 元，净利润比去年同比增长 1 290.68 倍，分配方案为每 10 股转送 3 股。年报一经公布，琼民源公司的股价便赫然飙升至 26.18 元。

年报登出后，市场反应强烈，琼民源 A 股由垃圾股变成了投资者追捧的“绩优股”，加上“10 送 3”的题材，琼民源 A 股取代深发展成为深市走强的领头羊，该公司股价波动异常。从 1996 年 4 月 1 日的 2.08 元，涨至 1997 年 1 月的 26.18 元，在不到 1 年的时间里升幅高达 16 倍！

1997 年 3 月，琼民源公司全部董事在讨论公司利润分配的股东大会上集体辞职，导致琼民源公司无人申请复牌。为此，国务院证券委会同审计署，中国人民银行、中国证监会组成联合调查组，对琼民源公司公布的 1996 年公司业绩进行了调查。

琼民源公司业绩的突变，引起管理层和投资者的疑虑。1998 年 4 月 29 日，由有关部门组成的调查组进行了长达一年多的调查之后，公布琼民源公司 1996 年年度报告和补充公告所称 1996 年“实现利润 5.7 亿余元”“资本公积增加 6.57 亿元”的内容严重失实，并指出该公司虚构利润 5.4 亿元，虚增资本公积 6.57 亿元。其中，5.4 亿元虚构利润是琼民源公司在未取得土地使用权的情况下，通过与关联公司及他人签订的未经国家有关部门批准的合作建房、权益转让等无效合同编造的；而 6.57 亿元资本公积是琼民源公司在未取得土地使用权，未经国家有关部门批准立项和确认的情况下，对 4 个投资项目的资产评估而编造的。

琼民源公司的上述行为，严重违反《股票发行与交易管理暂行条例》《禁止证券欺诈行为暂行办法》及国家土地管理制度和会计制度，欺骗股东和社会公众，其行为误导了广大投资者，严重损害了琼民源公司股东和社会公众的合法权益，在社会上造成了极其恶劣的影响，已涉嫌构成向股东和社会公众提供虚假财务报告的犯罪行为。该公司提供虚假财务报告的主要责任人已涉嫌犯罪，1997 年 7 月公安机关已将犯罪嫌疑人依法拘留，移交检察机关处理。

为琼民源公司出具 1996 年年度财务审计报告和资产评估报告的两家会计师事务所因其出具的文件含有虚假、严重误导性内容，也构成虚假陈述行为。

调查组同时发现琼民源公司的控股股东民源海南公司与深圳有色金属财务公司联手，于琼民源公司公布 1996 年中期报告“利好消息”之前，大量买进琼民源股票，1997 年 3 月前大量抛出，获取暴利。这两家公司的行为严重违反了有关金融、证券法规，构成了操纵市场行为。

1998 年 11 月，北京市第一中级人民法院就“琼民源案”做出一审判决：琼民源公司原任董事长马玉和因犯提供虚假财务会计报告罪，被判处有期徒刑 3 年；公司聘用会计班文昭也以同等罪名被判处有期徒刑 2 年，缓刑 2 年。据悉，这是 1997 年 10 月实施新刑法后，首次使用证券犯罪条款判处的个案。

琼民源公司从 1993 年上市到 1997 年退市，4 年换了 4 家会计师事务所。1996 年，尽管总资产逾 30 亿元，业务遍及海南、北京等地，仍要求海南中华会计师事务所对该公司 1996 年度的财务报表审计工作于 1997 年 1 月 22 日结束，而该家会计师事务所面对如此不良动机，却接受了审计委托。随着琼民源事件的败露，海南中华会计师事务所及有关注册会计师最后受到了法律的制裁。

任务分析

1. 海南中华会计师事务所在承接琼民源公司业务中有哪些失误？
2. 注册会计师该怎样挑选客户？被审计单位满足什么样的条件时才能接受客户关系？

知识链接

一、审计的前提条件

审计的前提条件是指管理层在编制财务报表时采用可接受的财务报告编制基础，以及管理层、治理层对注册会计师执行审计工作的前提的认同。

注册会计师应当确定下列事项以确定审计的前提条件是否存在。

（一）财务报告的编制基础是否可以接受

适用的财务报告编制基础是指法律法规要求采用的财务报告编制基础，或者管理层和治理层在编制财务报表时，就被审计单位性质和财务报表目标而言，采用的可接受的财务报告编制基础。

在确定编制财务报表采用的财务报告编制基础的可接受性时，注册会计师需要考虑这些相关因素：第一，被审计单位的性质，如被审计单位是商业企业、公共部门实体还是非营利性组织；第二，财务报表的目的，如编制财务报表是用于满足广大财务报表使用者共同的财务信息来源，还是用于满足财务报表特定使用者的财务信息需求；第三，财务报表的性质，如财务报表是整套财务报表还是单一财务报表；第四，法律法规是否规定了适当的财务报告编制基础。

财务报告编制基础分为通用目的编制基础和特殊目的编制基础。

1. 通用目的编制基础

通用目的编制基础是指旨在满足广大财务报表使用者共同的财务信息需求的财务报告编制基础，主要是指会计准则和会计制度。

如果财务报告准则由经授权或获得认可的准则制定机构制定和发布，供某类实体使用，只要这些机构遵循一套既定和透明的程序（包括认真研究和考虑广大利益相关者的观点），就认为财务报告准则对于这类实体编制通用目的财务报表是可接受的。例如，国际会计准则理事会发布的国际财务报告准则；国际公共部门会计准则理事发布的国际公共部门会计准则；某一国家或者地区经授权或获得认可的准则制定机构，在遵循一套既定和透明的程序（包括认真研究和考虑广大利益相关者的观点）的基础上发布的会计准则。

在规范通用目的财务报表编制的法律法规中，这些财务报告准则通常被界定为适用的财务报告编制基础。

2. 特殊目的编制基础

特殊目的编制基础是指旨在满足财务报表特定使用者对财务信息需求的财务报告编制基础，包括计税核算基础、监管机构的报告要求和合同的约定等。

（二）就管理层的责任达成一致意见

按照审计准则的规定执行审计工作的前提是管理层已认可并理解其承担的责任。财务报表是由被审计单位管理层在治理层的监督下编制的。审计准则不对管理层或治理层设定责任，也不超越法律法规对管理层或治理层责任做出规定。然而，独立审计的理念要求注册会计师不对财务报表的编制或被审计单位的相关内部控制承担责任，并要求注册会计师合理预期能够获取审计所需要的信息（在管理层能够提供或获取的信息范围内）。因此，管理层认可并理解其责任，这一前提对执行独立审计工作是至关重要的。

与管理层和治理层责任相关的执行审计工作的前提，是指管理层和治理层认可并理解其应当承担下列责任。

① 按照适用的财务报告编制基础编制财务报表，并使其实现公允反映。实现公允列报的报告目标非常重要，因而在与管理层达成一致意见的执行审计工作的前提中需要特别提及公允列报，或者需要特别提及管理层负有确保财务报表根据财务报告编制基础编制并使其实现公允反映的责任。

② 设计、执行和维护必要的内部控制，以使财务报表不存在由于舞弊或错误导致的重大错报。由于内部控制的固有限制，无论其如何有效，也只能合理保证被审计单位实现其财务报告目标。注册会计师按照审计准则的规定执行的独立审计工作，不能代替管理层维护编制财务报表所需要的内部控制。因此，注册会计师需要就管理层认可并理解其与内部控制有关的责任与管理层达成共识。

③ 向注册会计师提供必要的工作条件，包括允许注册会计师接触与编制财务报表相关的所有信息（如记录、文件和其他事项）；向注册会计师提供审计所需的其他信息；允许注册会计师在获取审计证据时不受限制地接触其认为必要的内部人员和其他相关人员。

如果管理层或治理层在拟议的审计业务约定条款中对审计工作的范围施加限制，以致注册会计师认为这种限制将导致其对财务报表发表无法表示意见，注册会计师不应将该项业务作为审计业务予以承接，除非法律法规另有规定。

④ 要求管理层就其已履行的某些责任提供书面声明。书面声明是指管理层向注册会计师提供的书面陈述，用以确认某些事项或支持其他审计证据。书面声明不包括财务报表及其认定，以及支持性账簿和相关记录。

按照《中国注册会计师审计准则第 1341 号——书面声明》的规定，注册会计师应当要求管理层就其已履行的某些责任提供书面声明。因此，注册会计师需要获取针对管理层责任的书面声明、其他审计准则要求的书面声明，以及在必要时用于支持其他审计证据（用以支持财务报表或一项或多项具体认定）的书面声明。

针对财务报表的编制，注册会计师应当要求管理层提供书面声明，确认其根据审计业务约定条款，履行了按照适用的财务报告编制基础编制财务报表并使其实现公允反映的责任。

针对提供的信息和交易的完整性，注册会计师应当要求管理层就下列事项提供书面声明。

- 按照审计业务约定条款，已向注册会计师提供所有相关信息，并允许注册会计师不受限制地接触所有相关信息及被审计单位内部人员和其他相关人员。
- 所有交易均已记录并反映在财务报表中。
- 采取适当措施以确定该事项对审计意见可能产生的影响。

如果管理层不认可其责任，或者不同意提供书面声明，注册会计师将不能获取充分、适当的审计证据。在这种情况下，注册会计师承接此类审计业务是不恰当的，除非法律法规另有规定。如果法律法规要求承接此类审计业务，注册会计师可能需要向管理层解释这种情况的重要性及其对审计报告的影响。

二、就审计业务约定条款达成一致意见

注册会计师应当将达成一致意见的审计业务约定条款记录于审计业务约定书或其他适当形式的书面协议中。审计业务约定条款应当包括下列主要内容。

① 财务报表审计的目标与范围。

② 注册会计师的责任。

③ 管理层的责任。

④ 指出用于编制财务报表适用的财务报告编制基础。

⑤ 提及注册会计师拟出具的审计报告的预期形式和内容，以及在特定情况下对出具的审计报告可能不同于预期形式和内容的说明。

三、与前任注册会计师进行沟通

在接受委托前，后任注册会计师应当与前任注册会计师就影响业务承接决策的事项进行必要的沟通，以确定是否接受委托。

前任注册会计师是指已对被审计单位上期财务报表进行审计，但被现任注册会计师接替的其他会计师事务所的注册会计师。

接受委托但未完成审计工作，已经或可能与委托人解除业务约定的注册会计师，也视为前任注册会计师。

后任注册会计师是指正在考虑接受委托或已经接受委托，接替前任注册会计师对被审计单位本期财务报表进行审计的注册会计师。

前任注册会计师和后任注册会计师的沟通通常由后任注册会计师主动发起，但需征得被审计单位的同意。

后任注册会计师应当提请被审计单位以书面方式同意前任注册会计师对其询问做出充分答复。如果被审计单位不同意前任注册会计师做出答复，或者限制答复的范围，后任注册会计师应当向被审计单位询问原因，并考虑是否接受委托。

后任注册会计师向前任注册会计师询问的内容应当合理、具体，至少包括以下内容。

① 是否发现被审计单位管理层存在正直和诚信方面的问题。

② 前任注册会计师与管理层在重大会计、审计等问题上存在的意见分歧。

③ 前任注册会计师向被审计单位治理层通报的管理层舞弊、违反法律法规行为及值得关注的内部控制缺陷。

④ 前任注册会计师认为导致被审计单位变更会计师事务所的原因。

在征得被审计单位书面同意后，前任注册会计师应当根据了解的事实，对后任注册会计师的合理询问及时做出充分答复。

如果受到被审计单位的限制或存在法律诉讼的顾虑，决定不向后任注册会计师做出充分答复，前任注册会计师应当向后任注册会计师表明其答复是有限的，并说明原因。

如果得到的答复是有限的，或者未得到答复，后任注册会计师应当考虑是否接受委托。

四、业务承接时的其他考虑

业务承接时，注册会计师应当考虑的其他问题如下。

① 如果相关部门对涉及财务会计的事项做出补充规定，注册会计师在承接审计业务时应当确定该补充规定是否与企业会计准则存在冲突。

如果存在冲突，注册会计师应当与管理层沟通补充规定的性质，并就下列事项之一达成一致意见。

- 在财务报表中做出额外披露能否满足补充规定的要求。
- 对财务报表中关于适用的财务报告编制基础的描述是否可以做出相应修改。

如果无法采取上述任何措施，按照《中国注册会计师审计准则第 1502 号——在审计报告中发表非无保留意见》的规定，注册会计师应当确定是否有必要发表非无保留意见。

② 如果相关部门要求采用的财务报告编制基础不可接受，只有同时满足下列所有条件，注册会计师才能承接该项审计业务。

- 管理层同意在财务报表中做出额外披露，以避免财务报表产生误导。
- 在审计业务约定条款中明确，注册会计师按照《中国注册会计师审计准则第 1503 号——在审计报告中增加强调事项段和其他事项段》的规定，在审计报告中增加强调事项段，以提醒使用者关注额外披露；注册会计师在对财务报表发表的审计意见中不使用"财务报表在所有重大方面按照适用的财务报告编制基础编制，公允反映了……"等措辞，除非法律法规另有规定。

③ 如果相关部门要求采用的财务报告编制基础不可接受，但相关部门要求注册会计师承接审计业务，注册会计师应当注意以下内容。

- 评价财务报表误导的性质对审计报告的影响。
- 在审计业务约定条款中适当提及该事项。

④ 如果相关部门规定的审计报告的结构或措辞与审计准则要求的明显不一致，注册会计师应当评价以下内容。

- 使用者是否可能误解从财务报表审计中获取的保证。
- 如果可能存在误解，审计报告中做出的补充解释是否能够减轻这种误解。

如果认为审计报告中做出的补充解释不能减轻可能的误解，除非法律法规另有规定，注册会计师不应承接该项审计业务。

注册会计师只有确定审计的前提条件存在，确认注册会计师和管理层已就审计业务约定条款达成一致意见，并与前任注册会计师进行充分沟通后才能承接或保持审计业务。

任务二　开展初步业务活动

任务引入

2016年12月25日，滨市某房地产公司财务负责人于某前往中信会计师事务所欲委托该家会计师事务所对其公司进行财务报表审计，事务所所长委托注册会计师张某等人前往该公司进行实地考察。25日上午9点，注册会计师张某等人来到该公司的财务部，财务部共有3人，财务负责人于某、会计刘某、出纳员王某。只见出纳员小王正在处理业务，前来办理业务的工作人员直接到出纳员小王处支取现金或销账，小王将处理完的原始单据统一归置完毕后，交给会计小刘。在交谈中，注册会计师张某了解到：会计小刘是刚应聘到该公司的，据小刘自己说，上班3个月至今都没见到过总经理，总经理从来不到公司上班，有事则将车开到办公楼下，工作人员请示完工作后，总经理即离开。小刘上班3个月还没有领到工资。这3个月小刘的主要工作就是编制银行存款余额调节表，该公司3年都没编制过银行存款余额调节表。张某还从其他渠道了解到，该家房地产公司拖欠施工单位工程款、一套房子卖两家、有多起未决诉讼等不良行为。如果你是会计师事务所所长，是否会接受该公司为自己的客户？是否承接该项业务？

任务分析

注册会计师应谨慎选择自己的客户，开展初步业务活动。

1. 初步业务活动的目的是什么？
2. 初步业务活动的内容是什么？

知识链接

一、初步业务活动的目的

注册会计师在计划审计工作前，需要开展初步业务活动，以实现以下3个主要目的。

① 注册会计师已具备执行业务需要的独立性和专业胜任能力。

② 不存在因管理层诚信问题而影响注册会计师保持该项业务意愿的情况。

③ 与被审计单位不存在对业务约定条款的误解。

二、初步业务活动的内容

注册会计师应当在本期审计业务开始时开展下列初步业务活动。

（一）针对保持客户关系和具体审计业务实施相应的质量控制程序

1）初步了解业务环境。

在接受委托前，注册会计师应当初步了解业务环境。业务环境包括以下内容。

① 业务约定事项。
② 鉴证对象特征。
③ 鉴证对象使用的标准。
④ 预期使用者的需求。
⑤ 责任方及其环境的相关特征。
⑥ 可能对鉴证业务产生重大影响的事项、交易、条件和惯例。

2）评价客户的诚信。

评价客户的诚信主要包括以下内容。

① 客户主要股东、关键管理人员、关联方及治理层的身份和商业信誉。
② 客户的经营性质。
③ 客户主要股东、关键管理人员及治理层对内部控制环境和会计准则等的态度。
④ 客户是否过分考虑将会计师事务所的收费维持在尽可能低的水平。
⑤ 工作范围受到不适当限制的迹象。
⑥ 客户可能涉嫌洗钱或其他刑事犯罪行为的迹象。
⑦ 变更会计师事务所的原因。
⑧ 关键管理人员是否更换频繁。

3）评价客户的经营风险。

评价客户的经营风险主要包括以下内容。

① 行业内类似企业的经营业绩。
② 法律环境。
③ 监管环境。
④ 受国家宏观调控政策的影响程度。
⑤ 是否涉及重大法律诉讼或调查。
⑥ 是否计划或有可能进行合并，或者处置资产。
⑦ 客户是否依赖主要客户（来自该客户的收入占全部收入的大部分）或主要供应商（来自该供应商的采购占全部采购的大部分）。
⑧ 管理层是否倾向于异常或不必要的风险。
⑨ 关键管理人员的薪酬是否基于客户的经营状况确定。
⑩ 管理层是否在达到财务目标或降低所得税方面承受不恰当的压力。

4）评价客户的财务状况。

评价客户的财务状况主要包括以下内容。

① 现金流量或营运资金是否能够满足经营、债务偿付及分发股利的需要。
② 是否存在对发行新债务和权益的重大需求。
③ 贷款是否延期未清偿，或者存在违反贷款协议条款的情况。
④ 最近几年销售、毛利率或收入是否存在恶化的趋势。
⑤ 是否涉及重大关联方交易。
⑥ 是否存在复杂的会计处理问题。
⑦ 客户融资后，其财务比率是否恰好达到发行新债务或权益的最低要求。
⑧ 是否使用衍生金融工具。

⑨ 是否经常在年末或临近年末发生重大异常交易。

⑩ 是否对持续经营能力产生怀疑。

注册会计师初步了解和评价目标客户的资料来源主要有 3 部分。第一，通过巡视客户的经营场所、检查客户的文件资料、与客户的管理当局和员工进行讨论等获取来自客户的信息。第二，是利用搜索客户、行业和政府的网站、媒体，以及政府数据库等获取公共信息。第三，是利用会计事务所的经验：对于老客户，注册会计师应当复核其以前年度的工作底稿；对于新客户，后任注册会计师应当向前任注册会计师咨询，对新客户的基本情况进行初步审查。

在接受新客户前，会计师事务所应对其进行彻底的调查，必要时可以聘请专业调查人员或利用司法会计部来获取管理当局关键人物的声誉和背景方面的信息。

续约老客户前，会计师事务所应对老客户进行重新评价，主要涉及对以前年度中关于审计范围、意见类型和审计费用方面存在的分歧，会计师事务所和客户之间的未决诉讼，以及管理当局品行是否正直、诚实等，必要时还应当执行一些程序以确定上次审计以来发生的重大变化。

（二）评价遵守职业道德规范要求的情况

在初步了解业务环境后，注册会计师应当考虑承接该业务是否符合独立性和专业胜任能力等相关职业道德规范的要求。

1. 评价项目组的时间和资源

评价项目组的时间和资源包括以下几项。

① 根据本所目前的人力资源情况，是否拥有足够的具有必要素质和专业胜任能力的人员组建项目组。

② 是否能够在提交报告的最后期限内完成业务。

2. 评价项目组的专业胜任能力

评价项目组的专业胜任能力包括以下几项。

① 初步确定的项目组关键人员是否熟悉相关行业或业务对象。

② 初步确定的项目组关键人员是否具有执行类似业务的经验，或者是否具备有效获取必要技能和知识的能力。

③ 在需要时，是否能够得到专家的帮助。

④ 如果需要项目质量控制复核，是否具备符合标准和资格要求的项目质量控制复核人员。

3. 评价项目组成员或会计师事务所的经济独立性

评价项目组成员或会计师事务所的经济独立性包括以下几项。

① 与客户是否存在专业服务收费以外的直接经济利益或重大的间接经济利益。

② 是否过分依赖向客户收取的全部费用。

③ 是否与客户存在密切的经营关系。

④ 是否过分担心可能失去业务。

⑤ 是否可能与客户发生雇佣关系。

⑥ 是否存在与该项审计业务有关的或有收费。

4. 评价项目组成员或会计师事务所的自我评价

评价项目组成员或会计师事务所的自我评价包括以下几项。

① 项目组成员是否曾是客户的董事、经理、其他关键管理人员或能够对本业务产生直接重大影响的员工。

② 是否为客户提供直接影响财务报表的其他服务。

③ 是否为客户编制用于生成财务报表的原始资料或其他记录。

5. 评价项目组成员或会计师事务所的外界压力

评价项目组成员或会计师事务所的外界压力主要包括以下几项。

① 是否在重大会计、审计等问题上与客户存在意见分歧而受到解聘威胁。

② 是否受到有关单位或个人不恰当的干预。

③ 是否受到客户降低收费的压力而不恰当地缩小工作范围。

需要指出的是，注册会计师并非是所有方面的专家，鉴证业务涉及的特殊知识和技能可能会超出注册会计师的能力。这时，注册会计师可以考虑利用专家的工作。例如，当鉴证对象是信息技术系统的运营情况时，注册会计师可以利用信息技术专家的工作；当鉴证对象是法律法规的遵循情况时，注册会计师可以利用法律专家的工作。

在初步了解业务环境后，只有认为符合独立性和专业胜任能力等相关职业道德规范的要求，并且拟承接的业务具备下列所有特征，注册会计师才能将其作为鉴证业务予以承接。

① 鉴证对象适当。

② 使用的标准适当且预期使用者能够获取该标准。

③ 注册会计师能够获取充分、适当的证据以支持其结论。

④ 注册会计师的结论以书面报告形式表述，且表述形式与所提供的保证程度相适应。

⑤ 该业务具有合理的目的。如果鉴证业务的工作范围受到重大限制，或者委托人试图将注册会计师的名字和鉴证对象不适当地联系在一起，则该项业务可能不具有合理的目的。

当拟承接的业务不具备上述鉴证业务的所有特征时，不能将其作为鉴证业务予以承接。

（三）就审计业务约定条款与被审计单位达成一致意见

在做出接受或保持客户关系及具体审计业务的决策后，注册会计师应当按照《中国注册会计师审计准则第 1111 号——就审计业务约定条款达成一致意见》的规定，在审计业务开始前，与被审计单位就审计业务约定条款达成一致意见，签订或修改审计业务约定书，以避免双方对审计业务的理解产生分歧。

三、初步业务活动的程序

（一）如果是首次接受审计委托，需要实施的程序

1）与被审计单位面谈，讨论下列事项。

① 审计的目标。

② 审计报告的用途。

③ 管理层对财务报表的责任。

④ 审计范围。

⑤ 执行审计工作的安排，包括出具审计报告的时间要求。

⑥ 审计报告格式和对审计结果的其他沟通形式。

⑦ 管理层提供必要的工作条件和协助。

⑧ 注册会计师不受限制地接触任何与审计有关的记录、文件和所需要的其他信息。

⑨ 利用被审计单位专家或内部审计人员的程度（必要时）。

⑩ 审计收费。

2）初步了解被审计单位及其环境，并予以记录。

3）征得被审计单位书面同意后，与前任注册会计师沟通。

（二）如果是连续审计，需要实施的程序

1）了解审计的目标，审计报告的用途、审计范围和时间安排等。

2）查阅以前年度审计工作底稿，重点关注非标准审计报告涉及的说明事项，管理建议书的具体内容，重大事项概要等。

3）初步了解被审计单位及其环境发生的重大变化，并予以记录。

4）考虑是否需要修改业务约定条款，以及是否需要提醒被审计单位注意现有的业务约定条款。

任务三　签订审计业务约定书

任务引入

高盛公司自开业以来，营业额陡增。为筹措资金，公司决定向银行贷款。但银行希望其出具经审计的财务报表，以做出是否给其贷款的决定。于是公司决定聘用中信会计师事务所进行审计，而高盛公司以前从未被进行过审计。审计刚开始就不太顺利，注册会计师张某刚到公司就发现，该公司会计账册不齐，账也未平。她花了一周时间帮助公司会计整理账册，但公司会计人员却向财务经理抱怨，认为注册会计师张某太苛刻，妨碍其正常工作。

第2周，当注册会计师张某向会计人员索要客户有关资料以便对应收账款进行函证时，会计人员以这些资料是公司机密为由加以拒绝。接着，注册会计师张某又要求公司在年末这一天停止生产，以便对存货进行盘点，但公司又以生产任务忙为由拒绝。注册会计师张某无奈之下只得向事务所所长汇报。会计师事务所所长告知总经理如果无法进行询证或盘点，将迫使注册会计师无法对财务报表表示意见。总经理闻言非常生气，说我情愿向朋友借钱也不要你们的审计报告，并且不但叫会计师事务所所长马上离开公司，而且拒绝支付审计费用。会计师事务所所长也很生气，他严肃地告诉总经理，除非付清所有的审计费用，否则前期由注册会计师张某代编的会计账册将不予归还。请问会计师事务所与被审计单位之所以出现这种情况的原因是什么？

任务分析

中信会计师事务所之所以与高盛公司出现这种僵持局面，主要原因是中信会计师事务所在审计前未与客户妥善会谈，以致客户不了解审计的意义、目的与范围，也没有与客户签订业务约定书，未商定审计收费。与客户沟通不足，在客户账未结平之前就去审计，实属不妥。会计师事务所在接受审计业务之后，开展审计业务之前，应与被审计单位签订审计业务约定书，将审计内容、审计责任、审计义务、审计纠纷、审计收费等详细情况以合同的形式确定下来，以保护双方的合法权益。

知识链接

一、审计业务约定书的含义

审计业务约定书是指会计师事务所与被审计单位签订的，用以记录和确认审计业务的委托与受托关系、审计目标和范围、双方的责任及报告的格式等事项的书面协议。会计师事务所承接任何审计业务，都应与被审计单位签订审计业务约定书。

二、签订审计业务约定书之前应做的工作

（一）明确审计业务的性质和范围

明确审计业务的性质和范围时应注意事项包括以下几点。

① 审计业务有一般目的财务报表审计业务和特殊目的审计业务之分。

② 如果审计范围受到限制，注册会计师无法获取充分、适当的审计证据，也就无法对财务报表公允性发表意见。

（二）初步了解被审计单位的基本情况

注册会计师应了解被审计单位的以下情况。

① 业务性质、经营规模和组织结构。

② 经营情况和经营风险。

③ 以前年度接受审计的情况。

④ 财务会计机构及工作组织。

⑤ 其他与签订审计业务约定书相关的事项。

（三）会计师事务所评价专业胜任能力

会计师事务所评价专业胜任能力主要包括以下几项。

① 执行审计的能力（确定审计小组的关键成员、考虑在审计过程中向外界专家寻求协助的需要和具有必要的时间）。

② 能否保持独立性。

③ 保持应有的关注的能力。

如果会计师事务所不具备专业胜任能力，应当拒绝接受委托。

（四）商定审计收费

审计收费可以采取计件收费和计时收费两种基本方式。采用计时收费时应考虑以下主要因素。

① 专业服务的难度和风险及所需的知识和技能。

② 所需专业人员的水平和经验。

③ 每一专业人员提供服务所需的工时。

④ 提供专业服务所需承担的责任。

（五）明确被审计单位应协助的工作

被审计单位应提供以下协助。

① 在注册会计师实施现场审计之前，被审计单位应将所有相关的会计资料和其他文件准备齐全。

② 在审计过程中，被审计单位的财会人员及相关人员应对注册会计师的询问给予解释。

③ 在适当情况下为注册会计师提供必要的工作条件和协助。

三、审计业务约定书的内容

审计业务约定书的具体内容可能因被审计单位的不同而存在差异，但应当包括下列主要内容。

① 财务报表审计的目标与范围。

② 管理层对财务报表的责任。

③ 注册会计师的责任。

④ 管理层编制财务报表采用的会计准则和相关会计制度。

⑤ 审计范围，包括指明在执行财务报表审计业务时遵守的中国注册会计师审计准则。

⑥ 执行审计工作的安排，包括出具审计报告的时间要求。

⑦ 审计报告格式和对审计结果的其他沟通形式。

⑧ 由于测试的性质和审计的其他固有限制，以及内部控制的固有局限性，不可避免地存在着某些重大错报可能仍然未被发现的风险。

⑨ 管理层为注册会计师提供必要的工作条件和协助。

⑩ 注册会计师不受限制地接触任何与审计有关的记录、文件和所需要的其他信息。

⑪ 管理层对其做出的与审计有关的声明予以书面确认。

⑫ 注册会计师对执业过程中获知的信息保密。

⑬ 审计收费包括收费的计算基础和收费安排。

⑭ 违约责任。

⑮ 解决争议的方法。

⑯ 签约双方法定代表人或其授权代表的签字盖章，以及签约双方加盖的公章。

如果情况需要，注册会计师应当考虑在审计业务约定书中列明下列内容。

① 在某些方面对利用其他注册会计师和专家工作的安排。

② 与审计涉及的内部审计人员和被审计单位其他员工工作的协调。

③ 预期向被审计单位提交的其他函件或报告。

④ 与治理层整体直接沟通。

⑤ 在首次接受审计委托时，对与前任注册会计师沟通的安排。

⑥ 注册会计师与被审计单位之间需要达成进一步协议的事项。

四、重新签订业务约定书

注册会计师可以与被审计单位签订长期审计业务约定书，但如果出现下列情况，应当考虑重新签订审计业务约定书。

① 有迹象表明被审计单位误解审计目标和范围。

② 需要修改约定条款或增加特别条款。

③ 高级管理人员、董事会或所有权结构近期发生变动。

④ 被审计单位业务的性质或规模发生重大变化。

⑤ 法律法规的规定。

⑥ 管理层编制财务报表采用的会计准则和相关会计制度发生变化。

五、审计业务的变更

在完成审计业务前，如果被审计单位要求注册会计师将审计业务变更为保证程度较低的鉴证业务或相关服务，注册会计师应当考虑变更业务的适当性。

下列原因可能导致被审计单位要求变更业务。

① 情况变化对审计服务的需求产生影响。

② 对原来要求的审计业务的性质存在误解。

③ 审计范围存在限制。

本条前款第①项和第②项通常被认为是变更业务的合理理由，但如果有迹象表明该变更要求与错误的、不完整的或不能令人满意的信息有关，注册会计师不应认为该变更是合理的。

在同意将审计业务变更为其他服务前，注册会计师还应当考虑变更业务对法律责任或业务约定条款的影响。

如果变更业务引起业务约定条款的变更，注册会计师应当与被审计单位就新条款达成一致意见。

如果认为变更业务具有合理的理由，并且按照审计准则的规定已实施的审计工作也适用于变更后的业务，注册会计师可以根据修改后的业务约定条款出具报告。

为避免引起报告使用者的误解，报告不应提及下列内容。

① 原审计业务。

② 在原审计业务中已执行的程序。

只有将审计业务变更为执行商定程序业务，注册会计师才可在报告中提及已执行的程序。

如果没有合理的理由，注册会计师不应当同意变更业务。

如果不同意变更业务，被审计单位又不允许继续执行原审计业务，注册会计师应当解除业务约定，并考虑是否有义务向被审计单位董事会或股东会等方面说明解除业务约定的理由。

附件：审计业务约定书样本

审计业务约定书

甲方：

乙方：________会计师事务所

兹由甲方委托乙方进行________年度会计报表（或__________）审计，经双方协商，达成以下约定：

一、审计范围及目的

1. 会计报表审计

范围：乙方接受甲方委托，对甲方________年____月____日资产负债表及截至该日的利润表、现金流量表、股东权益变动表及财务报表附注进行审计。

目的：乙方将根据《中国注册会计师执业准则》，对甲方的内部控制制度进行研究和评价，对会计记录进行必要的抽查，以及在当时情况下执行乙方认为必要的其他审计程序。并在此基础上，对上述会计报表的合法性、公允性发表审计意见。

2. 特殊目的审计

范围：____

目的：____

二、甲方的责任与义务

甲方的责任：

建立健全内部控制制度、保护资产的安全完整，保证会计资料的真实、合法及完整，保证会计报表充分披露有关的信息。

甲方的义务：

1. 及时为乙方的审计工作提供其所要求的全部会计资料和其他有关资料。

2. 对乙方派出的有关工作人员，提供必要的工作条件及合作，具体事项将由乙方审计人员于审计前提供清单。

3. 按本约定的规定，及时足额支付审计费用。

4. 在________年____月____日之前提供审计所需的全部资料。

三、乙方的责任与义务

乙方的责任：

按照《中国注册会计师执业准则》的要求进行审计，出具审计报告，保证审计报告的真实性、合法性。特殊目的审计出具的报告参照执行。

乙方的义务：

1. 按照约定时间完成审计业务，出具审计报告或相应的特殊目的的报告。由于注册会计师的审计主要采取抽样审计的方法，加上甲方内部控制制度固有的局限性和其他客观因素制约，难免存在会计报表的某些重要的方面反映失实，而注册会计师又可能在审计中未予发现的情况。因此，乙方的审计责任并不能替代、减轻或免除甲方的会计责任。

2. 对执行业务过程中知悉甲方的商业秘密，严加保密。除非《中国注册会计师执业准则》另有规定，或者经甲方同意，乙方不得将其知悉的商业秘密和甲方提供的资料对外泄露。

3. 在________年____月____日之前出具审计报告或相关特殊目的的报告。

四、审计收费

乙方应收本约定审计事项的费用，按照乙方实际参加本项目审计业务的各级职别工作人员花费时间、甲方的资产规模和业务特点及有关部门规定的计费标准确定，预计为人民币________元。

如果因审计工作遇到重大问题，致使乙方实际花费审计时间有较大幅度的增加，甲方应在了解实情后，酌情调增审计费用。

签约后，由甲方预付乙方审计费用的××%，其余的××%在乙方提交审计报告时一次付清。甲方应同时承担乙方因审计需要代甲方垫付的费用或事务所所在地以外的差旅费用。

五、审计报告的使用责任

乙方向甲方出具的审计报告一式______份，这些报告由甲方分发、使用。正确使用审计报告是甲方的责任，由于使用审计报告不当造成的后果，与注册会计师及其所在会计师事务所无关。

六、约定书的有效期间

本约定书一式两份，甲、乙双方各执一份，并具有同等法律效力。

本约定自________年____月____日起生效，并在约定事项全部完成日之前有效。

七、约定事项的变更

由于出现不可预见的情况，影响审计工作如期完成，或者需提前出具审计报告，甲、乙双方可要求变更约定事项，但应及时通知对方，并由双方协商解决。

八、违约责任

甲、乙双方按照《中华人民共和国合同法》的规定承担违约责任。

九、甲、乙双方对其他有关事项的约定

甲方：（盖章）	乙方：（盖章）
	会计师事务所
法定代表人：	法定代表人：
（签章）	（签章）
联系人：	联系人：
电话：	电话：
签订日期：	签订日期：

参考资料

《中国注册会计师审计准则第1111号——就审计业务约定条款达成一致意见》

《中国注册会计师审计准则第1201号——计划审计工作》

《中国注册会计师审计准则第1341号——书面声明》

《中国注册会计师职业道德规范指导意见》

思考与讨论

1. 审计的前提条件是什么？
2. 被审计单位管理层的责任是什么？
3. 如果被审计单位管理层不认可其责任，注册会计师应该怎么办？
4. 审计业务约定条款包括哪些内容？
5. 在接受委托前，后任注册会计师应向前任注册会计师沟通哪些事情？
6. 如果相关部门要求采用的财务报告编制基础不可接受，注册会计师该怎么办？
7. 注册会计师开展初步业务活动的目的是什么？
8. 注册会计师开展初步业务活动的内容是什么？
9. 注册会计师如何评价客户是否诚信？
10. 注册会计师初步了解和评价目标客户的资料来源有哪些？
11. 注册会计师应怎样开展初步业务活动？
12. 签订审计业务约定书之前注册会计师应该做什么？
13. 审计业务约定书都包括哪些内容？
14. 在什么情况下，会计师事务所应与被审计单位重新签订审计业务约定书？

案例分析

1. 长城会计师事务所与华阳公司于2016年12月21日经协商取得一致意见后签订了审计业务约定书如下。

审计业务约定书

长城会计师事务所：

兹委托该所办理下列业务，费用按照规定支付，请受理为盼。

委托单位（盖章）　　　　委托单位负责人（签章）

2016年12月21日

委托业务：

审计2016年12月31日的资产负债表、利润表、现金流量表、股东权益变动表及会计报表附注。

双方的责任和义务如下。

委托方：

1. 建立健全内部控制制度，保护资产的安全、完整，保证会计资料的真实性、合法性和完整性。

2. 提供必要的工作条件及合作。

3. 按本约定书的约定及时支付费用。

受托方：

1. 按照《中国注册会计师审计准则》的要求出具审计报告，保证审计报告的真实、合法。

2. 对执业过程中知悉的商业秘密保密。

审计收费：

应收本约定审计事项的费用为：人民币壹拾万元整。

会计师事务所意见：同意接受委托。

会计师事务所（公章）　事务所负责人（盖章）

2016 年 12 月 21 日

要求：分析该审计业务约定书的不足之处。

2. 华宇公司委托长城会计师事务所对其财务报表进行审计，长城会计师事务所在了解了客户的基本情况后，决定接受委托，双方签订的审计业务约定书如下。

审计业务约定书

甲方：华宇股份有限公司

乙方：长城会计师事务所

甲方委托乙方对甲方 2016 年度财务报表进行审计，经双方协商达成如下决定。

一、委托目的和审计范围

（一）委托目的：年度财务报表审计

（二）审计范围：甲方 2016 年 12 月 31 日的资产负债表；2016 年度的现金流量表。

二、双方的责任和义务

（一）乙方的责任与义务

1. 乙方应按照《中华人民共和国注册会计师法》《中国注册会计师审计准则》的要求，对被审计单位提供的财务报表和有关资料，实施必要的审计程序，出具真实、合法的审计报告。

2. 乙方在审计过程中，如果发现被审计单位的内部控制有重大缺陷，也应将情况报告委托方。乙方在适当的情况下应出具管理建议书。

3. 乙方按照约定的时间完成审计业务，出具审计报告。

（二）甲方的责任与义务

1. 甲方对乙方开展审计工作应给予充分的合作，提供必要的条件，并按乙方的要求，提供被审计单位完整的会计资料及其他各种与审计业务有关的资料。

2. 甲方应按照约定的条件，及时足额地支付审计费用。

3. 甲方的会计责任是应当建立健全内部控制，保证资产的安全、完整，保证会计资料的真实、合法和完整。财务报表由被审计单位负责，乙方的审计责任并不能替代、减轻或免除被审计单位的会计责任。

三、出具审计报告的时间要求

甲方应于签订审计业务约定书后的15日内提供审计所需的全部资料，受托方应于委托方提供审计所需的全部资料后的45日内出具审计报告。

如果在审计过程中出现不可预见的、影响审计工作如期完成的情况或其他情况，均需经过双方协商变更约定事项。

四、审计费用及支付方式

本项业务审计费用为人民币20万元整。上述审计费用应在审计业务约定书签订后先支付50%，审计报告完成时，再支付余下的50%。

五、本约定书经双方签署后生效，约定事项全部完成后失效。

六、违约责任

双方按照《中华人民共和国合同法》承担违约责任。

……

甲方：华宇股份有限公司（盖章）　　　　代表：（签字）

乙方：长城会计师事务所（盖章）　　　　代表：（签字）

要求：分析该审计业务约定书的不足之处。

3. 华宇公司的主营产品为百货文化用品、五金交电、油墨及印刷器材等，自2011年上市以来，业务迅速扩张，股价也不断攀升。2015至2016年两年的会计报表及其前任注册会计师的审计报告显示，公司2015年和2016年分别实现主营业务收入45.829 3亿元与81.57亿元，同比增长163.71%和113.46%。同时，总资产也分别增长了187.35%和64.43%，但利润率从2015年开始出现明显的下降，由2015年的3%下降到2016年的0.61%，远远低于商贸类上市公司的平均水平4.5%。2016年公司利润总额中45%为投资收益。华宇公司将公司闲置资金委托西南证券进行短期套利。但华宇公司不愿将这项业务公开，并以种种理由拒绝注册会计师与西南证券接洽。

自2011年以来，华宇公司已经更换了3次会计师事务所。

要求：

（1）注册会计师在承接华宇公司业务委托前应该做哪些工作？

（2）如果华宇公司同意后任注册会计师与前任会计师进行沟通，后任注册会计师应当如何与前任注册会计师进行沟通？

（3）如果华宇公司委托你所在的会计师事务所承办其2016年度的会计报表审计，请综合各种因素判断是否承接该项业务？

4. 2017年3月4日，中信会计师事务所的注册会计师张某接到妻子的电话，说她弟弟开办了专门收购和买卖古董字画的东西文化贸易公司，2012年度的会计报表拟委托会计师事务所审计，正在寻找合适的会计师事务所。张某的弟弟希望张某能够承接对东西文化贸易公司会计报表的审计。张某听了，一方面受妻弟所托，另一方面也认为是开拓一个新客户的机会，于是非常爽快地答应了，并于2017年3月16日亲自带领审计小组到东西文化贸易公司实施审计。东西文化贸易公司属于私营公司，自开业5年来业务发展很好，但从没有接受过注册会计师审计。注册会计师张某是中信会计师事务所的出资人之一，业务专长是对工业企业，尤其是国有工业企业进行会计报表审计。

要求：

（1）请结合本案例讨论注册会计师承接业务应当考虑的因素。

（2）请指出本案例中承接业务存在的不恰当的地方。

（3）请给中信会计师事务所如何承接业务（包括接受客户关系、承接审计业务、签订审计业务约定书等）提出建议。

学习情境四

评估风险并采取应对措施

知识目标

1. 了解风险评估总流程。
2. 掌握如何了解被审计单位及其环境。
3. 掌握内部控制的含义、内容及如何了解被审计单位的内部控制。
4. 掌握如何评估重大错报风险。

能力目标

1. 能够根据具体的审计业务对被审计单位及其环境进行了解。
2. 能够根据具体的审计业务对被审计单位的内部控制进行了解。
3. 能够根据具体的审计业务评估被审计单位重大错报风险。

任务一　了解被审计单位及其环境

任务引入

2013 年 3 月，注册会计师张某等人接受事务所委派到江苏某儿童玩具公司进行 2012 年度会计报表审计。为了对该公司取得初步了解，注册会计师张某在进点检查前要求检查组成员仔细审阅了该公司 2012 年度的会计报表。进驻该公司后，注册会计师张某请该公司主要负责人介绍了公司 2012 年的生产经营和会计核算情况。通过两次了解，审计组形成了对该公司的初步认识：公司生产的玩具半数销往日本，半数内销，产销两旺；公司特别重视新产品开发，有专门的新产品开发部门；公司近年来的增值税和企业所得税的税负明显偏低（审计组认为可能存在舞弊风险，应作为检查重点）。另据公司介绍，由于受到多方面的影响或限制，公司近年来的销售量增长缓慢，销售额一直没有突破 2 000 万元，公司账面反映 2012 年度的销售收入为 1 963.63 万元，盈余 4.12 万元。为了加深对该公司的进一步了解，注册会计师张某在该公司领导介绍完情况后，又要求该公司让检查人员参观其生产流程，公司领导爽快地答应了要求并决定由分管财务的副总和财务科长陪同。

该公司主要有两个简易框架结构的主车间、4 个在公司办公楼底楼和二层楼的辅助或配套车间。两个主车间各有两条从原材料进去到产成品出来的完整的新型生产流水线，两个主车间的生产规模相当。注册会计师张某借询问各种漂亮玩具的机会与一主车间的主任聊了起来，张某了解到该公司对新品开发确实特别重视，都是根据日本或国内优秀设计师在进行市场调查的基础上设计出来的最新潮流的款式及时组织生产并发货，不仅保证了产品在日本和国内市场的旺销，而且还保持了与包括日商在内的各购货商的良好信誉与合作关系。注册会计师张某从聊玩具自然而然地向这位车间主任又提出了一些看似一般但实质与检查密切相关的问题，如生产任务是否饱满、工人如此忙碌是不是要加班、每个主车间有多少名工人、每名工人的年工资能达到多少等。从车间主任的回答得知，每个主车间每班都有 250 多名工人，正常情况下每年从年初到年末都实行两班倒，而且每班工人每天的上班时间均达 10 个小时。另外，4 个辅助或配套车间每天有近 100 名工人上班。这就是说，该公司每天约有 1 100 名工人上班（不包括管理人员）。注册会计师张某还了解到，每名工人的年工资额 1 万元左右，而且近几年来员工的工资没有增加，公司生产规模也没有发生变化，由此推算 2012 年该公司支付给工人的工资额至少应该为 1 100 万元。如果按照工资额占产品成本的 40%倒算，该公司全年度生产产品的总耗费应该约为 2 750 万元。但是，该公司账面上实际反映的销售收入还不到 2 000 万元，竟然还盈余 4 万元。由此推断，A 公司很有可能隐匿了销售收入及部分成本费用。但是，当注册会计师张某查看该公司会计报表后发现，会计报表附注上说明的企业职工人数仅为 390 人，账面上反映的工资支出仅为 402 万元。如果按照工资额占产品成本的 40%倒算，该公司全年度生产产品的总耗费应该约为 1 005 万元。总之，该公司对员工工资的实际支出额、账面员工人员及车间实际员工人数三者之间的关系明显有很大矛盾。注册会计师张某的分析让该公司副总和财务科长不能自圆其说，副总很快承认了存在的问题。

最终查明，该公司为了降低税负，2012 年度不仅隐匿了没有开具销售发票的销售收入 280 万元，而且还将 1 150 万元销售收入转移到免征企业所得税的另一同样生产玩具的关联企业公司，隐瞒和转移的销售收入共达 1 430 万元（不含税价），同时还转移了约 880 多万元的料工费支出，隐瞒和转移的利润约 550 万元。

任务分析

1. 注册会计师应从哪些方面入手了解被审计单位及其环境以识别重大错报风险？
2. 注册会计师应实施什么样的审计程序以判断出被审计单位可能存在重大错报风险？

知识链接

一、风险评估总流程

注册会计师了解被审计单位及其环境，目的是为了识别和评估财务报表重大错报风险。风险评估程序是指注册会计师为了解被审计单位及其环境，以识别和评估财务报表层次和认定层次的重大错报风险（无论错报由于舞弊或错误导致）而实施的审计程序。

注册会计师应当依据实施这些程序所获取的信息，评估重大错报风险。其总流程如图4-1所示。

图4-1　风险评估总流程

二、风险评估程序

注册会计师应当实施下列风险评估程序，以了解被审计单位及其环境。

（一）询问被审计单位管理层和内部其他相关人员

注册会计师可以考虑向管理层和财务负责人询问下列事项。

① 管理层关注的主要问题，如新的竞争对手、主要客户和供应商的流失、新的税收法规的实施及经营目标或战略的变化等。

② 被审计单位最近的财务状况、经营成果和现金流量。

③ 可能影响财务报告的交易和事项，或者目前发生的重大会计处理问题，如重大的购并事宜等。

④ 被审计单位发生的其他重要变化，如所有权结构、组织结构的变化，以及内部控制的变化等。

注册会计师除了询问管理层和对财务报告负有责任的人员外，还应当考虑询问内部审计人员、采购人员、生产人员、销售人员等其他人员，并考虑询问不同级别的员工，以获取对识别重大错报风险有用的信息。

在确定向被审计单位的哪些人员进行询问及询问哪些问题时，注册会计师应当考虑何种信息有助于其识别和评估重大错报风险，其中包括以下内容。

① 询问治理层，有助于注册会计师理解财务报表编制的环境。

② 询问内部审计人员，有助于注册会计师了解其针对被审计单位内部控制设计和运行有效而实施的工作，以及管理层对内部审计发现的问题是否采取适当的措施。

③ 询问参与生成、处理或记录复杂，或者异常交易的员工，有助于注册会计师评估被审计单位选择和运用某项会计政策的适当性。

④ 询问内部法律顾问，有助于注册会计师了解有关法律法规的遵循情况、产品保证和售后责任、与业务合作伙伴（如合营企业）的安排、合同条款的含义及诉讼情况等。

⑤ 询问营销或销售人员，有助于注册会计师了解被审计单位的营销策略及其变化、销售趋势及与客户的合同安排。

⑥ 询问采购人员和生产人员，有助于注册会计师了解被审计单位的原材料采购和产品生产等情况。

⑦ 询问仓库人员，有助于注册会计师了解原材料、产成品等存货的进出、保管和盘点等情况。

（二）实施分析程序

分析程序是指注册会计师通过研究不同财务数据之间及财务数据与非财务数据之间的内在关系，对财务信息做出评估。分析程序还包括调查识别出的、与其他相关信息不一致或与预期数据严重偏离的波动和关系。

注册会计师实施分析程序有助于识别异常的交易或事项，以及对财务报表和审计产生影响的金额、比率和趋势。

在实施分析程序时，注册会计师应当预期可能存在的合理关系，并与被审计单位记录的金额、依据记录金额计算的比率或趋势相比较，如果发现异常或未预期到的关系，注册会计师应当在识别重大错报风险时考虑这些比较结果。

如果使用高度汇总的数据，实施分析程序的结果仅可能是初步显示财务报表存在重大错报风险，注册会计师应当将分析结果连同识别重大错报风险时获取的其他信息一并考虑。

（三）观察和检查

观察和检查程序可以印证对管理层和其他相关人员的询问结果，并可提供有关被审计单位及其环境的信息，注册会计师应当实施下列观察和检查程序。

1）观察被审计单位的生产经营活动。例如，观察被审计单位人员正从事的生产活动和内部控制活动，增加注册会计师对被审计单位人员如何进行生产经营活动及实施内部控制的了解。

2）检查文件、记录和内部控制手册。例如，检查被审计单位的章程，与其他单位签订的合同、协议，各业务流程操作指引和内部控制手册等，了解被审计单位组织结构和内部控制制度的建立健全情况。

3）阅读由管理层和治理层编制的报告。例如，阅读被审计单位年度和中期财务报告，股东大会、董事会会议、高级管理层会议记录或纪要，管理层的讨论和分析资料，经营计划和战略，对重要经营环节和外部因素的评价，被审计单位内部管理报告及其他特殊目的报告（如新投资项目的可行性报告）等，了解自上一期审计结束至本期审计期间被审计单位发生的重大事项。

4）实地察看被审计单位的生产经营场所和设备。通过现场访问和实地察看被审计单位的生产经营场所和设备，可以帮助注册会计师了解被审计单位的性质及其经营活动。在实地察看被审计单位的厂房和办公场所的过程中，注册会计师有机会与被审计单位管理层和担任不同职责的员工进行交流，可以增强注册会计师对被审计单位的经营活动及其重大影响因素的了解。

5）追踪交易在财务报告信息系统中的处理过程。这是注册会计师了解被审计单位业务流程及其相关控制时经常使用的审计程序。通过追踪某笔或某几笔交易在业务流程中如何生成、记录、处理和报告，以及相关控制如何执行，注册会计师可以确定被审计单位的交易流程和相关控制是否与之前通过其他程序获得的了解一致，并确定相关控制是否得到执行。

三、了解被审计单位及其环境的相关内容

注册会计师应当从这些方面了解被审计单位及其环境：①行业状况、法律环境与监管环境及其他外部因素；②被审计单位的性质；③被审计单位对会计政策的选择和运用；④被审计单位的目标、战略及相关经营风险；⑤被审计单位财务业绩的衡量和评价；⑥被审计单位的内部控制。

上述第①项是被审计单位的外部环境，第②、③、④、⑥项是被审计单位的内部因素，第⑤项则既有外部因素也有内部因素。值得注意的是，被审计单位及其环境的各个方面可能会互相影响。例如，被审计单位的行业状况、法律环境与监管环境及其他外部因素可能影响到被审计单位的目标、战略及相关经营风险，而被审计单位的性质、目标、战略及相关经营风险可能影响到被审计单位对会计政策的选择和运用，以及内部控制的设计和执行。因此，注册会计师在对被审计单位及其环境的各个方面进行了解和评估时，应当考虑各因素之间的相互关系。

注册会计师针对上述 6 个方面实施的风险评估程序的性质、时间安排和范围取决于审计业务的具体情况，如被审计单位的规模和复杂程度，以及注册会计师的相关审计经验，包括以前对被审计单位提供审计和相关服务的经验及对类似行业、类似企业的审计经验。此外，识别被审计单位及其环境在上述各方面与以前期间相比发生的重大变化，对于充分了解被审计单位及其环境、识别和评估重大错报风险更为重要。

注册会计师应当从下列方面了解被审计单位及其环境。

（一）行业状况、法律环境与监管环境及其他外部因素

具体而言，注册会计师可能需要了解以下情况。

① 被审计单位所处行业的总体发展趋势。

② 被审计单位处于哪一发展阶段，如起步、快速成长、成熟或衰退阶段。

③ 被审计单位所处市场的需求、市场容量和价格竞争如何。

④ 该行业是否受经济周期波动的影响，以及采取了什么行动使波动产生的影响最小化。

⑤ 该行业受技术发展影响的程度如何。

⑥ 被审计单位是否开发了新的技术。

⑦ 能源消耗在成本中所占比重，能源价格的变化对成本的影响。

⑧ 谁是被审计单位最重要的竞争者，它们各自所占的市场份额是多少。

⑨ 被审计单位与其竞争者相比主要的竞争优势是什么。

⑩ 被审计单位业务的增长率和财务业务与行业的平均水平及主要竞争者相比如何，存在重大差异的原因是什么。

⑪ 竞争者是否采取了某些行动，如购并活动、降低销售价格、开发新技术等，从而对被审计单位的经营活动产生影响。

⑫ 国家对某一行业的企业是否有特殊的监管要求。

⑬ 是否存在新出台的法律法规（如新出台的有关产品责任、劳动安全或环境保护的法律法规等），对被审计单位有何影响。

⑭ 国家货币、财政、税收和贸易等方面政策的变化是否会对被审计单位的经营活动产生影响。

⑮ 与被审计单位相关的税务法规是否发生变化。

⑯ 当前的宏观经济状况及未来的发展趋势如何。

⑰ 目前国内或本地区的经济状况（如增长率、通货膨胀、失业率、利率等）怎样影响被审计单位的经营活动。

⑱ 被审计单位的经营活动是否受到汇率波动或全球市场力量的影响。

（二）被审计单位的性质

注册会计师应从以下方面了解被审计单位的性质。

1. 所有权结构

注册会计师应当了解被审计单位是属于国有企业、外商投资企业、民营企业，还是属于其他类型的企业，还应当了解其直接控股母公司、间接控股母公司、最终控股母公司和其他股东的构成，以及所有者与其他人员或单位（如控股母公司控制的其他企业）之间的关系。

2. 治理结构

注册会计师应当了解被审计单位的治理结构。例如，董事会的构成情况、董事会内部是否有独立董事；治理结构中是否设有审计委员会或监事会及其运作情况。注册会计师应当考虑治理层是否能够在独立于管理层的情况下对被审计单位事务（包括财务报表）做出客观判断。

3. 组织结构

注册会计师应当了解被审计单位的组织结构，复杂的组织结构可能导致某些特定的重大错报风险。

4. 经营活动

了解被审计单位经营活动有助于注册会计师识别预期在财务报表中反映的主要交易类别、重要账户余额和列报。注册会计师应当了解被审计单位的经营活动。它主要包括以下内容。

① 主营业务的性质。

② 与生产产品或提供劳务相关的市场信息，如主要客户和合同、付款条件、利润率、市场份额、竞争者、出口、定价政策、产品声誉、质量保证、营销策略和目标等。

③ 业务的开展情况，如业务分部的设立情况、产品和服务的交付、衰退或扩展的经营活动的详情等。

④ 联盟、合营与外包情况。

⑤ 从事电子商务的情况，如是否通过互联网销售产品和提供服务及从事营销活动。

⑥ 地区与行业分布，如是否涉及跨地区经营和多种经营，各个地区和各行业分布的相对规模及相互之间是否存在依赖关系。

⑦ 生产设施、仓库的地理位置及办公地点。

⑧ 关键客户，如销售对象是少量的大客户还是众多的小客户；是否有被审计单位高度

依赖的特定客户（如超过销售总额的10%）；是否有造成高回收性风险的若干客户或客户类别（如正处在一个衰退市场中的客户）；是否与某些客户订立了不寻常的销售条款或条件。

⑨ 重要供应商，如是否签订长期供应合同，原材料供应的可靠性和稳定性，付款条件，以及原材料是否受重大价格变动的影响。

⑩ 劳动用工情况，如分地区用工情况、劳动力供应情况、工资水平、退休金和其他福利、股权激励或其他奖金安排及与劳动用工事项相关的政府法规。

⑪ 研究与开发活动及其支出。

⑫ 关联方交易。

5. 投资活动

了解被审计单位投资活动有助于注册会计师关注被审计单位在经营策略和方向上的重大变化。注册会计师应当了解被审计单位的投资活动。它主要包括以下内容。

① 近期拟实施或已实施的并购活动与资产处置情况，包括业务重组或某些业务的终止。

② 证券投资、委托贷款的发生与处置。

③ 资本性投资活动，包括固定资产和无形资产投资、近期或计划发生的变动，以及重大的资本承诺等。

④ 不纳入合并范围的投资。例如，联营、合营或其他投资，包括近期计划的投资项目。

6. 筹资活动

了解被审计单位筹资活动有助于注册会计师评估被审计单位在融资方面的压力，并进一步考虑被审计单位在可预见未来的持续经营能力。它主要包括以下内容。

① 债务结构和相关条款。它包括担保情况及表外融资。例如，获得的信贷额度是否可以满足营运需要；得到的融资条件及利率是否与竞争对手相似，如不相似，原因何在；是否存在违反借款合同中限制性条款的情况；是否承受重大的汇率与利率风险。

② 固定资产的租赁。它包括通过融资租赁方式进行的筹资活动。

③ 关联方融资。例如，关联方融资的特殊条款。

④ 实际受益股东。例如，实际受益股东是国内的，还是国外的，其商业声誉和经验可能对被审计单位产生的影响。

⑤ 衍生金融工具的运用。例如，衍生金融工具是用于交易目的还是套期目的，以及运用的种类、范围和交易对手等。

（三）被审计单位对会计政策的选择和运用

① 重要项目的会计政策和行业惯例。重要项目的会计政策包括收入确认方法，存货的计价方法，投资的核算，固定资产的折旧方法，坏账准备、存货跌价准备和其他资产减值准备的确定，借款费用资本化方法，合并财务报表的编制方法等。除会计政策以外，某些行业可能还存在一些行业惯例，注册会计师应当熟悉这些行业惯例。当被审计单位采用与行业惯例不同的会计处理方法时，注册会计师应当了解其原因，并考虑采用与行业惯例不同的会计处理方法是否适当。

② 重大和异常交易的会计处理方法。例如，本期发生的企业合并的会计处理方法。某些被审计单位可能存在与其所处行业相关的重大交易。例如，银行向客户发放贷款、证券公司对外投资、医药企业的研究与开发活动等，注册会计师应当考虑对重大的和不经常发

生的交易的会计处理方法是否适当。

③ 在新领域和缺乏权威性标准或共识的领域，采用重要会计政策产生的影响。

④ 会计政策的变更。如果被审计单位变更了重要的会计政策，注册会计师应当考虑变更的原因及其适当性，即考虑会计政策变更是否是法律、行政法规或适用的会计准则和相关会计制度要求的变更；会计政策变更是否能够提供更可靠、更相关的会计信息。除此之外，注册会计师还应当关注会计政策的变更是否得到充分披露。

⑤ 被审计单位何时采用及如何采用新颁布的会计准则和相关会计制度。

（四）被审计单位的目标、战略及相关经营风险

注册会计师应当了解被审计单位是否存在与下列方面有关的目标和战略，并考虑相应的经营风险。

① 行业发展及其可能导致的被审计单位不具备足以应对行业变化的人力资源和业务专长等风险。

② 开发新产品或提供新服务及其可能导致的被审计单位产品责任增加等风险。

③ 业务扩张及其可能导致的被审计单位对市场需求的估计不准确等风险。

④ 新颁布的会计法规及其可能导致的被审计单位执行法规不当或不完整，或者会计处理成本增加等风险。

⑤ 监管要求及其可能导致的被审计单位法律责任增加等风险。

⑥ 本期及未来的融资条件及其可能导致的被审计单位由于无法满足融资条件而失去融资机会等风险。

（五）被审计单位财务业绩的衡量和评价

在了解被审计单位财务业绩衡量和评价情况时，注册会计师应当关注下列信息。

① 关键业绩指标。

② 业绩趋势。

③ 预测、预算和差异分析。

④ 管理层和员工业绩考核与激励报酬政策。

⑤ 分部信息与不同层次部门的业绩报告。

⑥ 与竞争对手的业绩比较。

⑦ 外部机构提出的报告。

任务二 了解被审计单位的内部控制

任务引入

郑州亚细亚集团曾在中国商界享有盛誉。亚细亚商场于 1989 年 5 月开业，之后仅用 7 个月的时间销售额就达到 9 000 万元，1990 年达 1.86 亿元，实现税利 1 315 万元，一年就跨入全国 50 家大型商场行列。到 1995 年，其销售额达到 4.8 亿元。亚细亚集团取得过几

个“全国第一”：全国商场中第一个设立迎宾小姐、电梯小姐；第一个设立琴台；第一个创立自己的仪仗队；第一个在中央电视台做广告。当年的亚细亚集团以其在经营和管理上的创新创造了一个平凡而奇特的“亚细亚现象”，吸引了全国30多个省市的近200个大中城市的党政领导、商界要员来到亚细亚集团参观学习。许多券商瞄准了这家优秀企业，按照今天的拟上市企业标准，即使申请主板市场也不是不可能的。

然而，正当郑州亚细亚集团迅速膨胀的时候，却出现了严重的内部管理失控，潜伏已久的系统隐患导致集团积重难返，运行到1998年8月15日，亚细亚商场悄然关门。是什么原因导致这家企业与上市无缘？当然，导致亚细亚集团倒闭的原因是多方面的，而其内部控制的极端薄弱是促成倒闭的主要原因之一。

在对郑州亚细亚集团案例的分析过程中，我们发现内部控制失败，是导致亚细亚商场关门的重要因素之一，显而易见的是控制环境失败。企业控制环境决定其他控制要素能否发挥作用，是内部控制其他要素发挥作用的基础，直接影响到企业内部控制的贯彻和执行及企业内部控制目标的实现，是企业内部控制的核心。企业决策层、董事会、企业管理人员的品行、操守、价值观、综合素质与实践能力，管理人员的管理思想与经营理念、企业文化、企业各项规章制度、信息沟通体系等都属于企业控制环境的诸要素，这些要素一旦失控就会形成连锁反应，从而导致企业管理混乱，无法正常运转，具体表现在以下方面。

① 一张嘴一支笔决定企业命运，企业制度形同虚设。郑州、广州两块牌子一套人马，总部设在广州。总经理在异地遥控实施对郑州亚细亚集团和商场的管理，目标不明，原则不清，随意性大。王遂舟任郑州亚细亚集团的总经理同时还任海南商联的法人代表，身兼两地之职，便可以随意抽调人员与调拨资金，企业无管理制度可言。

② 董事会形同虚设。董事会一直处于瘫痪状态。企业内部控制环境的一个重要因素是董事会，企业应该建立一个强有力的董事会，董事会要能对企业的经营管理决策起到真正监督引导的作用。在郑州亚细亚集团公司内部，董事会从未召集董事们就重大决策进行过表决，凡事都由总经理王遂舟一人决定。总经理成了“国王”，董事会没有任何具体职能。

③ 人事制度形同虚设。公司任人唯亲，排斥异己。亚细亚集团曾有4位年轻的副总，因他们不附和总经理的意见，在1990年借故被派往外地办事处。1991年夏，亚细亚集团驻外办事处撤销，4位副总返回商场时，他们的位置已被别人取代，接着半年闲置，被调离商场。

④ 企业产权关系及组织结构混乱。郑州亚细亚商场是由河南省建行租赁公司和中原不动产公司共同出资200万元设立的股份制企业。其中，租赁公司102万元，占51%的股份，中原不动产公司98万元，占49%的股份。由于郑州亚细亚商场计划在1992年改组成股份有限公司，便面向社会公众发行股票。由于种种原因，改建的郑州亚细亚股份有限公司上市未获成功。1993年9月，经河南省体改委批准，仅仅有过渡意义的郑州亚细亚股份有限公司正式更名为郑州亚细亚集团股份有限公司。亚细亚集团上市未成，股权转让已被河南省体改委等政府职能部门认定，即河南建行租赁公司51%的股权转让给海南大昌实业发展公司18%，转让给广西北海巨龙房地产公司10%；中原不动产公司49%的股权转让给海南三联企业发展公司18%，转让给海南汇通信托投资公司18%。由于股权受让方未按协议及时把购股资金兑付，从此埋下了一个巨大的资金隐患，特别是后来中原不动产公司新任董事长认为前任批准的股权转让造成公司资产流失，不予承认。郑州亚细亚集团产权关系混

乱局面就此形成。

⑤ 销售与收款的内部控制失调。郑州亚细亚集团设有一个“货物配送中心”，其职能是为郑州亚细亚商场本店和四家直接连锁店配货。该中心负责向厂家直接订货，目的是降低进货成本并防止各商场自行进货时“吃回扣”。但该中心配送给各大商场的所有商品，价格不但比批发市场上的批发价高出许多，甚至高于自由市场上的零售价！货物配送中心实际上成了一个大黑洞。

⑥ 风险意识不强，专项风险的内部控制弱。对风险的认识和把握问题主要有：一是对市场认识不足，对形势认识不足；二是过于自信、乐观、想当然，其结果是骄兵必败；三是面对零售业艰难的状况，应变能力差，整个经营进入死胡同，最后到了山穷水尽的地步；四是抗风险能力差，遇事容易造成局面失控。这几个教训说明，在郑州亚细亚集团管理层的思想中缺乏风险概念，没有设置风险管理机制，因此抗风险能力极低。

⑦ 检查监督缺乏适当的内部控制活动。郑州亚细亚集团运作中几乎不存在控制活动，或者即使存在所谓的政策和程序，也是名存实亡，未实际发生作用。亚细亚集团一年一度的场庆花费都超过 70 万元；亚细亚集团某股东从郑州亚细亚商场借出 800 万元，连借条也没有，后来归还 300 万元，剩余 500 万元商场账面和收据显示是“工程款”；集团另一个股东 1993 年借走商场 57 万元，也无人催要；1997 年，郑州亚细亚商场管理费用就高达 18.6 亿元。郑州亚细亚集团的控制活动如此，何以确保管理层的指令得以实现？

⑧ 审计控制，内部信息沟通不畅。集团内部一不需要成本信息，二不计算投资回收期及投资回报率，三不收集市场方面的信息。会计信息系统由管理层随意控制，资金被大量挪用，却不知去向何方。在郑州亚细亚集团，信息系统已经不再是一个管理和控制的工具，而是上层管理人员的话筒，信息随其意愿而变。

⑨ 货币资金的内部控制及审计制度形同虚设。亚细亚商场自开业以来没有进行过一次全面彻底的审计。偶尔局部的内部审计中曾发现几笔几百万元的资金被转移出去的事，后来也不了了之。任何事情都由总经理决定，属下当然包括内部审计人员在内，全无发言权，可见内部监督极度缺乏是既成事实。

上述几个方面较清楚地说明了郑州亚细亚集团的内部控制环境情况，由于亚细亚集团内部控制的很多要素都存在问题，其最终结局也在意料之内，必然走向倒闭之路。

任务分析

1. 郑州亚细亚集团在企业管理的哪些方面存在问题？
2. 什么是企业的内部控制？
3. 内部控制的目标有哪些？
4. 内部控制的要素有哪些？

知识链接

一、内部控制的含义

内部控制是指一个单位的各级管理层，为了保护其经济资源的安全、完整，确保经济和会计信息的正确可靠，协调经济行为，控制经济活动，利用单位内部分工而产生的相互制约、相互联系的关系，形成一系列具有控制职能的方法、措施、程序，并予以规范化、系统化，使之成为一个严密的、较为完整的体系。

二、内部控制的目标

被审计单位建立健全内部控制制度的目标在于以下几点。

① 合理保证财务报告及相关信息的真实完整。

② 保证资产安全。

③ 合理保证企业经营管理合法合规。

④ 提高经营效率和效果，促进企业实现发展战略。

三、内部控制的固有限制

内部控制存在固有局限性，无论如何设计和执行，只能对财务报告的可靠性提供合理的保证。内部控制存在的局限性包括以下内容。

① 在决策时人为判断可能出现错误和由于人为失误而导致内部控制失控。

② 可能由于两个或更多的人员进行串通，或者管理层凌驾于内部控制之上而被规避。

③ 被审计单位内部行使控制职能的人员素质不适应岗位要求，会影响内部控制功能的正常发挥。

④ 被审计单位实施内部控制的成本效益问题也会影响其效能，当实施某项控制成本大于控制效果而发生损失时，就没有必要设置控制环节或控制措施。

⑤ 内部控制一般都是针对经常而重复发生的业务而设置的，如果出现不经常发生或未预计到的业务，原有控制就可能不适用。

四、内部控制的要素

内部控制的要素包括控制环境、风险评估过程、信息系统与沟通、控制活动和对控制的监督。

（一）控制环境

控制环境包括治理职能和管理职能，以及治理层和管理层对内部控制及其重要性的态度、认识和措施。控制环境设定了被审计单位的内部控制基调，影响员工对内部控制的认识和态度。良好的控制环境是实施有效内部控制的基础。

1. 对诚信和道德价值观念的沟通与落实

诚信和道德价值观念是控制环境的重要组成部分，影响到重要业务流程的设计和运行。内部控制的有效性直接依赖于负责创建、管理和监控内部控制的人员的诚信和道德价值观念。被审计单位是否存在道德行为规范，以及这些规范如何在被审计单位内部得到沟通和落实，决定了是否能产生诚信和道德的行为。对诚信和道德价值观念的沟通与落实既包括管理层如何处理不诚实、非法或不道德行为，也包括在被审计单位内部，通过行为规范及高层管理人员的身体力行，对诚信和道德价值观念的营造和保持。

2. 对胜任能力的重视

胜任能力是指具备完成某一职位的工作所应有的知识和能力。管理层对胜任能力的重视包括对于特定工作所需的胜任能力水平的设定，以及对达到该水平所必需的知识和能力的要求。注册会计师应当考虑主要管理人员和其他相关人员是否能够胜任承担的工作和职责。

3. 治理层的参与程度

注册会计师在对被审计单位治理层的参与程度进行了解和评估时，考虑的主要因素可能包括以下内容。

① 董事会是否建立了审计委员会或类似机构。

② 董事会、审计委员会或类似机构是否与内部审计人员及注册会计师有联系和沟通，联系和沟通的性质及频率是否与被审计单位的规模和业务复杂程度相匹配。

③ 董事会、审计委员会或类似机构的成员是否具备适当的经验和资历。

④ 董事会、审计委员会或类似机构是否独立于管理层。

⑤ 审计委员会或类似机构会议的数量和时间是否与被审计单位的规模及业务复杂程度相匹配。

⑥ 董事会、审计委员会或类似机构是否充分地参与了监督编制财务报告的过程。

⑦ 董事会、审计委员会或类似机构是否对经营风险的监控有足够的关注，进而影响被审计单位和管理层的风险评估过程。

⑧ 董事会成员是否保持相对的稳定性。

4. 管理层的理念和经营风险

在有效的控制环境中，管理层的理念和经营风格可以创造一个积极的氛围，促进业务流程和内部控制的有效运行，同时创造一个减少错报发生可能性的环境。

注册会计师在了解和评估被审计单位管理层的理念和经营风格时，考虑的主要因素可能包括以下内容。

① 管理层是否对内部控制，包括信息技术的控制给予了适当的关注。

② 管理层是否由一个或几个人控制，董事会、审计委员会或类似机构对其是否实施有效监督。

③ 管理层在承担和监控经营风险方面是风险偏好者还是风险规避者。

④ 管理层在选择会计政策和做出会计估计时是倾向于激进还是保守。

⑤ 管理层对于信息管理人员及财会人员是否给予了适当关注。

⑥ 对于重大的内部控制和会计事项，管理层是否征询注册会计师的意见，或者经常在这些方面与注册会计师存在不同意见。

5. 组织结构及职权与责任的分配

注册会计师在对被审计单位组织结构和职权与责任的分配进行了解及评估时，考虑的主要因素可能包括以下几种。

① 在被单位内部是否有明确的职责划分，是否将业务授权、业务记录、资产保管和维

护，以及业务执行的责任尽可能地分离。

② 数据的所有权划分是否合理。

③ 是否已针对授权交易建立适当的政策和程序。

6. 人力资源政策与实务

政策与程序的有效性，通常取决于执行人。因此，被审计单位员工的能力与诚信是控制环境中不可缺少的因素。人力资源政策与实务涉及招聘、培训、考核、晋升和薪酬等方面。被审计单位是否有能力招聘并保留一定数量既有能力又有责任心的员工在很大程度上取决于其人事政策与实务。

注册会计师在对被审计单位人力资源政策与实务进行了解和评估时，考虑的主要因素可能包括以下几种。

① 被审计单位在招聘、培训、考核、晋升、薪酬、调动和辞退员工方面是否都有适当的政策和程序（特别是在会计、财务和信息系统方面）。

② 是否有书面的员工岗位职责手册，或者在没有书面文件的情况下，对于工作职责和期望是否做了适当的沟通和交流。

③ 人力资源政策与程序是否清晰，并且定期发布和更新。

④ 是否设定适当的程序，对分散在各地区和海外的经营人员建立与沟通人力资源政策及程序。

（二）风险评估过程

被审计单位的风险评估过程包括识别与财务报告相关的经营风险，以及针对这些风险所采取的措施。

很多风险并不为被审计单位所控制，但管理层应当确定可以承受的风险水平，识别这些风险并采取一定的应对措施。可能产生风险的事项和情形包括以下几种。

① 监管及经营环境的变化。监管和经营环境的变化会导致竞争压力的变化及重大的相关风险。

② 新员工的加入。新员工可能对内部控制有不同的认识和关注点。

③ 新信息系统的使用或对原系统进行升级。信息系统的重大变化会改变与内部控制相关的风险。

④ 业务快速发展。快速的业务扩张可能会使内部控制难以应对，从而增加内部控制失效的可能性。

⑤ 新技术。将新技术运用于生产过程和信息系统可能改变与内部控制相关的风险。

⑥ 新生产型号、产品和业务活动。进入新的业务领域和发生新的交易可能带来新的与内部控制相关的风险。

⑦ 企业重组。重组可能带来裁员及管理职责的重新划分，将影响与内部控制相关的风险。

⑧ 发展海外经营。海外扩张或收购会带来新的并且往往是特别的风险，进而可能影响内部控制，如外币交易的风险。

⑨ 新的会计准则。采用新的或变化了的会计准则可能会增大财务报告发生重大错报的风险。

（三）信息系统与沟通

1. 与财务报告相关的信息系统的含义

与财务报告相关的信息系统包括用以生成、记录、处理和报告交易、事项和情况，对相关资产、负债和所有者权益履行经营管理责任的程序和记录。

记录包括识别和收集与交易、事项有关的信息。

处理包括编辑、核对、计量、估价、汇总和调节活动，可能由人工或自动化程序来执行。

报告是指用电子或书面形式编制财务报告和其他信息，供被审计单位用于衡量和考核财务及其他方面的业绩。

2. 与财务报告相关的沟通的含义

与财务报告相关的沟通包括使员工了解各自在与财务报告有关的内部控制方面的角色和职责、员工之间的工作联系，以及向适当级别的管理层报告例外事项的方式。

3. 与财务报告相关的信息系统与沟通的了解

注册会计师应当从下列方面了解与财务报告相关的信息系统与沟通。

① 在被审计单位经营过程中，对财务报表具有重大影响的各类交易。

② 在信息技术和人工系统中，交易生成、记录、处理和报告的程序。

③ 与交易生成、记录、处理和报告有关的会计记录、支持性信息和财务报表中的特定项目。

④ 信息系统如何获取除各类交易之外的对财务报表具有重大影响的事项和情况的信息。

⑤ 被审计单位编制账务报告的过程，包括做出的重大会计估计和披露。

⑥ 管理层凌驾于账户记录控制之上的风险。

⑦ 管理层就员工的职责和控制责任是否进行了有效沟通。

⑧ 针对可疑的不恰当事项和行为是否建立了沟通渠道。

⑨ 组织内部沟通的充分性是否能够使人员有效地履行职责。

⑩ 对于与客户、供应商、监管者和其他外部人士的沟通，管理层是否及时采取适当的进一步行动。

⑪ 被审计单位是否受到某些监管机构发布的监管要求的约束。

⑫ 外部人士如客户和供应商在多大程度上获知被审计单位的行为守则。

（四）控制活动

控制活动是指有助于确保管理层的指令得以执行的政策和程序。

1. 控制活动的内容

（1）授权

授权包括一般授权和特别授权。授权的目的在于保证交易在管理层授权范围内进行。

一般授权是指管理层制定的要求组织内部遵守的普遍适用于某类交易或活动的政策。

特别授权是指管理层针对特定类别的交易或活动逐一设置的授权，如重大资本支出和股票发行等。

（2）业绩评价

注册会计师应当了解与业绩评价有关的控制活动，主要包括被审计单位分析评价实际业绩与预算（或预测、前期业绩）的差异，综合分析财务数据与经营数据的内在关系，将内部数据与外部数据信息来源相比较，评价职能部门、分支机构或项目活动的业绩，以及对发现的异常差异或关系采取必要的调查与纠正措施。

（3）信息处理

注册会计师应当了解与信息处理有关的控制活动，包括信息技术的一般控制和应用控制。

信息技术一般控制是指与多个应用系统有关的政策和程序，有助于保证信息系统持续恰当地运行，支持应用控制作用的有效发挥，通常包括数据中心和网络运行控制、系统软件的购置、修改及维护控制，接触或访问权限控制，应用系统的购置、开发及维护控制。

信息技术应用控制是指主要在业务流程层面运行的人工或自动化程序，与用于生成、记录、处理、报告交易或其他财务数据的程序相关，通常包括检查数据计算的准确性，审核账户和试算平衡表，设置对输出入数据和数字序号的自动检查，以及对例外报告进行人工干预。

（4）实物控制

注册会计师应当了解实物控制，主要包括了解对资产和记录采取适当的安全保护措施，对访问计算机程序和数据文件设置授权，以及定期盘点并将盘点记录与会计记录相核对。

（5）职责分离

注册会计师应当了解职责分离，主要包括了解被审计单位如何将交易授权、交易记录及资产保管等职责分配给不同员工，以防范同一员工在履行多项职责时可能发生的舞弊或错误。

2. 对控制活动的了解

在了解控制活动时，注册会计师应当重点考虑一项控制活动单独或连同其他控制活动，是否能够及如何防止或发现并纠正各类交易、账户余额、列报存在的重大错报。

在了解和评估一般控制活动时考虑的主要因素可能包括以下几种。

① 被审计单位的主要经营活动是否都有必要的控制政策和程序。

② 管理层在预算、利润和其他财务及经营业绩方面是否都有清晰的目标，在被审计单位内部，是否对这些目标加以清晰的记录和沟通，并且积极地对其进行监控。

③ 是否存在计划和报告系统，以识别与目标业绩的差异，并向适当层次的管理层报告该差异。

④ 是否由适当层次的管理层对差异进行调查，并及时采取适当的纠正措施。

⑤ 不同人员的职责应在何种程度上相分离，以降低舞弊和不当行为发生的风险。

⑥ 会计系统中的数据是否与实物资产定期核对。

⑦ 是否建立了适当的保护措施，以防止未经授权接触文件、记录和资产。

⑧ 是否存在信息安全职能部门负责监控信息安全政策和程序。

（五）对控制的监督

对控制的监督是指被审计单位评价内部控制在一段时间内运行有效的过程，该过程包括及时评价控制的设计和运行，以及根据情况的变化采取必要的纠正措施。

注册会计师在对被审计单位整体层面的监督进行了解和评估时，考虑的主要因素可能包括以下几种。

① 被审计单位是否定期评价内部控制。

② 被审计单位人员在履行正常职责时，能够在多大程度上获得内部控制是否有效运行的证据。

③ 与外部的沟通能够在多大程度上证实内部产生的信息或指出存在的问题。

④ 管理层是否采纳内部审计人员和注册会计师有关内部控制的建议。

⑤ 管理层是否及时纠正控制运行中的偏差。

⑥ 管理层根据监管机构的报告及建议是否及时采取纠正措施。

⑦ 是否存在协助管理层监督内部控制的职能部门。

五、了解内部控制的程序

注册会计师通常实施下列风险评估程序，以获取有关控制设计和执行的审计证据。

① 询问被审计单位的人员。

② 观察特定控制的运用。

③ 检查文件和报告。

④ 追踪交易在财务报告信息系统中的处理过程（穿行测试）。

询问本身并不足以评价控制的设计及确定其是否得到执行，注册会计师应当将询问与其他风险评估程序结合使用。

除非存在某些可以使控制得到一贯运行的自动化控制，注册会计师对控制的了解并不能够代替对控制运行有效性的测试。

任务三　评估重大错报风险并采取应对措施

任务引入

1995年2月26日，一条消息震惊了整个世界金融市场。具有230多年历史，在世界1 000家大银行中按核心资本排名第489位的英国巴林银行，因进行巨额金融期货投机交易，造成9.16亿英镑的巨额亏损，经过国家中央银行英格兰银行拯救失败之后，被迫宣布破产。后经英格兰银行的斡旋，3月5日，荷兰国际集团以1美元的象征价格，宣布完全收购巴林银行。

巴林银行创立于1762年，已有233年的历史。最初从事贸易活动，后涉足证券业，19世纪初成为英国政府证券的首席发行商。此后100多年来，该银行在证券、基金、投资、商业银行业务等方面取得了长足发展，成为伦敦金融中心位居前列的集团化证券商，连英国女皇的资产都委托其管理，素有“女皇的银行”美称。在《亚洲金融》杂志组织的由机构投资者评选亚洲最佳经纪活动中，巴林银行连续4年名列前茅；该集团1993年的资产59亿英镑，负债56亿英镑，资本金加储备4.5亿英镑，海内外职员雇员4 000人，盈利1.05亿英镑；1994年税前利润高达1.5亿英镑。该行管理着300亿英镑的基金资产、15亿英镑的非银行存款和10亿英镑的银行存款。

就是这样一个历史悠久、声名显赫的银行，竟因一个 28 岁的青年进行期货投机失败所累而陷入绝境。28 岁的尼克·里森 1992 年被巴林银行总部任命为新加坡巴林期货（新加坡）有限公司的总经理兼首席交易员，负责该行在新加坡的期货交易并实际从事期货交易。

1992 年巴林银行有一个账号为 99905 的“错误账号”，专门处理交易过程中因疏忽而造成的差错，如将买入误为卖出等。新加坡巴林期货有限公司的差错记录均进入这一账号，并发往伦敦总部。1992 年夏天，伦敦总部的清算负责人乔丹·鲍塞要求里森另行开设一个“错误账户”，以记录小额差错，并自行处理，以省却伦敦的麻烦。由于受新加坡华人文化的影响，此“错误账户”以代码 88888 为名设立。

数周之后，巴林总部换了一套新的计算机系统，决定新加坡巴林期货有限公司的所有差错记录仍经由 99905 账户向伦敦报告，88888 差错账户因此搁置不用，却成为一个真正的错误账户留存在计算机之中。这个被人疏忽的账户后来就成为里森造假的工具。如果当时能取消这一账户，则巴林银行的历史就可能改写了。

1992 年 7 月 17 日，里森手下一名刚加盟巴林银行的王（Wang）姓交易员在交易中出现了一笔差错：将客户的 20 份日经指数期货合约买入委托误为卖出。里森在当晚清算时发现了这笔差错。要矫正这笔差错就需买回 40 份合约，按当日收盘价计算，损失为 2 万英镑，并应报告巴林银行总部。但在种种考虑之下，里森决定利用错误账户 88888 承接 40 份卖出合约，以使账面平衡。由此，一笔代理业务衍生出了一笔自营业务，并形成了空头敞口头寸。数天以后，日经指数上升了 200 点，这笔空头头寸的损失也由 2 万英镑增加到 6 万英镑。里森当时的年薪还不足 5 万英镑，且先前已有瞒上不报的违规之举，因而他更不敢向总部上报了。此后，里森便一发而不可收，频频利用 88888 账户吸收下属的交易差错。仅其后不到半年的时间里，该账户就吸收了 30 次差错。为了应付每月月底巴林银行总部的账户审查，里森就将自己的佣金收入转入账户，以弥补亏损。由于这些亏损的数额不大，结果倒也相安无事。

1993 年 1 月，里森手下有一名交易员出现了两笔大额差错：一笔是客户的 420 份合约没有卖出，另一笔是 100 份合约的卖出指令误为买入。里森再次做出了错误的决定，用 88888 账户保留了敞口头寸。由于这些敞口头寸的数额越积越多，随着行情出现不利的波动，亏损数额也日趋增长至 600 万英镑，以致无法用个人收入予以填平。在这种情况下，里森被迫尝试以自营收入来弥补亏损。幸运的是，到 1993 年 7 月，88888 账户居然由于自营获利而转亏为盈。如果里森就此打住，巴林银行的倒闭厄运也许又一次得以幸免。然而这一次的成功却从反面为他继续利用 88888 账户吸收差错增添了信心。

1993 年 7 月，里森接到了一笔买入 6 000 份期权的委托业务，但由于价格过低而无法成交。为了做成这笔业务，里森又按惯例用 88888 账户卖出部分期权。后来，他又用该账户继续吸收其他差错。结果，随着行情不利变化，里森再一次陷入了巨额亏损的境地。到 1994 年时，亏损额已由 2 000 万、3 000 万一直增加到 7 月份的 5 000 万英镑。为了应付查账的需要，里森假造了花旗银行有 5 000 万英镑的存款。其间，巴林银行总部虽曾派人花了 1 个月的时间调查里森的账目，但却无人去核实花旗银行是否真有这样一笔存款。

1994 年下半年起，里森在日本东京市场上做了一种十分复杂、期望值很高、风险也极大的衍生金融商品交易——日本日经指数期货。他认为日本经济走出衰退，日元坚挺，日本股市必大有可为。日经指数将会在 19 000 点以上浮动，如果跌破此位，一般来说日本政府会出面干预，故想赌一赌日本股市劲升，便逐渐买入日经 225 指数期货建仓。1995 年 1 月 26 日里森竟用了 270 亿美元进行日经指数期货投机。不料，日经指数从 1 月初起一路下滑，到 1995 年 1 月 18 日日本又发生了神户大地震，股市因此暴跌。里森所持的多头头寸遭受重创。为了反败为胜，他继续从伦敦调入巨资，增加持仓，即大量买进日经股价指数期货，沽空前日本政府债券。截至 1995 年 2 月 10 日，里森已在新加坡国际金融交易所持有 55 000 份日经股价指数期货合约，创出该所的历史记录。

所有这些交易均进入 88888 账户。为维持数额如此巨大的交易，每天需要 3 000 万～4 000 万英镑。巴林银行总部竟然接受里森的各种理由，照付不误。2 月中旬，巴林总部转至新加坡 5 亿多英镑，已超过了其 47 000 万英镑的股本金。

1995 年 2 月 23 日，日经股价指数急剧下挫 276.6 点，收报 17 885 点，里森持有的多头合约已达 6 万余份，面对日本政府债券价格的一路上扬，持有的空头合约也多达 26 000 份。由此造成的损失则激增至令人咋舌的 86 000 万英镑，并决定了巴林银行的最终垮台。当天，里森已意识到无法弥补亏损，于是被迫仓皇出逃。26 日晚 9 点 30 分，英国中央银行英格兰银行在没拿出其他拯救方案的情况下只好宣布对巴林银行进行倒闭清算，寻找买主，承担债务。同时，伦敦清算所表示，经与有关方面协商，将巴林银行作为无力偿还欠款处理，并根据有关法律赋予的权力，将巴林银行自营未平仓合约平仓，将其代理客户的未平仓合约转移至其他会员处置。27 日（周一），东京股市日经平均指数再急挫 664 点，又令巴林银行损失增加了 2.8 亿美元，便全部损失达 6 亿英镑，约 9 亿美元。里森持的未平仓合约总值达 270 亿美元，包括购入 70 亿美元日经指数期货，沽出 200 亿美元日本政府债券与欧洲日元。

在英国央行及有关方面协助下，3 月 2 日（周四），在日经指数期货反弹 300 多点情况下，巴林银行所有（不只是新加坡的）未平仓期货合约（包括日经指数及日本国债期货等）分别在新加坡国际金融期货交易所、东京及大阪交易所几近全部平掉。至此，巴林银行由于金融衍生工具投资失败引致的亏损高达 9.16 亿英镑，约合 14 亿多美元。3 月 6 日，荷兰国际集团与巴林银行达成协议，愿出资 7.65 亿英镑（约 12.6 亿美元）现金，接管其全部资产与负债，使其恢复运作，将其更名为“巴林银行有限公司”，3 月 9 日，此方案获得英格兰银行及法院批准，荷兰国际集团收购巴林银行的法律程序完成，巴林全部银行业务及部分证券、基金业务恢复运作。至此，巴林银行倒闭风波暂告一段落，令英国人骄傲两个世纪的银行已易新主，可谓百年基业毁于一旦。

任务分析

如果巴林银行的高管们能事先意识到新加坡巴林期货（新加坡）有限公司存在重大风险并采取应对措施，就可以避免这种悲剧的发生。那么，要想知道被审计单位是否存在重大错报风险，首先要知道被审计单位发生什么样的情况才可能会构成重大错报风险。确认了被审计单位可能存在重大错报风险后，注册会计师要采取相应的措施以减少注册会计师的审计风险。

知识链接

评估重大错报风险是风险评估阶段的最后一个步骤。获取的关于风险因素和抵消控制风险的信息（通过实施风险评估程序），将全部用于对财务报表层次及各类交易、账户余额和披露认定层次评估重大错报风险。评估将作为确定进一步审计程序的性质、范围和时间的基础，以应对识别的风险。

一、评估财务报表层次和认定层次的重大错报风险

注册会计师应当识别和评估财务报表层次及各类交易、账户余额、列报认定层次的重大错报风险。

（一）评估重大错报风险时考虑的因素

表4-1列示了风险评估时考虑的部分风险因素。

表4-1　风险评估时考虑的部分风险因素

1）已识别的风险	
财务报表层次	（1）源于薄弱的被审计单位层次内部控制或信息技术一般控制
	（2）特别风险
	（3）与管理层凌驾和舞弊相关的风险因素
	（4）管理层愿意接受的风险，如小企业因缺乏职责分类导致的风险
认定层次	（1）与完整性、准确性、存在或计价相关的特别风险
	① 收入、费用和其他交易
	② 账户余额
	③ 财务报表披露
	（2）可能产生多重错报的风险
相关内部控制程序	（1）特别风险
	（2）用于预防、发现或减轻已识别风险的恰当设计并执行的内部控制程序
	（3）仅通过执行控制测试应对的风险
2）错报（金额影响）可能发生的规模	
财务报表层次	什么事项可能导致财务报表重大错报，考虑管理层凌驾、舞弊、未预期事件和以往经验
认定层次	需要考虑以下内容
	（1）交易、账户余额或披露的固有性质
	（2）日常和例外事件
	（3）以往经验
3）事件（风险）发生的可能性	
财务报表层次	需要考虑以下内容
	（1）来自高层的基调
	（2）管理层风险管理的方法
	（3）采用的政策和程序
	（4）以往经验
认定层次	需要考虑以下内容
	（1）相关的内部控制活动
	（2）以往经验
相关内部控制程序	识别对于降低事件发生可能性非常关键的管理层风险应对要素

（二）识别和评估重大错报风险的审计程序

在识别和评估重大错报风险时，注册会计师应当实施下列审计程序。

1）在了解被审计单位及其环境（包括与风险相关的控制）的整个过程中，结合对财务报表中各类交易、账户余额和披露的考虑，识别风险。

2）评估识别出的风险，并评价其是否更广泛地与财务报表整体相关，进而潜在地影响多项认定。

3）结合对拟测试的相关控制的考虑，将识别出的风险与认定层次可能发生错报的领域相联系。

4）考虑发生错报的可能性（包括发生多项错报的可能性），以及潜在错报的重大程度是否足以导致重大错报。

注册会计师应当利用实施风险评估程序获取的信息，包括在评价控制设计和确定其是否得到执行时获取的审计证据，作为支持风险评估结果的审计证据。注册会计师应当根据风险评估结果，确定实施进一步审计程序的性质、时间安排和范围。

（三）识别两个层次的重大错报风险

在对重大错报风险进行识别和评估后，注册会计师应当确定，识别的重大错报风险是与特定的某类交易、账户余额和披露的认定相关，还是与财务报表整体广泛相关，进而影响多项认定。

某些重大错报风险可能与特定的某类交易、账户余额和披露的认定相关。例如，被审计单位存在复杂的联营或合资，这一事项表明长期股权投资账户的认定可能存在重大错报风险。又如，被审计单位存在重大的关联方交易，该事项表明关联方及关联方交易的披露认定可能存在重大错报风险。

某些重大错报风险可能与财务报表整体广泛相关，进而影响多项认定。例如，在经济不稳定的国家和地区开展业务、资产的流动性出现问题、重要客户流失、融资能力受到限制等，可能导致注册会计师对被审计单位的持续经营能力产生重大疑虑。又如，管理层缺乏诚信或承受异常的压力可能引发舞弊风险，这些风险与财务报表整体相关。

（四）控制环境对评估财务报表层次重大错报风险的影响

财务报表层次的重大错报风险可能源于薄弱的控制环境。薄弱的控制环境带来的风险可能对财务报表产生广泛影响，难以限于某类交易、账户余额和披露，注册会计师应当采取总体应对措施。

例如，被审计单位治理层、管理层对内部控制的重要性缺乏认识，没有建立必要的制度和程序，或者管理层经营理念偏于激进，又缺乏实现激进目标的人力资源等。这些缺陷源于薄弱的控制环境，可能对财务报表产生广泛影响，需要注册会计师采取总体应对措施。

（五）控制对评估认定层次重大错报风险的影响

在评估重大错报风险时，注册会计师应当将所了解的控制与特定认定相联系。

这是由于控制有助于防止或发现并纠正认定层次的重大错报。在评估重大错报发生的可能性时，除了考虑可能的风险外，还要考虑控制对风险的抵消和遏制作用。有效的控制会减少错报发生的可能性，而控制不当或缺乏控制，错报就会有可能变成现实。

控制可能与某一认定直接相关，也可能与某一认定间接相关。关系越间接，控制在防止或发现并纠正认定中错报的作用越小。例如，销售经理对分地区的销售网点的销售情况进行复核，与销售收入完整性的认定只是间接相关。相应地，该项控制在降低销售收入完整性认定中的错报风险方面的效果，要比与该认定直接相关的控制（如将发货单与开具的销售发票相核对）的效果差。

注册会计师可能识别出有助于防止或发现并纠正特定认定发生重大错报的控制。在确定这些控制是否能够实现上述目标时，注册会计师应当将控制活动和其他要素综合考虑。例如，将销售和收款的控制置于其所在的流程和系统中考虑，以确定其能否实现控制目标。因为单个控制活动（如将发货单与销售发票核对）本身并不足以控制重大错报风险，只有多种控制活动和内部控制的其他要素综合作用才足以控制重大错报风险。

当然，也有某些控制活动可能专门针对某类交易或账户余额的个别认定。例如，被审计单位建立的、以确保盘点工作人员能够正确地盘点和记录存货的控制活动，直接与存货账户余额的存在性和完整性认定相关。注册会计师只需要对盘点过程和程序进行了解，以确定控制是否能够实现目标。

注册会计师应当考虑对识别的各类交易、账户余额和披露认定层次的重大错报风险予以汇总和评估，以确定进一步审计程序的性质、时间安排和范围。

（六）考虑财务报表的可审计性

注册会计师在了解被审计单位内部控制后，可能对被审计单位财务报表的可审计性产生怀疑。例如，对被审计单位会计记录的可靠性和状况的担心可能会使注册会计师认为可能很难获取充分、适当的审计证据，以支持对财务报表发表意见。又如，管理层严重缺乏诚信，注册会计师认为管理层在财务报表中做出虚假陈述的风险高到无法进行审计的程度。因此，如果通过对内部控制的了解发现这些情况，并对财务报表局部或整体的可审计性产生疑问，注册会计师应当考虑出具保留意见或无法表示意见的审计报告：①被审计单位会计记录的状况和可靠性存在重大问题，不能获取充分、适当的审计证据以发表无保留意见；②对管理层的诚信存在严重疑虑。必要时，注册会计师应当考虑解除业务约定。

二、需要特别考虑的重大错报风险

（一）特别风险的含义

特别风险是指注册会计师识别和评估的、根据判断认为需要特别考虑的重大错报风险。

（二）确定特别风险时应考虑的事项

在确定哪些风险是特别风险时，注册会计师应当在考虑识别出的控制对相关风险的抵消效果前，根据风险的性质、潜在错报的重要程度（包括该风险是否可能导致多项错报）和发生的可能性，判断风险是否属于特别风险。

在判断哪些风险是特别风险时，注册会计师应当至少考虑下列方面。

① 风险是否属于舞弊风险。

② 风险是否与近期经济环境、会计处理方法或其他方面的重大变化相关，因而需要特别关注。

③ 交易的复杂程度。

④ 风险是否涉及重大的关联方交易。

⑤ 财务信息计量的主观程度，特别是计量结果是否具有高度不确定性。

⑥ 风险是否涉及异常或超出正常经营过程的重大交易。

三、财务报表层次重大错报风险与总体应对措施

在财务报表重大错报风险的评估过程中，注册会计师应当确定、识别的重大错报风险是与特定的某类交易、账户余额和披露的认定相关，还是与财务报表整体广泛相关，进而影响多项认定。如果是后者，则属于财务报表层次的重大错报风险。

注册会计师应当针对评估的财务报表层次重大错报风险确定下列总体应对措施。

① 向项目组强调保持职业怀疑的必要性。

② 指派更有经验或具有特殊技能的审计人员，或者利用专家的工作。由于各行业在经营业务、经营风险、财务报告、法规要求等方面具有特殊性，审计人员的专业分工细化成为一种趋势。审计项目组成员中应有一定比例的人员曾经参与过被审计单位以前年度的审计，或者具有被审计单位所处特定行业的相关审计经验。必要时，要考虑利用信息技术、税务、评估、精算等方面的专家的工作。

③ 提供更多督导。对于财务报表层次重大错报风险较高的审计项目，审计项目组的高级别成员，如项目合伙人、项目经理等经验较丰富的人员，要对其他成员提供更详细、更经常、更及时的指导和监督并加强项目质量复核。

④ 在选择拟实施的进一步审计程序时融入更多的不可预见的因素。被审计单位人员，尤其是管理层，如果熟悉注册会计师的审计套路，就可能采取种种规避手段，掩盖财务报告中的舞弊行为。因此，在设计拟实施审计程序的性质、时间安排和范围时，为了避免既定思维对审计方案的限制，避免对审计效果的人为干涉，从而使得针对重大错报风险的进一步审计程序更加有效，注册会计师要考虑使某些程序不被被审计单位管理层预见或事先了解。

在实务中，注册会计师可以通过以下方式提高审计程序的不可预见性。

- 对某些未测试过的低于设定的重要性水平或风险较小的账户余额和认定实施实质性程序。
- 调整实施审计程序的时间，使被审计单位不可预期。
- 采取不同的审计抽样方法，使当期抽取的测试样本与以前有所不同。
- 选取不同的地点实施审计程序，或者预先不告知被审计单位选定的测试地点。

⑤ 对拟实施审计程序的性质、时间安排或范围做出总体修改。财务报表层次的重大错报风险很可能源于薄弱的控制环境。薄弱的控制环境带来的风险可能对财务报表产生广泛影响，难以限于某类交易、账户余额和披露，注册会计师应当采取总体应对措施。相应地，注册会计师对控制环境的了解也影响其对财务报表层次重大错报风险的评估。有效的控制环境可以使注册会计师增强对内部控制和被审计单位内部产生的证据的信赖程度。

如果控制环境存在缺陷，注册会计师在对拟实施审计程序的性质、时间安排和范围做出总体修改时应当考虑以下内容。

- 在期末而非期中实施更多的审计程序。控制环境的缺陷通常会削弱期中获得的审计证据的可信赖程度。
- 通过实施实质性程序获取更广泛的审计证据。良好的控制环境是其他控制要素发挥作用的基础。控制环境存在缺陷通常会削弱其他控制要素的作用，导致注册会计师可能无法信赖内部控制，而主要依赖实施实质性程序获取审计证据。
- 增加拟纳入审计范围的经营地点的数量。

四、增加审计程序不可预见性的方法

（一）增加审计程序不可预见性的思路

注册会计师可以通过增加审计程序提高审计程序的不可预见性，一般可以通过以下方式进行。

① 对某些以前未测试的低于设定的重要性水平或风险较小的账户余额和认定实施实质性程序。注册会计师可以关注以前未曾关注过的审计领域，尽管这些领域可能重要程度比较低。如果这些领域有可能被用于掩盖舞弊行为，注册会计师就要针对这些领域实施一些具有不可预见的测试。

② 调整实施审计程序的时间，使其超出审计单位的预期。如果注册会计师以前年度的大多数审计工作都围绕着12月或在年底前后进行，那么被审计单位就会了解注册会计师这一审计习惯，由此可能会把一些不适当的会计调整放在年度的9月、10月或11月等，以避免引起注册会计师的注意。因此，注册会计师可以考虑调整实施审计程序时测试项目的时间，从测试12月的项目调整到测试9月、10月或11月的项目。

③ 采取不同的审计抽样方法，使当年抽取的测试样本与以前有所不同。

④ 选取不同的地点实施审计程序，或者预先不告知被审计单位选定的测试地点。

例如，在存货监盘程序中，注册会计师可以到未事先通知被审计单位的盘点现场进行监盘，使被审计单位没有机会事先清理现场，隐藏一些不想让注册会计师知道的情况。

（二）增加审计程序不可预见性的实施要点

① 注册会计师需要与被审计单位的高层管理人员事先沟通，要求实施具有不可预见性的审计程序，但不能告知其具体内容。注册会计师可以在签订审计业务约定书时明确提出这一要求。

② 虽然对于不可预见性程度没有量化的规定，但审计项目组可根据对舞弊风险的评估等确定具有不可预见性的审计程序。审计项目组可以汇总那些具有不可预见性的审计程序，并记录在审计工作底稿中。

③ 项目合伙人需要安排项目组成员有效地实施具有不可预见性的审计程序，但同时要避免使项目组成员处于困难境地。

（三）增加审计程序不可预见性的示例

表 4-2 举例说明了一些具有不可预见性的审计程序。

表 4-2　审计程序的不可预见性示例

审计领域	一些可能适用的具有不可预见性的审计程序
存货	向以前审计过程中接触不多的被审计单位员工询问，如采购、销售、生产人员等
	在不事先通知被审计单位的情况下，选择一些以前未曾到过的盘点地点进行存货监盘
销售和应收账款	向以前审计过程中接触不多或未曾接触过的被审计单位员工询问，如负责处理大客户账户的销售部人员
	改变实施实质性分析程序的对象，如对收入按细类进行分析
	针对实施销售和销售退回延长截止测试期间
	实施以前未曾考虑过的审计程序，如以下几种审计程序。
	（1）函证确认销售条款或选定销售额不重要、以前未曾关注的销售交易，如对出口销售实施实质性程序
	（2）实施更细致的分析程序，如使用计算机辅助审计技术复核销售及客户账户
	（3）测试以前未曾函证过的账户余额，如金额为负或零的账户、余额低于以前设定的重要性水平的账户
	（4）改变函证日期，即把所函证账户的截止日期提前或推迟
	（5）对关联公司销售和相关账户余额，除了进行函证外，再实施其他审计程序进行验证
采购和应付账款	如果以前未曾对应付账款余额普遍进行函证，可考虑直接向供应商函证确认余额。如果经常采用函证方式，可考虑改变函证的范围或时间
	对以前由于低于设定的重要性水平而未曾测试过的采购项目，进行细节测试
	使用计算机辅助审计技术审阅采购和付款账户，以发现一些特殊项目，如是否有不同的供应商使用相同的银行账户
现金和银行存款	多选几个月的银行存款余额调节表进行测试
	对有大量银行账户的，考虑改变抽样方法
固定资产	对以前由于低于设定的重要性水平而未曾测试过的固定资产进行测试，可以考虑实地盘点一些价值较低的固定资产，如汽车和其他设备等

五、针对认定层次重大错报风险的进一步审计程序

（一）进一步审计程序的含义

进一步审计程序相对于风险评估程序而言，是指注册会计师针对评估的各类交易、账户余额和披露认定层次重大错报风险实施的审计程序，包括控制测试和实质性程序。

注册会计师应当针对评估的认定层次重大错报风险设计和实施进一步审计程序，包括审计程序的性质、时间安排和范围。注册会计师设计和实施的进一步审计程序的性质、时间安排和范围，应当与评估的认定层次重大错报风险具备明确的对应关系。注册会计师实施的审计程序应具有目的性和针对性，有的放矢地配置审计资源，有利于提高审计效率和效果。

需要说明的是，尽管在应对评估的认定层次重大错报风险时，拟实施的进一步审计程序的性质、时间安排和范围都应当确保其具有针对性，但其中进一步审计程序的性质是最重要的。例如，注册会计师评估的重大错报风险越高，实施进一步审计程序的范围通常越大；但是只有首先确保进一步审计程序的性质与特定风险相关时，扩大审计程序的范围才是有效的。

（二）设计进一步审计程序时的考虑因素

在设计进一步审计程序时，注册会计师应当考虑下列因素。

1. 风险的重要性

风险的重要性是指风险的后果的严重程度。风险的后果越严重，就越需要注册会计师关注和重视，越需要精心设计有针对性的进一步审计程序。

2. 重大错报发生的可能性

重大错报发生的可能性越大，同样越需要注册会计师精心设计进一步审计程序。

3. 涉及的各类交易、账户余额和披露的特征

不同的交易、账户余额和披露，产生的认定层次的重大错报风险也会存在差异，适用的审计程序也有差别，需要注册会计师区别对待，并设计有针对性的进一步审计程序予以应对。

4. 被审计单位采用的特定控制的性质

不同性质的控制（尤其是人工控制还是自动化控制）对注册会计师设计进一步审计程序具有重要影响。

5. 注册会计师是否拟获取审计证据，以确定内部控制在防止或发现并纠正重大错报方面的有效性

如果注册会计师在风险评估时预期内部控制运行有效，随后拟实施的进一步审计程序就必须包括控制测试，且实质性程序自然会受到之前控制测试结果的影响。

综合上述几方面因素，注册会计师对认定层次重大错报风险的评估为确定进一步审计程序的总体审计方案奠定了基础。因此，注册会计师应当根据对认定层次重大错报风险的评估结果，恰当选用实质性方案或综合性方案。通常情况下，注册会计师出于成本效益的考虑可以采用综合性方案设计进一步审计程序，即将测试控制运行的有效性与实质性程序结合使用。但在某些情况下（如仅通过实质性程序无法应对重大错报风险），注册会计师必须通过实施控制测试，才可能有效应对评估出的某一认定的重大错报风险；而在另一些情况下（如注册会计师的风险评估程序未能识别出与认定相关的任何控制，或者注册会计师认为控制测试很可能不符合成本效益原则），注册会计师可能认为仅实施实质性程序就是适当的。

小型被审计单位可能不存在能够被注册会计师识别的控制活动，注册会计师实施的进一步审计程序可能主要是实质性程序。但是，注册会计师始终应当考虑在缺乏控制的情况下，仅通过实施实质性程序是否能够获取充分、适当的审计证据。

还需要特别说明的是，注册会计师对重大错报风险的评估毕竟是一种主观判断，可能无法充分识别所有的重大错报风险，同时内部控制存在固有局限性（特别是存在管理层凌

驾于内部控制之上的可能性），因此，无论选择何种方案，注册会计师都应当对所有重大的各类交易、账户余额和披露设计实施实质性程序。

（三）进一步审计程序的性质、时间和范围

1. 进一步审计程序的性质

进一步审计程序的性质是指进一步审计程序的目的和类型。

进一步审计程序的目的包括通过实施控制测试以确定内部控制运行的有效性，通过实施实质性程序以发现认定层次的重大错报。

进一步审计程序的类型包括检查、观察、询问、函证、重新计算、重新执行和分析程序。

2. 进一步审计程序的时间

进一步审计程序的时间是指注册会计师何时实施进一步审计程序，或者审计证据适用的期间或时点。因此，当提及进一步审计程序的时间时，在某些情况下指的是审计程序的实施时间，在另一些情况下是指需要获取的审计证据适用的期间或时点。

注册会计师可以在期中或期末实施控制测试，或者实质性程序。

3. 进一步审计程序的范围

进一步审计程序的范围是指实施进一步审计程序的数量，包括抽取的样本量、对某项控制活动的观察次数等。

参考资料

《中国注册会计师审计准则第 1151 号——与治理层的沟通》

《中国注册会计师审计准则第 1211 号——了解被审计单位及其环境并评估重大错报风险》

思考与讨论

1. 注册会计师应实施哪些程序以了解被审计单位及其环境？
2. 注册会计师应从哪些方面了解被审计单位及其环境？
3. 什么是企业的内部控制？
4. 内部控制的目标是什么？
5. 内部控制有哪些固有限制？
6. 内部控制包括哪些要素？
7. 注册会计师应实施哪些程序了解内部控制？
8. 评估重大错报风险时应考虑哪些因素？
9. 注册会计师应实施哪些审计程序识别评估重大错报风险？
10. 什么是特别风险？
11. 确定特别风险时应考虑哪些事项？
12. 针对财务报表层次重大错报风险应采取哪些应对措施？
13. 针对认定层次重大错报风险应采取哪些应对措施？

案例分析

1. 华宇公司有以下一些工作。

（1）批准物资采购的工作。

（2）执行物资采购的工作。

（3）对采购的物资进行验收的工作。

（4）物资保管和发放的工作。

（5）物资管账的记录工作。

（6）物资明细账的记录工作。

（7）物资总分类账的记录工作。

（8）物资的定期清查工作。

（9）物资的账实核对工作。

（10）物资明细账和总账的核对工作。

要求：分析该厂上述工作中，哪些是不相容职务，并说明理由。

2. 东方贸易公司请你就员工职责分工问题提供咨询服务。

该公司有3位员工必须分担下列工作。

（1）记录并保管总账。

（2）记录并保管应付款明细账。

（3）记录并保管应收账款明细账。

（4）记录货币资金日记账。

（5）保管、填写支票。

（6）发出销货退回及折让的贷项通知单。

（7）调节银行存款日记账与银行存款对账单。

（8）保管并送存现金收入。

上述工作中，除（6）、（7）两项工作量较小外，其余各项工作量大体相当。

要求：假如这3位员工都具备相当的能力，而且只需要他们做上述所列的工作。请根据上述资料，说明应如何将这8项工作分配给3位员工，才能达到内部控制制度的要求。

3. 审计人员通过对华宇物流公司的审计，掌握了该公司出纳员王玉贪污公款的情况。

（1）华宇物流公司出纳员王玉从公司收发室截取了顾客李鸿升寄给公司的分期付款的5 000元支票，存入了由他负责的公司零用金银行存款户中。然后，在该存款户中以支付劳务费为由，开具了一张以自己为收款人的5 000元的支票，签名后从银行兑取了现金。

（2）要与客户对账中，王玉将应收账（李鸿升）账户余额扣减 5 000 元后作为对账金额发给李鸿升对账单，表示5 000元款项已经收到。

（3）10天后，王玉编制了一张会计凭证，将应收账款（李鸿升）账户调整到正确余额，但银行存款账户余额却比实际多列了5 000元。

（4）月底，在编制银行存款余额调节表时，王玉在调节表上虚列了两笔未达账项，将银行存款余额调节表调平。

要求：根据上述情况，分析该公司内部控制制度中存在哪些缺陷。

4. 张山在东方公司从事会计工作 10 年有余，她对工作的忘我精神和高度的责任感，深得公司其他员工和老板的赞誉。最近，公司赋予她更多的职权和责任。然而，当注册会计师查明张山在过去的 6 年中采用非法手段侵吞了 10 万元巨款时，公司员工和老板都感到吃惊和失望。张山的作案手法很简单，在向客户发出账单收款时，不登记销售日记账，待收到客户的付款时，不登记收款，而将款项侵吞。

要求：分析导致张山有机可乘的主要原因是什么？

5. 注册会计师张某负责审计甲公司 2016 年度财务报表。甲公司主要从事小型电子消费品的生产和销售。

注册会计师张某在审计工作底稿中记录了所了解的甲公司情况及其环境，部分内容摘录如下。

（1）2016 年初，甲公司董事会决定将每月薪酬发放日由当月最后 1 日推迟到次月 5 日，同时将员工薪酬水平平均上调 10%。甲公司 2016 年员工队伍基本稳定。

（2）2016 年下半年，受金融衍生品投资失败的影响，甲公司主要竞争对手之一的乙公司（非甲公司的关联公司）及其下属全资子公司——丙公司均陷入财务困境。为取得丙公司的机器设备，甲公司于 2016 年 8 月 31 日与乙公司签订协议，以 1 亿元购入其所持丙公司的全部股权。按照协议约定，丙公司于 2016 年 9 月 30 日遣散了全部员工，并向甲公司移交了全部资产和负债。甲公司于 2016 年 10 月将丙公司的全部机器设备和存货转移到甲公司下属生产基地，并对设备进行了重新组合安装，同时向丙公司派出新的管理团队和员工，丙公司转而负责甲公司部分产品的销售。

（3）2016 年 9 月 1 日，甲公司与丁公司签订协议，自当月起，由丁公司为甲公司于 2016 年第 4 季度投放市场的一款新产品——A 产品提供为期 12 个月的广告服务。甲公司于 2016 年 9 月 1 日向丁公司预付 6 个月基本广告服务费，每月 10 万元。另外，按照协议约定，甲公司于每月月末按当月 A 产品销售收入的 5%向丁公司另行支付追加广告服务费。

（4）自 2016 年 11 月起，甲公司将主要产品交货方式由在甲公司仓库交货，改为运至客户指定交货地点交客户签收，但客户需承担甲公司因此而发生运费的 80%。

（5）2016 年年末，有网民称甲公司 B 产品含有较高的有害化学成分，会对消费者健康造成不良影响。甲公司随即发表声明，表示 B 产品有害化学成分含量没有超出现行安全标准，并公布了国家有关部门的检测报告。但大部分网络调查显示，仍有超过半数的网民对 B 产品的安全性表示忧虑。

要求：上述事项是否可能表明存在重大错报风险？如果存在重大错报风险，注册会计师应采取何种措施应对风险？

6. 据《新民晚报》2004 年 11 月 20 日报道，现年 30 岁的孙某是上海市一家国有企业的劳资员，具体负责全厂人员的工资登记与发放。一次企业在各分厂财务计算机上安装了工资结算程序，但数据需要各劳资员按原工资条输入。有一名劳资员不会打字输入，就叫来了精通计算机的孙某。孙某表示要帮他升级计算机软件，毫无防备的劳资员索性就把源代码都告诉了他。掌握了源代码，孙某就对那位劳资员的计算机进行了攻击，并在计算机软件程序中加入编号，造成工资总额虚增，多出了虚增账号及相关金额。就这样，孙某利用计算机技术，欺上瞒下开始侵吞公款。只要是财务计算机出了问题，只要有人请孙某去修，他就痛下“黑手”。从分厂、特聘办到厂部的财务计算机上，孙某一路编写代码，指示被攻击过的计算机自动虚增职工工资，然后他又在工资结算程序执行分汇总时增加一段自己编写的代码。为了多拿“工资”，孙某以借用、收卡销毁等借口和重新开户的手续，拿到了 9 名已经与厂里脱离关系的老职工的工资卡。自 1998 年 2 月至 2003 年 12 月，被孙某控制的 9 张工资卡，累计被打入“工资款”达 140 多万元。

要求：请从企业内部控制的角度点评上述案例。

7. 甲公司是 ABC 会计师事务所的常年审计客户，主要从事医疗器械设备的生产和销售。A 类产品为大中型医疗器械设备，主要销往医院；B 类产品为小型医疗器械设备，主要通过经销商销往药店。X 注册会计师负责审计甲公司 2012 年度财务报表。X 注册会计师在审计工作底稿中记录了所了解的甲公司的情况及其环境，部分内容摘录如下。

（1）2016 年年初，甲公司在 5 个城市增设了销售服务处，使销售服务处数量增加到 11 个，销售服务人员数量比上年年末增加 50%。

（2）对于 A 类产品，甲公司负责将设备运送到医院并安装调试。医院验收合格后签署设备验收单，甲公司根据设备验收单确认销售收入。甲公司自 2016 年起向医院提供 1 个月的免费试用期，医院在试用期结束后签署设备验收单。

（3）由于市场上 B 类产品竞争激烈，甲公司在 2016 年年初将 B 类产品的价格平均下调 10%。

（4）甲公司从 2015 年起推出针对经销商的返利计划，根据经销商已付采购额的 3%～6%的比例，在年度终了后 12 个月内向经销商支付返利。甲公司未与经销商就返利计划签订书面协议，而由销售人员口头传达。

（5）2016 年 12 月，一名已离职员工向甲公司董事会举报，称销售总监有虚报销售费用的行为。甲公司已对此事展开调查，目前尚无结论。

（6）甲公司的生产设备使用的备件的购买和领用不频繁，但各类备件的种类繁多。为减轻年末存货盘点的工作量，甲公司管理层决定于 2016 年 11 月 30 日对备件进行盘点，其余存货在 2016 年 12 月 31 日进行盘点。

要求：假定不考虑其他条件，逐项指出所列事项是否可能表明存在重大错报风险。如果认为存在重大错报风险，简要说明理由，并说明该风险主要与哪些项目（仅限于营业收入、营业成本、销售费用、应收账款、坏账准备、存货和其他应付款）的哪些认定相关。

8. 华宇公司主要从事小型电子消费品的生产和销售，产品销售以华宇公司仓库为交货地点。华宇公司日常交易采用自动化信息系统和手工控制相结合的方式进行。系统自 2015 年至今没有发生变化。华宇公司的产品主要销往国内各主要城市的电子消费品经销商。注册会计师张某和王某负责审计华宇公司 2016 年度财务报表。注册会计师张某和王某在审计工作底稿中记录了获取的华宇公司财务数据，部分内容摘录如表 4-3 所示。

表 4-3　华宇公司部分财务数据　　万元

<table>
<tr><td rowspan="2">时间
项目</td><td colspan="2">2016 年</td><td colspan="2">2015 年</td></tr>
<tr><td>甲产品</td><td>乙产品</td><td>甲产品</td><td>乙产品</td></tr>
<tr><td>产成品</td><td>2 000</td><td>1 800</td><td>2 500</td><td>0</td></tr>
<tr><td>存货跌价准备</td><td colspan="2">0</td><td colspan="2">0</td></tr>
<tr><td>主营业务收入</td><td>18 500</td><td>8 000</td><td>20 000</td><td>0</td></tr>
<tr><td>主营业务成本</td><td>17 000</td><td>5 600</td><td>16 800</td><td>0</td></tr>
<tr><td>销售费用——运输费</td><td colspan="2">1 200</td><td colspan="2">1 150</td></tr>
<tr><td>利息支出</td><td colspan="2">300</td><td colspan="2">25</td></tr>
<tr><td>减：利息资本化</td><td colspan="2">250</td><td colspan="2">25</td></tr>
<tr><td>净利息支出</td><td colspan="2">50</td><td colspan="2">0</td></tr>
</table>

注册会计师张某和王某在审计工作底稿中记录了所了解的华宇公司及其环境的情况，部分内容摘要如下。

（1）在 2015 年实现销售收入增长 10%的基础上，华宇公司董事会确定的 2016 年销售收入增长目标为 20%。华宇公司管理层实行年薪制，总体薪酬水平根据上述目标的完成情况上下浮动。华宇公司所处行业 2016 年的平均销售增长率为 12%。

（2）华宇公司财务总监已为华宇公司工作超过 6 年，于 2016 年 9 月劳动合同到期后被华宇公司的竞争对手高薪聘请。由于工作压力大，华宇公司会计部门人员流动频繁，除会计主管服务期超过 4 年外，其余人员的平均服务期少于 2 年。

（3）华宇公司的产品面临快速更新换代的压力，市场竞争激烈。为巩固市场占有率，华宇公司于 2016 年 4 月将主要产品（丙产品）的售价下调了 8%～10%。另外，华宇公司在 2016 年 8 月推出了丁产品（乙产品的改良型号），市场表现良好，计划在 2017 年全面扩大产量，并在 2017 年 1 月停止丙产品的生产。为了加快资金流转，华宇公司于 2017 年 1 月针对丙产品开始实施新一轮的降价促销，平均降价幅度达到 10%。

（4）华宇公司销售的产品均由经客户认可的外部运输公司实施运输，运费由华宇公司承担，但运输途中的风险仍由客户自行承担。由于受能源价格上涨影响，2016 年的运输单价比上年平均上升了 15%，但运输商同意将结算周期从原来的 30 天延长至 60 天。

（5）2016 年度华宇公司主要原料的价格与上年基本持平，供应商也没有大的变化。但由于技术要求发生变化，丁产品所耗高档金属材料比例比丙产品略有上升，使得丁产品的原材料成本比丙产品上升了 3%。

（6）除了于 2015 年 12 月借入的 2 年期、年利率为 6%的银行借款 5 000 万元外，华宇公司没有其他借款。上述长期借款专门用于扩建现有的一条生产线，以满足丁产品的生产需要。该生产线总投资 6 500 万元，2015 年 12 月开工，2016 年 7 月完工投入使用。

要求：针对注册会计师所了解的华宇公司及其环境的情况，假设不考虑其他条件，请逐项指出所列事项是否可能表明存在重大错报风险。如果认为存在，请简要说明理由，并分别说明该风险是属于财务报表层次还是认定层次。如果认为属于认定层次，请指出相关事项与何种交易或账户的何种认定相关。

9. 甲公司主要从事小型电子消费品的生产和销售。A 注册会计师负责审计甲公司 2016

年度财务报表。

资料一：A 注册会计师在审计工作底稿中记录了所了解的甲公司情况及其环境，部分内容摘录如下。

（1）甲公司于 2016 年年初完成了部分主要产品的更新换代。由于利用现有主要产品（T 产品）生产线生产的换代产品（S 产品）的市场销售情况良好，甲公司自 2016 年 2 月起大幅减少了 T 产品的产量，并于 2016 年 3 月终止了 T 产品的生产和销售。S 产品和 T 产品的生产所需原材料基本相同，原材料平均价格相比上年上涨了约 2%。由于 S 产品的功能更加齐全且设计新颖，其平均售价比 T 产品高约 10%。

（2）为加快新产品研发进度以应对激烈的市场竞争，甲公司于 2016 年 6 月支付 500 万元购入一项非专利技术的永久使用权，并将其确认为使用寿命不确定的无形资产。最新行业分析报告显示，甲公司竞争对手乙公司已于 2016 年初推出类似新产品，市场销售良好。同时，乙公司宣布将于 2017 年 12 月推出更新一代的换代产品。

（3）经董事会批准，甲公司于 2016 年 12 月 1 日与丙公司股东达成协议，以 1 800 万元受让丙公司 20%股权，并付讫股权受让款。2017 年 1 月 25 日，甲公司向丙公司派出 1 名董事（丙公司共有 5 名董事）参与其生产经营决策。

（4）甲公司生产过程中产生的噪音和排放的气体对环境造成一定影响。尽管周围居民要求给予补偿，但甲公司考虑到现行法律并没有相关规定，以前并未对此做出回应。为改善与周围居民的关系，甲公司董事会于 2016 年 12 月 26 日决定对居民给予总额为 100 万元的一次性补偿，并制定了具体的补偿方案。2017 年 1 月 15 日，甲公司向居民公布了上述补偿决定和具体补偿方案。

资料二：A 注册会计师在审计工作底稿中记录了已实施的相关实质性程序，部分内容摘录如下。

（1）抽取一定数量的 2016 年度发运凭证，检查日期、品名、数量、单价、金额等是否与销售发票和记账凭证一致。

（2）计算期末存货的可变现净值，与存货账面价值比较，检查存货跌价准备的计提是否充分。

（3）对于外购无形资产，通过核对购买合同等资料，检查其入账价值是否正确。

（4）根据有关合同和文件，确认长期股权投资的股权比例和持有时间，检查股权投资的核算方法是否正确。

（5）根据具体的居民补偿方案，独立估算补偿金额，与公布的补偿金额进行比较。

要求：

（1）针对资料一中的（1）至（4）项，逐项指出资料一所述事项是否可能表明存在重大错报风险。如果认为存在，简要说明理由，并分别说明该风险主要与哪些财务报表项目（仅限于营业收入、营业成本、存货、长期股权投资、无形资产和预计负债）的哪些认定相关。

（2）针对资料二中的（1）至（5）项实质性程序，逐项指出上述实质性程序与根据资料一识别的重大错报风险是否直接相关。如果直接相关，指出对应的是哪一项（或者哪几项）识别的重大错报风险，并简要说明理由。

10. A 注册会计师负责审计甲公司 2016 年度财务报表。在审计过程中，A 注册会计师遇到下列事项。

（1）甲公司拥有3家子公司，分别生产不同的饮料产品。甲公司所处行业整体竞争激烈，市场处于饱和状态，同行业公司的主营业务收入年增长率低于5%，但甲公司董事会仍要求管理层将2016年度主营业务收入增长率确定为8%。管理层编制的甲公司2016年度财务报表显示，已按计划实现收入。

（2）甲公司管理层除领取固定工资外，其奖金金额与当年完成主营业务收入的情况挂钩。

（3）在以前年度审计中，A注册会计师没有发现甲公司收入确认方面存在舞弊行为，因此，在2016年度审计中，A注册会计师未将收入确认作为由于舞弊导致的重大错报风险领域。

（4）在对日常会计核算过程中做出的会计分录及编制财务报表过程中做出的其他调整进行测试时，A注册会计师向参与财务报告编制过程的人员询问了与处理会计分录和其他调整相关的不恰当或异常的活动。

要求：

（1）针对事项（1）和（2），分析甲公司是否存在舞弊风险因素，并简要说明理由。

（2）针对事项（3），分析A注册会计师未将收入确认作为由于舞弊导致的重大错报风险领域是否适当，并简要说明理由。

（3）针对事项（4），简要说明A注册会计师除实施询问程序前，还应当实施哪些程序。

学习情境五

制定审计计划

知识目标

1. 了解审计重要性的含义及制定。
2. 了解总体审计策略的内容及制定方法。
3. 了解具体审计计划的内容及制定方法。

能力目标

1. 能够根据具体的审计业务编制总体审计策略。
2. 能够根据具体的审计业务编制具体审计计划。

任务一　确定审计重要性

任务引入

2003 年 3 月 18 日，美国最大的医疗保健公司——南方保健会计造假丑闻败露。该公司在 1997 至 2002 年上半年期间，虚构了 24.69 亿美元的利润，虚假利润相当于此期间实际利润（1 000 万美元）的 247 倍。为其财务报表进行审计，并连续多年签发“干净”审计报告的安永会计师事务所（以下简称安永），也将自己置于风口浪尖上。

南方保健使用的最主要的造假手段是通过“契约调整”这一收入备抵账户进行利润操纵。“契约调整”是营业收入的一个备抵账户，用于估算南方保健向病人投保的医疗保险机构开出的账单和医疗保险机构预计将实际支付的账款之间的差额，营业收入总额减去“契约调整”的借方余额，在南方保健的收益表上反映为营业收入净额。这一账户的数字需要南方保健高管人员进行估计和判断，具有很大的不确定性。南方保健的高管人员恰恰利用这一特点，通过毫无根据地贷记“契约调整”账户虚增收入，蓄意调节利润。而为了不使虚增的收入露出破绽，南方保健又专门设立了“AP 汇总”这一科目以配合收入的调整。“AP

汇总”作为固定资产和无形资产的次级明细账户存在，用以记录“契约调整”对应的资产增加额。

早在安永为南方保健2001年度的财务报告签发无保留审计意见之前，就有许多迹象表明南方保健可能存在欺诈和舞弊行为。安永本应根据这些迹象，保持应有的职业审慎，对南方保健管理当局是否诚信，其提供的财务报表是否存在因舞弊而导致重大错报和漏报，予以充分关注。甚至在已接到雇员关于财务舞弊的举报的情况下，安永的注册会计师仍然没有采取必要措施，以致错失了发现南方保健大规模会计造假的机会。

据《华尔街日报》的报道，安永参与南方保健审计的多位注册会计师明显缺乏应有的职业审慎。

安永的主审合伙人密勒证实，在南方保健执行审计时，审计小组需要的资料只能向南方保健指定的两名现已认罪的财务主管埃默里·哈里斯和丽贝卡·K·摩根索要，审计小组几乎从不与其他会计人员进行交谈、询问或索要资料。对于南方保健这种不合理的限制，安永竟然屈从。具备一点审计常识的人都知道，被审计单位对注册会计师获取审计证据的限制是不能接受的，通过被审计单位指定渠道是难以获取充分、适当的审计证据的。

美国证券交易委员会和司法部的调查结果显示，南方保健虚增了3亿美元的现金。众所周知，现金是报表科目中最为敏感的一个项目，对现金的审查历来是财务报表审计的重点，一旦现金科目出现错报或漏报，财务报表便存在失实或舞弊的可能。注册会计师也可以此为突破口，追查虚构收入、虚减成本费用等舞弊行为。各国的审计准则普遍要求注册会计师采用函证等标准化程序，核实存放在金融机构的现金余额。

安永审计失败的警示是什么？

任务分析

警惕熟谙审计流程的舞弊分子对重要性水平的规避。

重要性是独立审计方法体系中的一个重要概念。在审计抽样过程中运用重要性原则，可帮助注册会计师选择恰当的样本，提高审计效率，合理地保障审计质量。但众多的舞弊案显示，常年接受审计的企业可能因为太了解注册会计师运用的重要性水平而别有用心地设计会计造假的应对和规避措施。

在南方保健舞弊案中，舞弊分子对重要性水平的规避很大程度上源于安永在执业过程中的疏忽大意。众所周知，“四大”会计师事务所都有一套令人羡慕的“完美”审计流程。一般而言，只要获取被审计单位当期和前期的报表数据，这套流程便能自动执行设定的分析性复核程序，确定重点审计领域，初步评估报表层次和各个账户的重要性水平并确定抽样样本量。南方保健的会计人员中不乏曾在安永执业的注册会计师。在他们的指导下，结合会计人员长年对注册会计师们的观察和与他们博弈的经验，别有用心的舞弊分子不难了解注册会计师在各个科目上所能容忍的最大误差，甚至可以知晓注册会计师们习惯的抽样起点金额。如果审计小组的成员比较固定，舞弊者做到这一点就更容易了。

事实上，对重要性的评估是注册会计师的一种专业判断，而且这一判断离不开特定的环境。注册会计师在对某一企业进行审计时，必须根据该企业面临的环境，考虑诸多影响因素（包括经营活动、业务性质的变化、内部控制与审计风险的评价结果等），才能合理确定各个账户的重要性水平，对审计抽样做出高效率的指导。如果仅仅依靠特定的比率（比率区间）计算重要性水平或因循长年使用的重要性水平，难免产生“死数字”，让舞弊者有机可乘。安永在执行南方保健2001年度财务报表审计时，无视其正面临“老年人医疗保险计划”欺诈诉讼的事实和糟糕的内部控制情况，不顾管理层曾发布极具欺诈嫌疑的盈利预警，甚至对举报者明确告知的可疑账户都不从严制定重要性水平，进行彻底审查，因此其审计失败在所难免！这也给注册会计师留下一个值得深思的问题：如何活学活用重要性水平，使其成为一条“流动的标准线”。

为规避重要性原则而设计的利润操纵一般来说每笔金额较小，但造假分录发生的频率较高，舞弊者试图通过“化整为零”使造假金额达到既定的目标。这就要求注册会计师提高职业审慎，如果在抽样过程中捕捉到一些“奇特”的分录，即便发生额不大，也应拓展审计程序，弄清其来龙去脉，以降低审计失败的风险。

知识链接

一、审计重要性的含义

审计重要性是审计学的一个重要概念。

国际会计准则委员会对重要性的定义是：“如果信息的错报或漏报会影响使用者根据财务报表采取的经济决策，信息就具有重要性。重要性提供的是一个开端或截止点，而不是在它有用时信息必须具备的基本质量特征。”

美国财务会计准则委员会对重要性的定义：“一项会计信息的错报或漏报是重要的，是指在特定环境下，一个理性的人依赖该信息所做的决策可能因为这一错报或者漏报得以变化或修正。”

中国注册会计师审计准则中规定：“如果合理预期某一错报（包括漏报）单独或连同其他错报可能影响财务报表使用者依据财务报表做出的经济决策，则该项错报通常被认为是重大的。”

① 如果合理预期错报（包括漏报）单独或汇总起来可能影响财务报表使用者依据财务报表做出的经济决策，则通常认为错报是重大的。

② 对重要性的判断是根据具体环境做出的，并受错报的金额或性质的影响，或者受两者共同作用的影响。

③ 判断某事项对财务报表使用者是否重大，是在考虑财务报表使用者整体共同的财务信息需求的基础上做出的。由于不同财务报表使用者对财务信息的需求可能差异很大，因此不考虑错报对个别财务报表使用者可能产生的影响。

在审计开始时，就必须对重大错报的规模和性质做出一个判断，包括确定财务报表整体的重要性和特定交易类别、账户余额和披露的重要性水平。当错报金额高于整体重要性水平时，就很可能被合理预期将对使用者根据财务报表做出的经济决策产生影响。

注册会计师使用整体重要性水平（将财务报表作为整体）的目的包括以下几种。

① 决定风险评估程序的性质、时间安排和范围。

② 识别和评估重大错报风险。

③ 确定进一步审计程序的性质、时间安排和范围。

在整个业务过程中，随着审计工作的进展，注册会计师应当根据获得的新信息更新重要性。在形成审计结论阶段，要使用整体重要性水平和为了特定交易类别、账户余额及披露而确定的较低金额的重要性水平来评价已识别的错报对财务报表的影响与对审计报告中审计意见的影响。

二、审计风险

注册会计师审计风险是指财务报表存在重大错报时注册会计师发表不恰当审计意见的可能性。

审计业务是一种保证程度高的鉴证业务，可接受的审计风险应当足够低，以使注册会计师能够合理保证所审计财务报表不含有重大错报。审计风险取决于重大错报风险和检查风险。

（一）重大错报风险

重大错报风险是指财务报表在审计前存在重大错报的可能性。重大错报风险与被审计单位的风险相关，且独立存在于财务报表的审计中。在设计审计程序以确定财务报表整体是否存在重大错报时，注册会计师应当从财务报表层次和各类交易、账户余额和披露认定层次方面考虑重大错报风险。

1. 两个层次的重大错报风险

财务报表层次重大错报风险与财务报表整体存在广泛联系，可能影响多项认定。此类风险通常与控制环境有关，但也可能与其他因素有关，如经济萧条。此类风险难以界定于某类交易、账户余额和披露的具体认定。相反，此类风险增大了任何数目的不同认定发生重大错报的可能性，对注册会计师考虑由舞弊引起的风险特别相关。

注册会计师应对财务报表层次重大错报风险的措施包括：考虑项目组承担重要责任的人员的学识、技术和能力，是否需要专家介入；考虑给予业务助理人员适当程度的监督指导；考虑是否存在导致注册会计师怀疑被审计单位持续经营假设合理性的事项或情况。

注册会计师同时考虑各类交易、账户余额和披露认定层次的重大错报风险，考虑的结果直接有助于注册会计师确定认定层次上实施的进一步审计程序的性质、时间安排和范围。注册会计师在各类交易、账户余额和披露认定层次获取审计证据，以便能够在审计工作完成时，以可接受的低审计风险水平对财务报表整体发表审计意见。

2. 固有风险和控制风险

认定层次的重大错报风险又可以进一步分为固有风险和控制风险。

固有风险是指在考虑相关的内部控制之前，某类交易、账户余额或披露的某一认定易发生错报（该错报单独或连同其他错报可能是重大的）的可能性。

某些类别的交易、账户余额和披露及认定固有风险较高。例如，复杂的计算比简单计算更可能出错；受重大计量不确定性影响的会计估计发生错报的可能性较大。产生经营风险的外部因素也可能影响固有风险。例如，技术进步可能导致某项产品陈旧，进而导致存货易于发生高估错报（计价认定）。被审计单位及其环境中的某些因素还可能与多个甚至所有类别的交易、账户和披露有关，进而影响多个认定的固有风险。这些因素包括维持经营的流动资金匮乏、被审计单位处于夕阳行业等。

控制风险是指某类交易、账户余额或披露的某一认定发生错报，该错报单独或连同其他错报是重大的，但没有被内部控制及时防止或发现并纠正的可能性。控制风险取决于与财务报表编制有关的内部控制的设计和运行的有效性。由于控制的固有局限性，某种程度的控制风险始终存在。

需要特别说明的是，由于固有风险和控制风险不可分割地交织在一起，有时无法单独进行评估，通常只将这两者合并称为“重大错报风险”。但这并不意味着注册会计师不可以单独对固有风险和控制风险进行评估。相反，注册会计师既可以对两者单独评估，也可以对两者进行合并评估。具体采用的评估方法取决于会计师事务所偏好的审计技术和方法及实务上的考虑。

（二）检查风险

检查风险是指如果存在某一错报，该错报单独或连同其他错报可能是重大的，注册会计师为将审计风险降至可接受的低水平而实施程序后没有发现这种错报的风险。检查风险取决于审计程序设计的合理性和执行的有效性。由于注册会计师通常并不对所有的交易、账户余额和披露进行检查及其他原因，检查风险不可能降低为零。其他原因包括注册会计师可能选择了不恰当的审计程序、审计过程执行不当，或者错误解读了审计结论。这些其他因素可以通过适当的计划、在项目组成员之间进行恰当的职责分配、保持职业怀疑态度及监督、指导和复核助理人员所执行的审计工作得以解决。

（三）检查风险与重大错报风险的反向关系

在既定的审计风险水平下，可接受的检查风险水平与认定层次重大错报风险的评估结果呈反向关系。评估的重大错报风险越高，可接受的检查风险越低；评估的重大错报风险越低，可接受的检查风险越高。这两种风险的关系如图 5-1 所示。检查风险与重大错报风险的反向关系用数学模型表示如下。

$$审计风险 = 重大错报风险 \times 检查风险$$

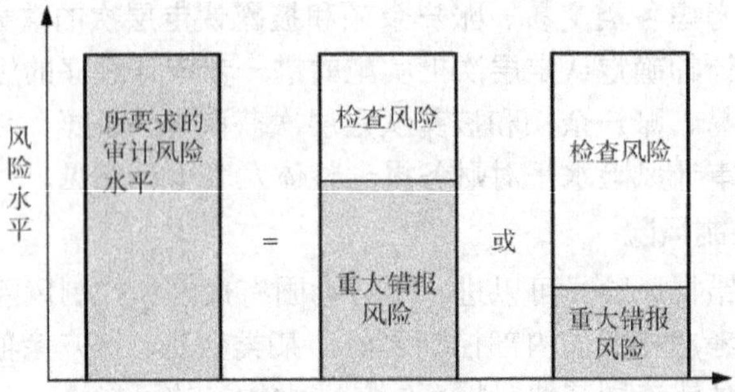

图 5-1　检查风险与重大错报风险的反向关系

这个模型就是审计风险模型。假设针对某一认定，注册会计师将可接受的审计风险水平设定为 5%，注册会计师实施风险评估程序后将重大错报风险评估为 25%，则根据这一模型，可接受的检查风险为 20%。当然，在实务中，注册会计师不一定用绝对数量表达这些风险水平，而是选用“高”“中”“低”等文字描述。

注册会计师应当合理设计审计程序的性质、时间安排和范围，并有效执行审计程序，以控制检查风险。上例中，注册会计师根据确定的可接受检查风险（20%），设计了审计程序的性质、时间安排和范围。审计计划在很大程度上围绕确定的审计程序的性质、时间安排和范围展开。

三、重要性水平的确定

注册会计师应当确定一个可接受的重要性水平，以发现在金额上重大的错报。注册会计师在确定计划的重要性水平时，需要考虑对被审计单位及其环境的了解、审计的目标、财务报表各项目的性质及其相互关系、财务报表项目的金额及其波动幅度。同时，还应当从性质和数量两个方面合理确定重要性水平。

（一）从性质方面考虑重要性

在某些情况下，金额相对较少的错报可能会对财务报表产生重大影响。例如，一项不重大的违法支付或没有遵循某项法律规定，但该支付或违法行为可能导致一项重大的或有负债、重大的资产损失或收入损失，就应认为上述事项是重大的。以下是可能构成重要性的因素。

① 对财务报表使用者需求的感知。他们对财务报表的哪一方面最感兴趣。

② 获利能力趋势。

③ 因没有遵守贷款契约、合同约定、法规条款和法定的或常规的报告要求而产生错报的影响。

④ 计算管理层报酬（资金等）的依据。

⑤ 由于错误或舞弊而使一些账户项目对损失的敏感性。

⑥ 重大或有负债。

⑦ 通过一个账户处理大量的、复杂的和相同性质的个别交易。

⑧ 关联方交易。

⑨ 可能的违法行为、违约和利益冲突。

⑩ 财务报表项目的重要性、性质、复杂性和组成。

⑪ 可能包含了高度主观性的估计、分配或不确定性。

⑫ 管理层的偏见。管理层是否有动机将收益最大化或最小化。

⑬ 管理层一直不愿意纠正已报告的与财务报告相关的内部控制的缺陷。

⑭ 与账户相关联的核算与报告的复杂性。

⑮ 自前一个会计期间以来账户特征发生的改变，如新的复杂性、主观性或交易的种类。

⑯ 个别极其重大但不同的错报抵消产生的影响。

（二）从数量方面考虑重要性

1. 财务报表整体的重要性

由于财务报表审计的目标是注册会计师通过执行审计工作对财务报表发表审计意见，因此注册会计师应当考虑财务报表层次的重要性。只有这样，才能得出财务报表是否公允反映的结论。注册会计师在制定总体审计策略时，应当确定财务报表整体的重要性。

确定多大错报会影响到财务报表使用者所做决策，是注册会计师运用职业判断的结果。很多注册会计师根据所在会计师事务所的惯例及自己的经验考虑重要性。

确定重要性需要运用职业判断。通常先选定一基准，再乘以某一百分比作为财务报表整体的重要性。在选择基准时，需要考虑的因素包括以下几种。

① 财务报表要素（如资产、负债、所有者权益、收入和费用等）。

② 是否存在特定会计主体的财务报表使用者特别关注的项目（如为了评价财务业绩，使用者可能更关注利润、收入或净资产等）。

③ 被审计单位的性质、所处的生命周期阶段及所处行业和经济环境。

④ 被审计单位的所有权结构和融资方式。例如，如果被审计单位仅通过债务而非权益进行融资，财务报表使用者可能更关注资产及资产的索偿权，而非被审计单位的收益。

⑤ 基准的相对波动性。适当的基准取决于被审计单位的具体情况，包括各类报表收益（如税前利润、营业收入、毛利和费用总额），以及所有者权益或净资产。对于以营利为目的的实体，通常以经常性业务的税前利润作为基准。如果经常性业务的税前利润不稳定，选用其他基准可能更加合适，如毛利或营业收入。就选定的基准而言，相关的财务数据通常包括前期财务成果和财务状况、本期最新的财务成果和财务状况、本期的预算和预测结果。当然，本期最新的财务成果和财务状况、本期的预算和预测结果需要根据被审计单位情况的重大变化（如重大的企业并购）、被审计单位所处行业和经济环境情况的相关变化等做出调整。例如，当按照经常性业务的税前利润的一定百分比确定被审计单位财务报表整体的重要性时，如果被审计单位本年度税前利润因情况变化出现意外增加或减少，注册会计师可能认为按照近几年经常性业务的平均税前利润确定财务报表整体的重要性更加合适。

为选定的基准确定百分比需要运用职业判断。百分比和选定的基准之间存在一定的联系，经常性业务的税前利润对应的百分比通常比营业收入对应的百分比要高。例如，对以营利为目的的制造行业实体，注册会计师可能认为经常性业务的税前利润的5%是适当的；而对非营利性组织，注册会计师可能认为总收入或费用总额的1%是适当的。百分比无论是高一些还是低一些，只要符合具体情况，都是适当的。

注册会计师在确定重要性水平时，无须考虑与具体项目计量相关的固有不确定性。例如，财务报表含有高度不确定性的大额估计，注册会计师并不会因此而确定一个比不含有该估计的财务报表整体的重要性更高或更低的重要性。

2. 特定类别交易、账户余额或披露的重要性水平

根据被审计单位的特定情况，下列因素可能表明存在一个或多个特定类别的交易、账户余额，或者披露，其发生的错报金额虽然低于财务报表整体的重要性，但合理预期将影响财务报表使用者依据财务报表做出的经济决策。

① 法律法规或者适用的财务报告编制基础是否影响财务报表使用者对特定项目（如关

联方交易、管理层和治理层的薪酬）计量或披露的预期。

② 与被审计单位所处行业相关的关键性披露（如制药企业的研究与开发成本）。

③ 财务报表使用者是否特别关注财务报表中单独披露的业务的特定方面（如新收购的业务）。

在根据被审计单位的特定情况考虑是否存在上述交易、账户余额或披露时，注册会计师可能会发现了解治理层和管理层的看法与预期是有用的。

（三）实际执行的重要性

实际执行的重要性是指注册会计师确定的低于财务报表整体重要性的一个或多个金额，旨在将未更正和未发现错报的汇总数超过财务报表整体重要性的可能性降至适当的低水平。如果适用，实际执行的重要性还指注册会计师确定的低于特定类别的交易和账户余额，或者披露的重要性水平的一个或多个金额。

确定实际执行的重要性并非简单机械的计算，而是需要注册会计师运用职业判断，并考虑这些因素的影响：①对被审计单位的了解（这些了解在实施风险评估程序的过程中得到更新）；②前期审计工作中识别出的错报的性质和范围；③根据前期识别出的错报对本期错报做出的预期。

通常而言，实际执行的重要性通常为财务报表整体重要性的 50%～75%。接近财务报表整体重要性 50%的情况如下。

① 经常性审计。

② 以前年度审计调整较多项目总体风险较高（如处于高风险行业，经常面临较大市场压力，首次承接的审计项目或需要出具特殊目的报告等）。

接近财务报表整体重要性 75%的情况如下。

① 经常性审计，以前年度审计调整较少。

② 项目总体风险较低（如处于低风险行业，市场压力较小）。

计划的重要性和实际执行的重要性之间的关系如图 5-2 所示。

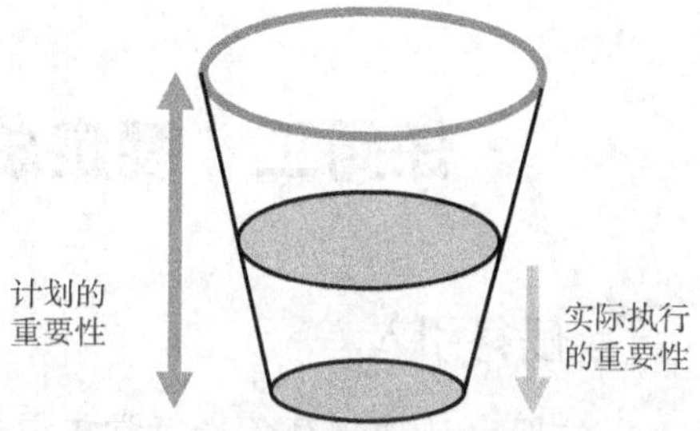

图 5-2　计划的重要性和实际执行的重要性之间的关系

（四）审计过程中修改的重要性

由于存在下列原因，注册会计师可能需要修改财务报表整体的重要性和特定类别的交易、账户余额或披露的重要性水平。

① 审计过程中情况发生重大变化（如决定处置被审计单位的一个重要组成部分）。

② 获取新信息。

③ 通过实施进一步审计程序，注册会计师对被审计单位及其经营的了解发生变化。

例如，注册会计师在审计过程中发现，实际财务成果与最初确定财务报表整体的重要性时使用的预期本期财务成果相比存在很大差异时，就需要修改重要性。

（五）重要性与审计风险的关系

重要性和审计风险之间存在反向关系：重要性水平越高，审计风险越低；重要性水平越低，审计风险越高。这里所说的重要性水平高低指的是金额的大小。通常情况下，4 000元的重要性水平比 2 000 元的重要性水平高。在理解两者之间的关系时必须注意，重要性水平是注册会计师从财务报表使用者的角度进行判断的结果。如果重要性水平是4 000元，则意味着低于 4 000 元的错报不会影响到财务报表使用者的决策，这时注册会计师需要通过执行有关审计程序，合理保证能发现高于 4 000 元的错报；如果重要性水平是 2 000 元，则金额在 2 000 元以上的错报就会影响财务报表使用者的决策，这时注册会计师需要通过执行有关审计程序，合理保证能发现金额在 2 000 元以上的错报。显然，重要性水平为 2 000元时审计不出这样的重大错报的可能性，即审计风险要比重要性水平为 4 000 元时的审计风险高。审计风险越高，越要求注册会计师收集更多更有效的审计证据，以将审计风险降至可接受的低水平。因此，重要性和审计证据之间也是反向变动关系。

值得注意的是，注册会计师不能通过不合理地人为调高重要性水平来降低审计风险，因为重要性是依据重要性概念中所述的判断标准确定的，而不是由主观期望的审计风险水平决定的。

由于重要性和审计风险存在上述反向关系，而且这种关系对注册会计师将要执行的审计程序的性质、时间安排和范围有直接的影响，因此，注册会计师应当综合考虑各种因素，合理确定重要性水平。

任务二　制定总体审计策略和具体审计计划

任务引入

注册会计师张某负责对常年审计客户甲公司 2016 年度财务报表进行审计，撰写了总体审计策略和具体审计计划。部分内容摘录如下。

① 初步了解 2016 年度甲公司及其环境未发生重大变化，拟依赖以往审计中对管理层、治理层诚信形成的判断。

② 因对甲公司内部审计人员的客观性和专业胜任能力存有疑虑，拟不利用内部审计的工作。

③ 如果对计划的重要性水平做出修正，拟通过修改计划实施的实质性程序的性质、时间和范围降低重大错报风险。

④ 假定甲公司在收入确认方面存在舞弊风险，拟将销售交易及其认定的重大错报风险评估为高水平，不再了解和评估相关控制设计的合理性并确定其是否已得到执行，直接实施细节测试。

⑤ 因甲公司于 2016 年 9 月关闭某地办事处并注销其银行账户，拟不再函证该银行账户。

⑥ 因审计工作时间安排紧张，拟不函证应收账款，直接实施替代审计程序。

⑦ 2016 年度甲公司购入股票作为可供出售的金融资产核算。除实施询问程序外，预

期无法获取有关管理层持有意图的其他充分、适当的审计证据，拟就询问结果获取管理层书面声明。

针对上述事项，逐项指出注册会计师张某拟订的计划是否存在不当之处。

任务分析

如果想知道注册会计师张某制订的审计计划是否妥当，就必须要知道什么是审计计划，审计计划包括哪些内容，如何制订审计计划。

知识链接

一、总体审计策略的含义

总体审计策略用以确定审计范围、时间和方向，并指导制订具体审计计划。

二、总体审计策略的内容

总体审计策略的制定应当包括以下内容。

① 确定审计业务的特征，包括采用的会计准则和相关会计制度、特定行业的报告要求及被审计单位组成部分的分布等，以界定审计范围。

② 明确审计业务的报告目标，以计划审计的时间安排和所需沟通的性质，包括提交审计报告的时间要求、预期与管理层和治理层沟通的重要日期等。

③ 考虑影响审计业务的重要因素，以确定项目组工作方向，包括确定适当的重要性水平，初步识别可能存在较高的重大错报风险的领域，初步识别重要的组成部分和账户余额，评价是否需要针对内部控制的有效性获取审计证据，识别被审计单位、所处行业、财务报告要求及其他相关方面最近发生的重大变化等。

在制定总体审计策略时，注册会计师还应考虑初步业务活动的结果，以及为被审计单位提供其他服务时所获得的经验。

注册会计师应当在总体审计策略中清楚地说明下列内容。

① 向具体审计领域调配的资源，包括向高风险领域分派有适当经验的项目组成员，就复杂的问题利用专家工作等。

② 向具体审计领域分配资源的数量，包括安排到重要存货存放地观察存货盘点的项目组成员的数量、对其他注册会计师工作的复核范围、对高风险领域安排的审计时间预算等。

③ 何时调配这些资源，包括是在期中审计阶段还是在关键的截止日期调配资源等。

④ 如何管理、指导、监督这些资源的利用，包括预期何时召开项目组预备会和总结会、预期项目负责人和经理如何进行复核、是否需要实施项目质量控制复核等。

注册会计师应当根据实施风险评估程序的结果对上述内容予以调整。

总体审计策略一经制定，注册会计师就应当针对总体审计策略中识别的不同事项，制订具体审计计划，并考虑通过有效利用审计资源以实现审计目标。

总体审计策略的审计工作底稿格式如表 5-1 所示。

表 5-1　总体审计策略

被审计单位：＿＿＿＿＿＿ 项目：总体审计策略 编制：＿＿＿＿＿＿ 日期：＿＿＿＿＿＿	索引号：＿＿＿＿＿＿ 财务报表截止日/期间：＿＿＿＿＿＿ 复核：＿＿＿＿＿＿ 日期：＿＿＿＿＿＿

一、审计范围

报 告 要 求	举 例
适用的会计准则和相关会计制度	
适用的审计准则	
与财务报告相关的行业特别规定	如监管机构发布的有关信息披露法规、特定行业主管部门发布的与财务报告相关的法规等
需审计的集团内组成部分的数量及所在地点	
需要阅读所含有已审计财务报表的文件中的其他信息	如上市公司年报
制定审计策略需考虑的其他事项	如单独出具报告的子公司范围等

二、审计业务时间安排

（一）对外报告时间安排

（二）执行审计时间安排

执行审计时间安排	时 间
1. 期中审计	
（1）制定总体审计策略	
（2）制订具体审计计划	
…	
2. 期末审计	
（1）存货监盘	
…	

（三）沟通的时间安排

所 需 沟 通	时 间
与管理层及治理层的会议	
项目组会计（包括预备会和总结会）	
与专家或有关人士的沟通	
与其他注册会计师沟通	
与前任注册会计师沟通	
…	

三、影响审计业务的重要因素

（一）重要性

确定的重要性水平	索 引 号

（续表）

（二）可能存在较高重大错报风险的领域

可能存在较高重大错报风险的领域	索 引 号

（三）重要的组成部分和账户余额

填写说明：

1. 记录所审计的集团内重要的组成部分。

2. 记录重要的账户余额，包括本身具有重要性的账户余额（如存货），以及评估出存在重大错报风险的账户余额。

重要的组成部分和账户余额	索 引 号
1. 重要的组成部分	
…	
2. 重要的账户余额	
…	

四、人员安排

（一）项目组主要成员的责任

职 位	姓 名	主 要 职 责

注：在分配职责时可以根据被审计单位的不同情况按会计科目划分，或者按交易类别划分。

（二）与项目质量控制复核人员的沟通（如果适用）

复核的范围：____

沟 通 内 容	负责沟通的项目组成员	计划沟通时间
风险评估、对审计计划的讨论		
对财务报表的复核		
…		

五、对专家或有关人士工作的利用（如果适用）

注：如果项目组计划利用专家或有关人士的工作，需要记录其工作的范围和涉及的主要会计科目等。另外，项目组还应按照相关审计准则的要求对专家或有关人士的能力、客观性及其工作等进行考虑和评估。

（一）对内部审计工作的利用

主要报表项目	拟利用的内部审计工作	索 引 号
存货	内部审计部门对各仓库的存货每半年至少盘点一次。在中期审计时，项目组已经对内部审计部门盘点步骤进行观察，其结果满意，因此项目组将审阅其年底的盘点结果，并缩小存货监盘的范围	
…		

（续表）

（二）对其他注册会计师工作的利用

其他注册会计师名称	利用其工作范围及程度	索 引 号

（三）对专家工作的利用

主要报表项目	专家名称	主要职责及工作范围	利用专家工作的原因	索 引 号

（四）对被审计单位使用服务机构的考虑

主要报表项目	服务机构名称	服务机构提供的相关服务及其注册会计师出具的审计报告意见及日期	索 引 号

三、总体审计策略与具体审计计划之间的关系

注册会计师应当针对总体审计策略中识别的不同事项，制订具体审计计划，并考虑通过有效利用审计资源以实现审计目标。

制定总体审计策略和具体审计计划的过程紧密联系，并且两者的内容也紧密相关。通常编制总体审计策略在具体审计计划之前，但两项计划活动并不是孤立、不连续的过程，而是内在紧密联系的。在实务中，注册会计师既可将制定总体审计策略和具体审计计划相结合进行，也可以将总体审计策略和具体审计计划合并为一份审计计划文件的方式，以提高工作效率。

四、具体审计计划包括的内容

具体审计计划比总体审计策略更加详细，其内容包括为获取充分、适当的审计证据以将审计风险降至可接受的低水平，项目组成员拟实施的审计程序的性质、时间和范围。可以说，为获取充分、适当的审计证据，而确定审计程序的性质、时间和范围的决策是具体审计计划的核心。具体审计计划应当包括风险评估程序、计划实施的进一步审计程序和其他审计程序。

（一）风险评估程序

具体审计计划应当包括按照《中国注册会计师审计准则第 1211 号——通过了解被审计单位及其环境识别和评估重大错报风险》的规定，为了足够识别和评估财务报表重大错报风险，注册会计师计划实施的风险评估程序的性质、时间安排和范围。

（二）计划实施的进一步审计程序

具体审计计划应当包括按照《中国注册会计师审计准则第 1231 号——针对评估的重大错报风险采取的应对措施》的规定，针对评估的认定层次的重大错报风险，注册会计师计划实施的进一步审计程序的性质、时间和范围。进一步审计程序包括控制测试和实质性程序。

需要强调的是，随着审计工作的推进，对审计程序的计划会一步步深入，并贯穿于整个审计过程。例如，计划风险评估程序通常在审计开始阶段进行，计划进一步审计程序则需要依据风险评估程序的结果进行。因此，为达到制订具体审计计划的要求，注册会计师需要依据风险评估程序，识别和评估重大错报风险，并针对评估的认定层次的重大错报风险，计划实施进一步审计程序的性质、时间安排和范围。

通常情况下，注册会计师计划的进一步审计程序可以分为进一步审计程序的总体方案和拟实施的具体审计程序（包括进一步审计程序的具体性质、时间安排和范围）两个层次。进一步审计程序的总体方案主要是指注册会计师针对各类交易、账户余额和披露决定采用的总体方案（包括实质性方案或综合性方案）；具体审计程序则是对进一步审计程序的总体方案的延伸和细化，通常包括控制测试和实质性程序的性质、时间安排和范围。在实务中，注册会计师通常单独制定一套包括这些具体程序的进一步审计程序表，待具体实施审计程序时，注册会计师将基于计划的具体审计程序，进一步记录实施的审计程序及结果，并最终形成有关进一步审计程序的审计工作底稿。

另外，完整、详细的进一步审计程序的计划包括对各类交易、账户余额和披露实施的具体审计程序的性质、时间安排和范围，包括抽取的样本量等。在实务中，注册会计师可以统筹安排进一步审计程序的先后顺序，如果对某类交易、账户余额或披露已经做出计划，则可以安排先行开展工作，与此同时制定其他交易、账户余额和披露的进一步审计程序。

（三）计划其他审计程序

具体审计计划应当包括根据审计准则的规定，注册会计师针对审计业务需要实施的其他审计程序。计划的其他审计程序可以包括上述进一步程序的计划中没有涵盖的，根据其他审计准则的要求注册会计师应当执行的既定程序。

在审计计划阶段，除了按照《中国注册会计师审计准则第 1211 号——通过了解被审计单位及其环境识别和评估重大错报风险》进行计划工作，注册会计师还需要兼顾其他准则中规定的，针对特定项目在审计计划阶段应执行的程序及记录要求。例如，《中国注册会计师审计准则第 1141 号——财务报表审计中与舞弊相关的责任》《中国注册会计师审计准则第 1324 号——持续经营》《中国注册会计师审计准则第 1142 号——财务报表审计中对法律法规的考虑》及《中国注册会计师审计准则第 1323 号——关联方》等准则中对注册会计师针对这些特定项目在审计计划阶段应当执行的程序及其记录做出了规定。当然，由于被审计单位所处行业、环境各不相同，特别项目可能也有所不同。例如，有些企业可能涉及环境事项、电子商务等，那么在实务中注册会计师应根据被审计单位的具体情况确定特定项目并执行相应的审计程序。

五、审计过程中对计划的更改

计划审计工作并非审计业务的一个孤立阶段，而是一个持续的、不断修正的过程，贯穿于整个审计业务的始终。由于未预期事项、条件的变化或在实施审计程序中获取的审计证据等原因，在审计过程中，注册会计师应当在必要时对总体审计策略和具体审计计划做出更新和修改。

审计过程可以分为不同阶段，通常前面阶段的工作结果会对后面阶段的工作计划产生一定的影响，而在后面阶段的工作过程中又可能发现需要对已制订的相关计划进行相应的更新和修改。通常来讲，这些更新和修改涉及比较重要的事项。例如，对重要性水平的修改，对某类交易、账户余额和披露的重大错报风险的评估和进一步审计程序（包括总体方案和拟实施的具体审计程序）的更新与修改等。一旦计划被更新和修改，审计工作也就应当进行相应的修正。

例如，如果在制订审计计划时，注册会计师基于对材料采购交易的相关控制的设计和执行获取的审计证据，则认为相关控制设计合理并得以执行，因此未将其评价为高风险领域并计划执行控制测试。但是在执行控制测试时获得的审计证据与审计计划阶段获得的审计证据相矛盾，则注册会计师可认为该类交易的控制没有得到有效执行，此时，注册会计师可能需要修正对该类交易的风险评估，并基于修正的评估风险修改计划的审计方案，如采用实质性方案。

六、指导、监督与复核

注册会计师应当制订计划，确定对项目组成员的指导、监督及对其工作进行复核的性质、时间安排和范围。项目组成员的指导、监督及对其工作进行复核的性质、时间安排和范围主要取决于下列因素。

① 被审计单位的规模和复杂程度。

② 审计领域。

③ 评估的重大错报风险。

④ 执行审计工作的项目组成员的专业素质和胜任能力。

注册会计师应在评估重大错报风险的基础上，计划对项目组成员工作的指导、监督与复核的性质、时间安排和范围。当评估的重大错报风险增加时，注册会计师通常会扩大指导与监督的范围，增强指导与监督的及时性，执行更详细的复核工作。在计划复核的性质、时间安排和范围时，注册会计师还应考虑单个项目组成员的专业素质和胜任能力。

参考资料

《中国注册会计师审计准则第1201号——计划审计工作》

思考与讨论

1. 如何理解审计重要性的含义？
2. 什么是审计风险？
3. 什么是重大错报风险？
4. 认定层次的重大错报风险都包括哪些风险？
5. 什么是检查风险？
6. 检查风险与重大错报风险是什么关系？
7. 如何确定重要性水平？

8. 重要性与审计风险是什么关系？
9. 什么是总体审计策略？
10. 总体审计策略都包括哪些内容？
11. 什么是具体审计计划？
12. 具体审计计划包括哪些内容？

案例分析

1. 华宇公司的 2016 年度资产负债表和利润表（简表）分别如表 5-2、表 5-3 所示。

表 5-2 资产负债表

2016 年 12 月 31 日

万元

项 目	金 额	项 目	金 额
现金	8 000	应付账款	33 000
应收账款	21 000	长期负债	141 000
存货	86 000	实收资本	82 000
固定资产	147 000	留存收益	6 000
资产总额	262 000	权益总额	262 000

表 5-3 利润表

2016 年

万元

项 目	金 额
营业收入	110 000
营业成本	80 000
毛利	30 000
管理费用	31 000
净收益（损失）	(1 000)

注册会计师在具体审计时，发现有下列情况并进行处理。

（1）没有实质经济内容支持的华宇公司与其出资者长城公司之间的预付货款 10 万元，其他应收款 15 万元，注册会计师认为其均低于重要性水平，没有继续查证，也没有适当披露。

（2）注册会计师抽取样本对存货计价进行测试时，发现存货甲少了 200 万元，存货乙多计了 150 万元，据此推断存货总体的错报为 500 万元。于是，注册会计师在审计工作底稿中建议华宇公司对此进行调整。

（3）注册会计师发现华宇公司 2012 年度有一笔资产价值恢复，冲回了原来计提的资产减值准备，追查发现企业在盈利年度多计提资产减值准备 50 万元，以备出现亏损时恢复资产调整盈亏。注册会计师建议公司调整，最后由于该笔金额不大（低于重要性水平），注册会计师发表了无保留意见的审计报告。

要求：

（1）如果判断重要性水平的参考数值为净利润的 5%，资产总额的 0.5%，净资产为 1%，营业收入为 0.5%，则应该将华宇公司 2012 年财务报表层次重要性水平设定为多少？请说明原因。

（2）如果注册会计师执行审计程序后，抽出样本，测试资产出现误差 500 万元，但推断总体误差为 1 500 万元，则注册会计师应当如何处理？

（3）有人认为由于注册会计师应当谨慎执业，所以应当低估重要性水平而不能高估重要性水平。你赞同吗？为什么？

（4）讨论当注册会计师已经明显感到公司利用计提准备调节盈亏，是否能够出具无保留意见的审计报告？

2. 审计人员受托对某公司会计报表审计时，初步判断的会计报表的重要性水平按资产总额的 1%计算为 140 万，即资产账户可容忍的错报或漏报为 140 万元。现采用两种分配方案将这一重要性水平分至各资产账户。公司资产构成及重要性水平分配方案如表 5-4 所示。

表 5-4　重要性水平的分配

万元

项　目	资 产 总 额	甲 方 案	乙 方 案
现金	700	7	2.8
应收账款	2 100	21	25.2
存货	4 200	42	70
固定资产	7 000	70	42
总计	14 000	140	140

要求：根据上述资料，说明哪一方案较为合理，并简要说明理由。

3. 注册会计师张某受托对美食食品有限公司 2016 年 12 月的会计报表进行审计。

（1）该公司会计报表显示，2016 年全年实现利润 800 万元，资产总额 4 000 万元。

（2）审计人员在审查阅读该公司会计报表时，发现下列问题。

① 该公司 10 月份虚报冒领工资 18.2 万元，被会计人员占为己有。

② 11 月 15 日收到业务咨询费 38.5 万元，列入小金库。

③ 资产负债表中的存货低估 16 万元，原因尚待查明。

上述问题尚未调整。

要求：

（1）根据上述问题，做出重要性的初步判断，并简要说明理由。

（2）说明注册会计师张某在审计实施阶段和报告阶段应采取的对策。

4. 甲公司是 ABC 会计师事务所的常年审计客户，主要从事医疗器械设备的生产和销售。A 类产品为大中型医疗器械设备，主要销往医院；B 类产品为小型医疗器械设备，主要通过经销商销往药店。X 注册会计师负责审计甲公司 2016 年度财务报表。

资料一：

X 注册会计师在审计工作底稿中记录了所了解的甲公司的情况及其环境，部分内容摘录如下。

（1）2016 年年初，甲公司在 5 个城市增设了销售服务处，使销售服务处数量增加到 11 个，销售服务人员数量比上年年末增加 50%。

（2）对于 A 类产品，甲公司负责将设备运送到医院并安装调试。医院验收合格后签署设备验收单，甲公司根据设备验收单确认销售收入。甲公司自 2016 年起向医院提供一个月的免费试用期，医院在试用期结束后签署设备验收单。

（3）由于市场上 B 类产品竞争激烈，甲公司在 2016 年年初将 B 类产品的价格平均下调 10%。

（4）甲公司从 2015 年起推出针对经销商的返利计划，根据经销商已付款采购额的 3%～6%的比例，在年度终了后 12 个月内向经销商支付返利。甲公司未与经销商就返利计划签订书面协议，而由销售人员口头传达。

（5）2016 年 12 月，一名已离职员工向甲公司董事会举报，称销售总监有虚报销售费用的行为。甲公司已对此事展开调查，目前尚无结论。

（6）甲公司的生产设备使用的备件的购买和领用不频繁，但各类备件的种类繁多。为减轻年末存货盘点的工作量，甲公司管理层决定于 2016 年 11 月 30 日对备件进行盘点，其余存货在 2016 年 12 月 31 日进行盘点。

资料二：

X 注册会计师在审计工作底稿中记录了审计计划，部分内容摘录如下。

（1）2015 年度财务报表整体的重要性为利润总额的 5%，即 60 万元。考虑到本项目属于连续审计业务，以往年度审计调整少，风险较低，因而将 2016 年度财务报表整体的重要性确定为利润总额的 10%，即 200 万元。

（2）根据以往年度审计结果，甲公司针对主要业务流程（包括销售与收款、采购与付款及生产与存货）的内部控制是有效的，因而在 2016 年度审计中将继续采用综合性审计方案。

资料三：

X 注册会计师在审计工作底稿中记录了拟实施的实质性程序，部分内容摘录如下。

（1）取得 5 个新设销售服务处的办公室租赁合同，连同以前年度获取的 6 个销售服务处的租赁合同，估算本年度办公室租金费用。

（2）计算 2016 年度每月毛利率，如果存在较大波动，向管理层询问波动原因。

（3）检查 2015 年度计提的销售返利的实际支付情况，并向管理层询问予以佐证，评估 2016 年度计提的销售返利金额的合理性。

（4）从 A 类产品销售收入明细账中选取若干笔记录，检查销售合同、发票和设备验收单，确定记录的销售收入金额是否与合同和发票一致，收入确认的时点是否与合同约定的交易条款和设备验收单的日期相符。

（5）检查年末应收账款的账龄分析及年内实际发生的坏账，评估坏账准备的合理性。

（6）分别在 2016 年 11 月 30 日和 2016 年 12 月 31 日对甲公司的存货盘点实施监盘。

要求：

（1）针对资料一（1）至（6）项，假定不考虑其他条件，逐项指出所列事项是否可能表明存在重大错报风险。如果认为存在重大错报风险，简要说明理由，并说明该风险主要与哪些项目（仅限于营业收入、营业成本、销售费用、应收账款、坏账准备、存货和其他应付款）的哪些认定相关。

（2）逐项指出资料二的（1）和（2）项审计计划是否适当，并简要说明理由。

（3）针对资料三的（1）至（6）项的实质性程序，假定不考虑其他条件，逐项指出实质性程序与根据资料一识别的重大错报风险是否直接相关。如果直接相关，指出对应的是识别的哪一项重大错报风险，并简要说明理由。

学习情境六

审计销售与收款循环

知识目标

1. 了解销售与收款循环的特点，掌握控制测试的程序。

2. 掌握营业收入、应收账款等项目审计的目标及审计程序。

能力目标

1. 能够指出被审计单位销售与收款循环内部控制在设计与运行方面的缺陷并进行测试。

2. 能够对被审计单位的营业收入、应收账款等项目进行审计。

任务一　对销售与收款循环的内部控制进行测试

任务引入

2013 年 3 月 12 日，一伙犯罪分子经过长期预谋，驾驶假牌照的报废车开进山东××股份有限公司，骗过了公司财务部收款开发票关、销售公司对接关、储存车间发货核对关、保卫科车辆出入口验收关和门卫查证关等多重关口，在光天化日之下骗走了价值 24 万多元的增塑剂 30 吨。案情经过是这样的：一陌生客户隐匿真实情况，到该公司的销售公司开具了真实的产品销售调拨单，使用伪造的财务专用章及增值税专用发票，私盖印章，然后到销售处盖销售章，拿着该公司真实的销售调拨单和伪造的增值税发票到储运车间提货，储运部门查看该名客户手续齐全便发货并出具相关手续，门卫查看该名客户证件齐全便放行。这样，这伙犯罪分子在光天化日之下拉着 30 吨的货物走出了该厂，导致事故发生。事发 3 天后，该公司才发现被骗并向当地公安机关报案。该伙犯罪分子之所以能够成功，主要是钻了这家企业管理上的漏洞。

任务分析

1. 请指出该公司销售与收款循环内部控制在设计与运行方面的缺陷。
2. 针对该公司销售与收款循环内部控制提出改进建议。

知识链接

从本学习情境起，将以执行企业会计准则企业的财务报表审计为例，介绍业务循环审计的具体内容，以及对各业务循环中重要的财务报表项目如何进行审计测试。

财务报表审计的组织方式大致有两种：一是对财务报表的每个账户余额单独进行审计，此法称为账户法；二是将财务报表分成几个循环进行审计，即把紧密联系的交易种类和账户余额归入同一循环中，按业务循环组织实施审计，此法称为循环法。一般而言，账户法与多数被审计单位账户设置体系及财务报表格式相吻合，具有操作方便的优点，但它将紧密联系的相关账户（如存货和营业成本）人为地予以分割，容易造成整个审计工作的脱节和重复，不利于审计效率的提高；而循环法则更符合被审计单位的业务流程和内部控制设计的实际情况，不仅可加深审计人员对被审计单位经济业务的理解，而且由于将特定业务循环涉及的财务报表项目分配给一个或数个审计人员，增强了审计人员分工的合理性，将有助于提高审计工作的效率与效果。

控制测试是在了解被审计单位内部控制、实施风险评估程序基础上进行的，而了解内部控制主要是评价控制的设计及是否得到执行，与被审计单位的业务流程关系密切，因此对控制测试通常应采用循环法实施。一般而言，在财务报表审计中可将被审计单位的所有交易和账户余额划分为4～6个，甚至更多个业务循环。由于各被审计单位的业务性质和规模不同，其业务循环的划分也应有所不同。即使是同一被审计单位，不同注册会计师也可能有不同的循环划分方法。本书将交易和账户余额划分为销售与收款循环、采购与付款循环、生产与存货循环、投资与筹资循环，分情境阐述各业务循环的审计。

一、销售与收款循环的特点

（一）不同行业类型的收入来源

企业的收入主要来自于出售商品、提供服务等，由于所处行业不同，企业具体的收入来源有所不同。表6-1列示了一些常见的行业的主要收入来源，供参考。

一个企业所处的行业和经营性质决定了该企业的收入来源，以及为获取收入而相应产生的各项费用支出。注册会计师需要对被审计单位的相关行业活动和经营性质有比较全面的了解，才能胜任被审计单位收入、支出的审计工作。

表6-1　不同行业类型的主要收入来源

行 业 类 型	收 入 来 源
贸易业	作为零售商向普通大众（最终消费者）零售商品；作为批发商向零售商供应商品
一般制造业	通过采购原材料并将其用于生产流程制造产品卖给客户取得收入
专业服务业	律师、会计师、商业咨询等主要通过提供专业服务取得人力费收入；医疗服务机构通过提供医疗服务取得收入，包括给住院病人提供病房和医护设备，为病人提供精细护理、手术和药品等取得收入
金融服务业	向客户提供金融服务取得银行手续费；向客户发放贷款取得利息收入；通过协助客户对其资金进行投资取得相关理财费用
建筑业	通过提供建筑服务完成建筑合同取得收入

（二）销售与收款循环的主要业务活动及主要凭证与会计记录

销售与收款循环的主要业务活动及其相应内容如表6-2所示。

表6-2 销售与收款循环的主要业务活动及其相应内容

主要业务活动	涉及的凭证及记录	相关的主要部门	相关的认定	重要控制
1）接受顾客订单	顾客订单、销售单	销售单管理部门	销售交易发生	顾客名单已被授权批准
2）批准赊销信用	销售单	信用管理部门	应收账款净额的准确性	信用部门签署意见，以降低坏账风险
3）按销售单供货	销售单	仓库	发生	防止未授权发货
4）按销售单装运货物	销售单、发运凭证	装运部门	销售交易的发生、完整性	防止未授权装运产品
5）向顾客开具账单	销售单、装运凭证、商品价目表、销售发票	开具账单部门	销售交易的完整性、发生、准确性	确保销售发票的正确性
6）记录销售	销货发票及副本、转账凭证、现金、银行存款收款凭证、应收账款明细账、销售明细账及现金、银行存款明细账、顾客月末对账单	会计部门	发生、完整性、准确性	主要关心销售发票是否记录正确，并归属适当的会计期间
7）办理和记录现金及银行存款收入	汇款通知书、收款凭证、现金日记账、银行存款日记账	会计部门	发生、完整性、准确性	最应关心的是货币资金失窃的可能性
8）办理和记录销货退回及折扣折让	贷项通知单	会计部门、仓库	发生、准确性、完整性	必须授权批准，控制实物流和会计处理
9）注销坏账	坏账审批表	赊销部门、会计部门	准确性	获取货款无法收回的确凿证据，适当审批
10）提取坏账准备	逾期应收账款余额表	会计部门	准确性	

二、销售交易的内部控制

（一）内部控制目标、关键内部控制和测试的关系

表6-3列示了销售交易的内部控制目标、关键内部控制和测试的关系。

表 6-3　销售交易的内部控制目标、关键内部控制和测试的关系

内部控制目标	关键内部控制	常用的控制测试	常用的交易实质性程序
登记入账的销售交易确系已经发货给真实的客户（发生）	销售交易是以经过审核的发运凭证及经过批准的客户订购单为依据登记入账的 在发货前，客户的赊购已经被授权批准 销售发票均经事先编号，并已恰当地登记入账 每月向客户寄送对账单，对客户提出的意见做专门追查	检查销售发票副联是否附有发运凭证（或提货单）及销售单（或客户订购单） 检查客户的赊购是否经授权批准 检查销售发票连续编号的完整性 观察是否寄发对账单，并检查客户回函档案	复核主营业务收入总账、明细账及应收账款明细账中的大额或异常项目 追查主营业务收入明细账中的分录至销售单、销售发票副联及发运凭证 将发运凭证与存货永续记录中的发运分录进行核对
所有销售交易均已登记入账（完整性）	发运凭证（或提货单）均经事先编号并已经登记入账 销售发票均经事先编号，并已登记入账	检查发运凭证连续编号的完整性 检查销售发票连续编号的完整性	将发运凭证与相关的销售发票和主营业务收入明细账及应收账款明细账中的分录进行核对
登记入账的销售数量确系已发货的数量，已正确开具账单并登记入账（计价和分摊）	销售价格、付款条件、运费和销售折扣的确定已经适当的授权批准 由独立人员对销售发票的编制做内部核查	检查销售发票是否经适当的授权批准 检查有关凭证上的内部核查标记	复算销售发票上的数据 追查主营业务收入明细账中的分录至销售发票 追查销售发票上的详细信息至发运凭证、经批准的商品价目表和客户订购单
销售交易的分类恰当（分类）	采用适当的会计科目表 内部复核和核查	检查会计科目表是否适当 检查有关凭证上内部复核和核查的标记	检查证明销售交易分类正确的原始证据
销售交易的记录及时（截止）	采用尽量能在销售发生时开具收款账单和登记入账的控制方法 每月月末由独立人员对销售部门的销售记录、发运部门的发运记录和财务部门的销售交易入账情况做内部核查	检查尚未开具收款账单的发货和尚未登记入账的销售交易 检查有关凭证上内部核查的标记	将销售交易登记入账的日期与发运凭证的日期比较核对
销售交易已经正确地记入明细账，并经正确汇总（准确性、计价和分摊）	每月定期给客户寄送对账单 由独立人员对应收账款明细账做内部核查 将应收款明细账余额合计数与其总账余额进行比较	观察对账单是否已经寄出 检查内部核查标记 检查将应收账款明细账余额合计数与其总账余额进行比较的标记	将主营业务收入明细账加总，追查其至总账的过账

（二）销售交易的内部控制主要包括的内容

1. 适当的职责分离

适当的职责分离有助于防止各种有意或无意的错误。例如，主营业务收入账如果是由记录应收账款账之外的职员独立登记，并由另一位不负责账簿记录的职员定期调节总账和明细账，就构成了一项自动交互牵制；规定负责主营业务收入和应收账款记账的职员不得经手货币资金，也是防止舞弊的一项重要控制。另外，销售人员通常有一种追求更大销售数量的自然倾向，而不管是否将以巨额坏账损失为代价，赊销的审批则在一定程度上可以抑制这种倾向。因此，赊销批准职能与销售职能的分离，也是一种理想的控制。

为确保办理销售与收款业务的不相容岗位相互分离、制约和监督，一个企业有关销售与收款业务相关职责适当分离的基本要求通常包括：企业应当将办理销售、发货、收款 3 项业务的部门（或岗位）分别设立；企业在销售合同订立前，应当指定专门人员就销售价格、信用政策、发货及收款方式等具体事项与客户进行谈判。谈判人员至少应有两人以上，并与订立合同的人员相分离；编制销售发票通知单的人员与开具销售发票的人员应相互分离；销售人员应当避免接触销货现款；企业应收票据的取得和贴现必须经由保管票据以外的主管人员的书面批准。

2. 恰当的授权审批

对于授权审批问题，注册会计师应当关注 4 个关键点上的审批程序：其一，在销售发生之前，赊销已经正确审批；其二，非经正当审批，不得发出货物；其三，销售价格、销售条件、运费、折扣等必须经过审批；其四，审批人应当根据销售与收款授权批准制度的规定，在授权范围内进行审批，不得超越审批权限。对于超过企业既定销售政策和信用政策规定范围的特殊销售交易，企业应当进行集体决策。前两项控制的目的在于防止企业因向虚构的或无力支付货款的客户发货而蒙受损失；价格审批控制的目的在于保证销售交易按照企业定价政策规定的价格开票收款；对授权审批范围设定权限的目的则在于防止因审批人决策失误而造成严重损失。

3. 充分的凭证和记录

每个企业交易的产生、处理和记录等制度都有其特点，所认也许很难评价其各项控制是否足以发挥最大的作用。然而，只有具备充分的记录手续，才有可能实现其他各项控制目标。例如，企业在收到客户订购单后，就立即编制一份预先编号的一式多联的销售单，分别用于批准赊销、审批发货、记录发货数量及向客户开具账单和销售发票等。在这种制度下，只要定期清点销售单和销售发票，漏开账单的情形就不太会发生。相反的情况是，有的企业只在发货以后才开具账单，如果没有其他控制措施，这种制度下漏开账单的情况就很可能会发生。

4. 凭证的预先编号

对凭证预先进行编号，旨在防止销售以后遗漏向客户开具账单或登记入账，也可防止重复开具账单或重复记账。当然，如果对凭证的编号不进行清点，预先编号就会失去其控制意义。由收款员对每笔销售开具账单后，将发运凭证按顺序归档；而由另一位职员定期检查全部凭证的编号，并调查凭证缺号的原因，就是实施这项控制的一种方法。

5. 按月寄出对账单

由不负责现金出纳和销售及应收账款记账的人员按月向客户寄发对账单，能促使客户在发现应付账款余额不正确后及时反馈有关信息。为了使这项控制更加有效，最好将账户余额中出现所有核对不符的账项，指定一位既不掌管货币资金也不记录主营业务收入和应收账款的主管人员处理，然后由独立人员按月编制对账情况汇总报告并交管理层审阅。

6. 内部核查程序

由内部审计人员或其他独立人员核查销售交易的处理和记录，是实现内部控制目标不可缺少的一项控制措施。表 6-4 所列程序是针对相应控制目标的典型的内部核查程序。

表 6-4　内部核查程序

内部控制目标	内部核查程序举例
登记入账的销售交易是真实的	检查登记入账的销售交易所附的佐证凭证，如发运凭证等
销售交易均经适当审批	了解客户的信用情况，确定是否符合企业的赊销政策
所有销售交易均已登记入账	检查发运凭证的连续性，并将其与主营业务收入明细账核对
登记入账的销售交易均经正确估价	将登记入账的销售交易对应的销售发票上的数量与发运凭证上的记录进行比较核对
登记入账的销售交易分类恰当	将登记入账和销售交易的原始凭证与会计科目表比较核对
销售交易的记录及时	检查开票员保管的未开票发运凭证，确定是否存在未在恰当期间及时开票的发运凭证

三、收款交易的内部控制

（一）内部控制目标、关键内部控制和测试的关系

表 6-5 以现金销售交易为例，列示了内部控制目标、关键内部控制和测试的关系。

表 6-5　收款交易的内部控制目标、关键内部控制和测试的关系

内部控制目标	关键内部控制	常用控制测试	常用实质性程序
登记入账的现金收入确实为企业已经实际收到的现金（存在或发生）	现金折扣必须经过适当的审批手续 定期盘点现金与账面金额	观察 检查是否定期盘点，检查盘点记录 检查现金折扣是否经过恰当的审批	盘点库存现金，如果与账面数额存在差异，分析差异原因 检查现金收入的日记账、总账和应收账款明细账的大额项目与异常项目
收到的现金收入已全部登记入账（完整性）	现金出纳与现金记账的职务分离 每日及时记录现金收入 定期盘点现金并与账面金额核对 定期向客户寄送对账单 现金收入记录的内部复核	观察 检查是否存在未入账的现金收入 检查是否定期盘点，检查盘点记录 检查是否向客户寄送对账单，了解是否定期实行 检查复核标记	现金收入的截止测试 盘点库存现金，如果与账面数额存在差异，分析差异原因 抽查客户对账单并与账面金额核对

（续表）

内部控制目标	关键内部控制	常用控制测试	常用实质性程序
存入银行并记录的现金收入确系实际收到的金额（准确性）	定期收到银行对账单 编制银行存款余额调节表 定期与客户对账	检查银行对账单 检查银行存款余额调节表 观察是否每月寄送对账单	检查调节表中未达账项的真实性及资产负债日后的进账情况
现金收入在资产负债表中的披露正确（列报）	现金日记账与总账的登记职责分离	观察	

（二）收款交易的内部控制的相关规定

由于每个企业的性质、所处行业、规模及内部控制健全程度等不同，使得其与收款交易相关的内部控制内容也有所不同，但以下与收款交易相关的内部控制内容是通常应当共同遵循的。

① 企业应当按照《现金管理暂行条例》《支付结算办法》等规定，及时办理销售收款业务。

② 企业应将销售收入及时入账，不得账外设账，不得擅自坐支现金。销售人员应当避免接触销售现款。

③ 企业应当建立应收账款账龄分析制度和逾期应收账款催收制度。销售部门应当负责应收账款的催收，财会部门应当督促销售部门加紧催收。对催收无效的逾期应收账款可通过法律程序予以解决。

④ 企业应当按客户设置应收账款台账，及时登记每一客户应收账款余额增减变动情况和信用额度使用情况。对长期往来客户应当建立起完善的客户资料，并对客户资料实行动态管理，及时更新。

⑤ 企业对于可能成为坏账的应收账款应当报告有关决策机构，由其进行审查，确定是否确认为坏账。企业发生的各项坏账，应查明原因，明确责任，并在履行规定的审批程序后做出会计处理。

⑥ 企业注销的坏账应当进行备查登记，做到账销案存。已注销的坏账又收回时应当及时入账，防止形成账外资金。

⑦ 企业应收票据的取得和贴现必须经由保管票据以外的主管人员的书面批准。应有专人保管应收票据，对于即将到期的应收票据，应及时向付款人提示付款；已贴现票据应在备查簿中登记，以便日后追踪管理；应制定逾期票据的冲销管理程序和逾期票据追踪监控制度。

⑧ 企业应当定期与往来客户通过函证等方式核对应收账款、应收票据、预收款项等往来款项。如果有不符的情况，应查明原因，及时处理。

四、评估重大错报风险

被审计单位可能有各种各样的收入来源，处于不同的控制环境，存在复杂的合同安排，这些情况对收入交易的会计核算可能存在诸多影响。例如，不同交易安排下的收入确认的时间和依据可能不尽相同。

注册会计师应当考虑影响收入交易的重大错报风险，并对被审计单位经营活动中可能发生的重大错报风险保持警觉。收入交易和余额存在的固有风险可能包括以下内容。

1. 管理层对收入造假的偏好和动因

被审计单位管理层可能为了完成预算，满足业绩考核要求，保证从银行获得额外的资金，吸引潜在投资者，或者影响公司股价，而在财务报告中虚增收入。

2. 收入的复杂性

例如，被审计单位可能针对一些特定的产品或服务提供一些特殊的交易安排（如特殊的退货约定、特殊的服务期限安排等），但管理层可能对这些不同安排下涉及的交易风险的判断缺乏经验，收入确认上就容易发生错误。

3. 管理层凌驾于控制之上的风险

被审计单位在年末编造虚假销售，然后在次年转回，可能导致当年收入及当年年末应收账款余额、货币资金余额和应交税费余额的高估。

4. 采用不正确的收入截止

将属于下一会计期间的收入有意或无意地计入本期，或者将属于本期的收入有意或无意地计入下一会计期间，可能导致本期收入及本期期末应收账款余额、货币资金余额和应交税费余额的高估或低估。

5. 低估应收账款坏账准备的压力

尤其是当欠款金额较大的几个主要客户面临财务困难，或者整体经济环境出现恶化时，这种压力更大，可能导致资产负债表中应收账款余额的高估。

6. 舞弊和盗窃的风险

如果被审计单位从事贸易业务，并且销售货款较多地以现金结算时，被审计单位员工发生舞弊和盗窃的风险较高；如果被审计单位拥有多个资金端口，如超市，由于每天通过多个端口采用人工方式处理大量货币资金，资金端口的安全问题和人工控制的风险便会增加。这些可能导致货币资金的损失。

7. 款项无法收回的风险

这可能产生于向没有良好付款能力的客户销售产品，或者客户用无效的支票或盗取的信用卡进行货款结算。它可能导致货币资金或应收账款的高估。

8. 发生错误的风险

发生错误的风险，如以下两种情况。

① 没有及时更新商品价目表，商品可能以错误的价格销售。

② 销售量较大时，如果扫描时没有读取商品条形码，收款员使用错误的手册，售出商品的数量发生错误，或者收款员给客户的找零发生错误，风险均会发生。

9. 隐瞒盗窃的风险

被审计单位员工利用销售调整和销售退回隐瞒盗窃现金行为时，将发生隐瞒盗窃的风险。这可能导致收入、应收账款的高估和货币资金的低估。

归根结底，与收入交易和余额相关的重大错报风险主要存在于销售交易、现金收款交易的发生、完整性、准确性、截止和分类认定，以及会计期末应收账款、货币资金和应交税费的存在、权利和义务、完整性、计价和分摊认定。

在实施用以识别和评估重大错报风险相关的审计程序后，注册会计师应当充分关注可能表明被审计单位存在重大错报风险的事项和情况，考虑由于上述事项和情况导致的风险是否重大，以及该风险导致财务报表发生重大错报的可能性。同时，应当确定识别的重大错报风险是与特定的某类交易、账户余额和披露的认定相关，还是与财务报表整体广泛相关，进而影响多项认定。

某些重大错报风险可能与财务报表整体广泛相关，进而影响多项认定。例如，前述中管理层凌驾于控制之上或承受异常的压力可能引发舞弊风险；某些重大错报风险可能与特定的某类交易、账户余额和披露的认定相关。例如，前述中管理层承受低估应收账款坏账准备的压力，该事项表明应收账款账户余额的认定可能存在重大错报风险。

在评估重大错报风险时，注册会计师还应当将所了解的控制与特定认定相联系，并且应当考虑对识别的销售与收款交易、账户余额和披露认定层次的重大错报风险予以汇总和评估，以确定进一步审计程序的性质、时间安排和范围。

五、控制测试

（一）控制测试概述

如果在评估认定层次重大错报风险时预期控制的运行是有效的，注册会计师应当实施控制测试，就控制在相关期间或时点的运行有效性获取充分、适当的审计证据。这意味着注册会计师无须测试针对销售与收款交易的所有控制活动。只有认为控制设计合理、能够防止或发现并纠正认定层次的重大错报，注册会计师才有必要对控制运行的有效性实施测试。

在对被审计单位销售与收款交易实施控制测试时，还应注意以下几点。

① 注册会计师应把测试重点放在被审计单位是否设计了由人工执行或计算机系统运行的更高层次的调节和比对控制，是否生成例外报告，管理层是否及时调查发现的问题并采取管理措施；而不是全部只测试员工执行数据输入的预防性控制。

② 注册会计师应当询问管理层用于监控销售与收款交易的关键业绩指标，如销售额和毛利率预算、应收账款平均收款期等。

③ 注册会计师应当考虑通过执行分析程序和截止测试，可以对应收账款的存在、准确性和计价等认定获取多大程度的保证。如果能够获得充分保证，则意味着不需要执行大量的控制测试。

④ 为获取相关重大错报风险是否可能被评估为低的有关证据，注册会计师通常需要对被审计单位重要的控制，尤其是对易出现高舞弊风险的现金收款和存储的控制的有效运行进行测试。因为这些控制大多采取人工控制，注册会计师主要的审计程序可能包括观察控制的执行；检查每日现金汇总表上是否有执行比对控制的员工的签名；询问针对不一致的情况所采取的措施。

⑤ 如果注册会计师计划信赖的内部控制是由计算机执行的，那么需要就下列事项获取审计证据。

- 相关一般控制的设计和运行的有效性。
- 认定层次控制的特定应用，如收款折扣的计算。
- 采用人工控制的后续措施，如将打印输出的现金收入日记账与对应的由银行盖章的存款记录进行比对，以及根据银行存款对账单按月调节现金收入日记账。

⑥ 在控制风险被评估为低时，注册会计师需要考虑评估的控制要素的所有主要方面和控制测试的结果，以便能够得出这样的结论：控制能够实施有效的管理，并发现和纠正重大错误和舞弊。

如果将固有风险和控制风险评估为中或高，注册会计师可能仅仅需要在对控制活动的处理情况进行询问时记录对控制活动的了解，并检查已实施控制的相关证据。

⑦ 如果在期中实施了控制测试，注册会计师应当在年末审计时选择项目测试控制在剩余期间的运行情况，以确定控制是否在整个会计期间持续运行有效。

⑧ 控制测试使用的审计程序的类型主要包括询问、观察、检查、重新执行和穿行测试等，注册会计师应当根据特定控制的性质选择所需实施审计程序的类型。

上述有关实施销售与收款循环的控制测试时的基本要求，就其原理而言，对其他业务循环的控制测试同样适用，因此，在后面讨论其他业务循环的控制测试时将不再重复。

（二）以内部控制目标为起点的控制测试

内部控制程序和活动是企业针对需要实现的内部控制目标而设计和执行的，控制测试则是注册会计师针对企业的内部控制程序和活动而实施的。因此，在审计实务中，注册会计师可以考虑以被审计单位的内部控制目标为起点实施控制测试。表 6-3 和表 6-5 以内部控制目标和相关认定为起点，列示了相应的关键内部控制和常用控制测试程序，并就销售与收款交易的内部控制结合上述表格进行了讨论。下面按照销售与收款交易内部控制的讨论顺序，择要简单阐述销售和收款交易的控制测试。

1. 职责分离

对于职责分离，注册会计师通常通过观察被审计单位有关人员的活动，以及与这些人员进行讨论，来实施职责分离的控制测试。

2. 授权审批

对于授权审批，内部控制通常存在 4 个关键点上的审批程序：其一，在销售发生之前，赊销已经正确审批；其二，非经正当审批，不得发出货物；其三，销售价格、销售条件、运费、折扣等必须经过审批；其四，审批人应当根据销售与收款授权批准制度的规定，在授权范围内进行审批，不得超越审批权限。注册会计师主要通过检查凭证在这 4 个关键点上是否经过审批，可以很容易地测试出授权审批方面的内部控制效果。

3. 充分的凭证和记录及凭证预先编号

对于充分的凭证和记录及凭证预先编号这两项控制，常用的控制测试程序是清点各种凭证。例如，从主营业务收入明细账中选取样本，追查至相应的销售发票存根，进而检查其编号是否连续，有无不正常的缺号发票和重号发票。视检查顺序和范围的不同，这种测试程序往往可同时提供有关发生和完整性目标的证据。

4. 按月寄出对账单

对于按月寄出对账单这项控制，观察指定人员寄送对账单，并检查客户复函档案和管理层的审阅记录，是注册会计师十分有效的一项控制测试。

5. 内部核查程序

对于内部核查程序，注册会计师可以通过检查内部审计人员的报告，或者检查其他独立人员在他们核查的凭证上的签字等方法实施控制测试。

（三）以风险为起点的控制测试

表 6-3 和表 6-5 列示的方法，目的在于帮助注册会计师根据具体情况设计能够实现审计目标的审计方案。在审计实务中，注册会计师还可以考虑以识别的重大错报风险为起点实施控制测试。表 6-6 举例列示了销售与收款交易相关的风险，旨在降低这些风险的可能存在的计算机控制和人工控制及相应的控制测试程序。需要注意的是，各个企业的相关计算机控制和人工控制的安排可能与表 6-6 举例列示的情况差别较大。在审计实务中，注册会计师需要结合被审计单位的相关控制实际情况，有针对性地设计和实施控制测试。

表 6-6　销售与收款交易的风险、控制和控制测试

风　险	计算机控制	人 工 控 制	控 制 测 试
信用控制和赊销			
可能向没有获得赊销授权或超出了其信用额度的客户赊销	订购单上的客户代码与应收账款主文档记录的代码一致；目前未偿付余额加上本次销售额在信用限额范围内。只有上述两项均满足才能获得发货批准并生成发运凭证	信用控制程序包括复核信用申请、收入和信用状况的支持性信息，批准信用限额，授权增设新的账户，以及适当授权超过信用限额的人工控制	通过询问员工、检查相关文件证实上述控制的实施
发运商品			
可能在没有批准发运凭证的情况下发出了商品 已发出商品可能与发运凭证上的商品种类和数量不符 客户可能拒绝承认已收到商品	当客户订购单在系统中获得发货批准时，系统自动生成连续编号的发运凭证 计算机把所有准备发出的商品与销售单上的商品种类和数量进行比对。打印种类或数量不符的例外报告，并暂缓发货	商品打包发运前，对商品和发运凭证内容进行独立核对 在发运凭证上签字以示商品已与发运凭证核对且种类和数量相符 销售人员关注快到期的发运凭证和未完成的订购单，督促尽快向客户发货。保安人员只有当商品附有发运凭证时才能放行 客户要在发运凭证上签字以作为收到商品且商品与订购单一致的证据 管理层复核例外报告和暂缓发货的清单，并解决问题	执行观察、检查程序 检查发运凭证上相关员工和客户的签名，作为发货的证据 检查例外报告和暂缓发货的清单

（续表）

风　险	计算机控制	人工控制	控制测试
开具发票			
商品发运可能未开具销售发票	发货以后系统根据发运凭证及相关信息自动生成连续编号的销售发票。定期打印销售发票 系统自动复核连续编号的发票和发运凭证的对应关系，并定期生成例外报告	复核例外报告并调查原因	执行观察程序 检查例外报告
由于定价或产品摘要不正确，以及订购单或者发运凭证或销售发票代码输入错误，可能使销售价格不正确	通过逻辑准入系统控制定价主文档的更改 只有得到授权的员工才能进行更改 系统通过使用和检查主文档版本序号，确定正确的定价主文档版本已经被上传 系统检查录入的产品代码的合理性	核对经授权的有效的价格更改清单与计算机获得的价格更改清单是否一致 如果发票由手工填写或没有定价主文档，则有必要对发票的价格进行独立核对	检查文件以确定价格更改是否经授权 重新执行以确定打印出的更改后价格与授权是否一致（这可以使用计算机辅助审计方法加以实施） 通过检查计算机的一般控制和收入交易的应用控制，确定正确的定价主文档版本是否已被用来生成发票 检查发票中价格复核人员的签名。通过核对经授权的价格清单与发票上的价格，重新执行检查
发票上的金额可能出现计算错误	每张发票的单价、计算、商品代码、商品摘要和客户账户代码均由计算机程序控制 如果由计算机控制的发票开具程序的更改是受监控的，在操作控制帮助下，可以确保使用的是正确的发票生成程序版本 系统代码有密码保护，只有经授权的员工才可以更改 定期打印所有系统上做出的更改	如果由手工开具发票，独立复核发票上计算的增值税和总额的正确性 上述程序的所有更改由上级复核和审批	检查与发票计算金额正确性相关的人员的签名 重新计算发票金额，证实其是否正确 询问发票生成程序更改的一般控制情况，确定是否经授权及现有的版本是否正在被使用 检查有关程序更改的复核审批程序

（续表）

风　险	计算机控制	人 工 控 制	控 制 测 试
记录赊销			
销售发票入账的会计期间可能不正确	系统根据销售发票的信息自动汇总生成当期销售入账记录	定期执行人工销售截止检查程序 检查发票打印件的连续编号 复核并调查所有与发票不匹配的发运凭证	检查发票，重新执行销售截止检查程序
销售发票可能计入不正确的应收账款账户	系统将客户代码、商品发送地址、发运凭证、发票与应收账款主文档中的相关信息进行比对	应收账款客户主文档中明细余额的汇总金额应与应收账款总分类账核对 向客户发送月末对账单，调查并解决客户质询的差异	检查应收账款客户主文档中明细余额汇总金额的调节结果与应收账款总分类账是否核对相符，以及负责该项工作的员工签名 检查客户质询信件并确定问题是否已得到解决
上述所有风险		管理层根据关键业绩指标复核实际业绩，如实际销售与计划销售、实现的毛利率、应收账款周转天数、当前已逾期的应收账款账龄分析、注销坏账占逾期应收账款的比率	检查用于证明识别和解决与关键业绩指标不符的实际业绩问题的文件 询问管理层针对上述问题采取的解决措施
记录现金销售			
现金销售可能没有在销售时被记录 收到的现金可能没有存入银行	现金销售通过统一的收款台用收银机集中收款，并自动打印销售小票	销售小票应交予客户 通过监视器监督收款台 每个收款台都打印每日现金销售汇总表 计算每个收款台收到的现金，并与相关销售汇总表调节相符 独立检查所有收到的现金已存入银行	实地检查收银台、销售点并询问管理层，以确定在这些地方是否有足够的物理监控 检查结算记录上负责计算现金和与销售汇总表相调节工作的员工的签名 检查存款单和销售汇总表上的签名，证明已实施复核 重新检查已存入金额和销售汇总表金额

（续表）

风　险	计算机控制	人 工 控 制	控 制 测 试
应收账款收款			
客户使用支票支付货款，收取后可能未被存入银行	应收账款的内容和收取的数额都通过终端记录	任何可用于流通的支票必须被严格控制，由收款人在收到款项清单上签字 如果存款清单没有在收取支票时自动生成，由负责生成存款清单的人员在支票签收清单上签字，以证明收到了这些款项 独立检查所有收到的支票都被存入银行	检查在收到款项清单上的签字 检查支票签收清单上相关人员的签字 检查支票签收清单和存款清单上相关人员的签字 对所有通过邮寄收到的支票是否都被存入银行重新执行一次检查
客户通过电子货币转账系统或银行汇款支付的款项收取后可能没有被记录		无论客户通过电子货币转账系统还是银行汇款直接支付，均应分别将汇款通知上的金额与银行每日的电子货币转账清单或直接汇款清单进行比对	检查清单上相关人员的签名 重新执行比对程序
记录收款			
收款可能被记入不正确的应收账款账户	在录入应收账款账户的代码时，姓名和其他信息均取自主文档并在终端上显示	将终端显示的信息与汇款通知或支票的相关信息进行比较 向客户发送月末对账单，对客户质询的差异应予以调查并解决	检查客户质询信件并确定问题是否已被解决 询问尚未解决的质询和计划采取的措施
应收账款记录的收款与银行存款可能不一致	在编制存款清单时，系统自动贷记应收账款	定期独立编制银行存款余额调节表	检查负责编制银行存款余额调节表的员工签名
上述所有风险		管理层的监控主要涉及的内容：将每日现金汇总表和收款清单与银行存款清单相比较；客户对应收账款的质询和解决措施；应收账款主文档汇总金额与应收账款总分类账之间的调节；银行存款余额调节表；在应收账款账龄分析表中反映长期无法收回的金额；将实际业绩与关键收益指标进行比较	询问这些事项 检查证明实施这些监控程序的记录和文件

任务二　对销售与收款循环进行实质性测试

任务引入

蓝田 1996 年 6 月上市，证券代码 600709，现已退市。鼎盛时期的蓝田曾被誉为“中国农业第一股”“中国农业产业化旗帜”，创造了中国农业企业罕见的“蓝田神话”：总资产规模从上市前的 2.66 亿元发展到 2000 年年末的 28.38 亿元，增长了 10 倍；历年年报的业绩都在每股 0.60 元以上，最高达到 1.15 元，即使遭遇 1998 年特大洪灾，每股收益也达到不可思议的 0.81 元。然而，2001 年 10 月中央财经大学研究员刘姝威发表在《金融内参》上的一篇《应立即停止对蓝田股份发放贷款》的 600 字短文打破了“蓝田神话”，揭开了蓝田的神秘面纱。蓝田自上市之日起便连年造假，2002 年 5 月，因连续 3 年亏损，暂停上市。2003 年 12 月 31 日，蓝田董事长瞿兆玉因提供虚假会计报告罪，被判有期徒刑 2 年。

以下是刘姝威对蓝田销售收入的分析。

2000 年蓝田的农副水产品收入占主营业务收入的 69%，饮料收入占主营业务收入的 29%，两者合计占主营业务收入的 98%。

2001 年 8 月 29 日蓝田发布公告称：由于公司基地地处洪湖市瞿家湾镇，占公司产品 70%的水产品在养殖基地现场成交，上门提货的客户中个体比重大。因此，“钱货两清”成为惯例，应收款占主营业务收入比重较低。

2000 年蓝田的水产品收入位于渔业上市公司的同业最高水平，高于同业平均值 3 倍。

2000 年蓝田的应收款回收期位于渔业上市公司的同业最低水平，低于同业平均值大概 31 倍。这说明，在渔业上市公司中，蓝田股份给予买主的赊销期是最短的、销售条件是最严格的。

作为海洋渔业生产企业，华龙集团以应收账款回收期 7 天（相当于给予客户 7 天赊销期）的销售方式，只销售价值相当于蓝田水产品收入 5%的水产品；中水渔业以应收账款回收期 187 天（相当于给予客户 187 天赊销期，比蓝田“钱货两清”销售方式更优惠，对客户更有吸引力）的销售方式，只销售价值相当于蓝田水产品收入 26%的水产品。

蓝田的农副水产品生产基地位于湖北洪湖市，公司生产区是一个几十万亩的天然水产种养场。武昌鱼公司位于湖北鄂州市，距洪湖的直线距离 200 千米左右，其主营业务是淡水鱼类及其他水产品养殖，其应收款回收期是 577 天，比蓝田应收款回收期长 95 倍，但是其水产品收入只是蓝田水产品收入的 8%。洞庭水殖位于湖南常德市，距洪湖的直线距离 200 千米左右，其主营产品是淡水鱼及特种水产品，其产销量在湖南省位于前列，其应收款回收期是 178 天，比蓝田应收款回收期长 30 倍，这相当于给予客户 178 天赊销期，但是其水产品收入只是蓝田的 4%。在方圆 200 公里以内，武昌鱼和洞庭水殖与蓝田的淡水产品收入出现了巨大的差距。

武昌鱼和洞庭水殖与蓝田都生产淡水产品，产品的差异性很小，人们不会只喜欢洪湖里的鱼，而不喜欢武昌鱼或洞庭湖里的鱼。蓝田采取“钱货两清”和客户上门提货的销售方式，这与过去渔民在湖边卖鱼的传统销售方式是相同的。蓝田的传统销售方式不能支持其水产品收入异常高于同业企业。除非蓝田大幅度降低产品价格，巨大的价格差异才能对客户产生特殊的吸引力。但是，蓝田与武昌鱼和洞庭水殖位于同一地区，自然地理和人文条件相同，生产成本不会存在巨大的差异，如果蓝田大幅度降低产品价格，它将面临亏损。

根据以上分析，研究推理：蓝田不可能以“钱货两清”和客户上门提货的销售方式一年销售 12.7 亿元水产品。

任务分析

中央财经大学研究员刘姝威基于对蓝田的有关数据、行业发展状况、市场份额、可比的行业信息等项目的对比、分析，揭露出蓝田销售收入造假。通常，注册会计师在对交易和余额实施细节测试前应实施实质性分析程序，以识别是否有重大错报风险。

知识链接

一、销售与收款交易的实质性程序

（一）销售与收款交易的实质性分析程序

通常，注册会计师在对交易和余额实施细节测试前实施实质性分析程序，符合成本效益原则。具体到销售与收款交易和相关余额，其应用包括以下内容。

1. 识别需要运用实质性分析程序的账户余额或交易

就销售与收款交易和相关余额而言，通常需要运用实质性分析程序的是销售交易、收款交易、营业收入项目和应收账款项目。

2. 确定期望值

基于注册会计师对被审计单位的相关预算情况、行业发展状况、市场份额、可比的行业信息、经济形势和发展历程的了解，与营业额、毛利率和应收账款等的预期相关。

3. 确定可接受的差异额

在确定可接受的差异额时，注册会计师首先应关注所涉及的重要性和计划的保证水平的影响。此外，根据拟进行实质性分析的具体指标的不同，可接受的差异额的确定有时与管理层使用的关键业绩指标相关，并需考虑这些指标的适当性和监督过程。

4. 识别需要进一步调查的差异并调查异常数据的关系

注册会计师应当计算实际和期望值之间的差异，这涉及一些比率和比较，包括以下内容。

① 观察月度（或每周）的销售记录趋势，与往年或预算，或者同行业公司的销售情况相比较。任何异常波动都必须与管理层讨论，如果有必要的话还应做进一步的调查。

② 将销售毛利率与以前年度和预算或同行业公司的销售毛利率相比较。如果被审计单位各种产品的销售价格是不同的，那么就应当对每个产品或相近毛利率的产品组进行分类比较。任何重大的差异都需要与管理层沟通。

③ 计算应收账款周转率和存货周转率，并与以前年度或预算，或者同行业公司的相关

指标相比较。未预期的差异可能由很多因素引起，包括未记录销售、虚构销售记录或截止问题。

④ 检查异常项目的销售。例如，对大额销售及未从销售记录过入销售总账的销售应予以调查；对临近年末的异常销售记录更应加以特别关注。

5. 调查重大差异并做出判断

注册会计师在分析上述与预期相联系的指标后，如果认为存在未预期的重大差异，就可能需要对营业收入发生额和应收账款余额实施更加详细的细节测试。

6. 评价分析程序的结果

注册会计师应当就收集的审计证据是否能支持其试图证实的审计目标和认定形成结论。

（二）销售交易的细节测试

有些交易细节测试程序与环境条件关系不大，适用于各审计项目，有些则不然，要取决于被审计单位内部控制的健全程度和注册会计师实施控制测试的结果。接下来，我们按照表 6-3 中所列的顺序详细介绍销售交易常用的细节测试程序，有些程序在审计中常常被疏忽，而事实上恰恰需要注册会计师给予重视并根据它们做出审计决策。事先需要指出两点：一是这些细节测试程序并未包含销售交易全部的细节测试程序；二是其中有一些程序可以实现多项控制目标，而非仅能实现一项控制目标。

1. 登记入账的销售交易是真实的

对这一目标，注册会计师一般关心 3 类错误的可能性：①未曾发货却已将销售交易登记入账；②销售交易的重复入账；③向虚构的客户发货，并作为销售交易登记入账。

前两类错误可能是有意的，也可能是无意的，而第三类错误肯定是有意的。不难想象，将不真实的销售登记入账的情况虽然极少，但其后果却很严重，这会导致高估资产和收入。

鉴别高估销售究竟是有意还是无意的，这一点非常关键。尽管无意的高估也会导致应收账款的明显增多，但注册会计师通常可以通过函证发觉。对于有意的高估就不同了，由于作假者试图加以隐瞒，使得注册会计师较难发现。在这种情况下，注册会计师就有必要制定并实施适当的细节测试以发现这种有意的高估。

如何以适当的细节测试来发现不真实的销售，取决于注册会计师认为可能在何处发生错误。对“发生”这一目标而言，注册会计师通常只在认为内部控制存在薄弱环节时，才实施细节测试。因此，测试的性质取决于潜在的控制弱点的性质。

① 针对未曾发货却已将销售交易登记入账这类错误的可能性，注册会计师可以从主营业务收入明细账中抽取若干笔分录，追查有无发运凭证及其他佐证，借以查明有无事实上没有发货却已登记入账的销售交易。如果注册会计师对发运凭证等的真实性也有怀疑，就可能有必要再进一步追查存货的永续盘存记录，测试存货余额有无减少，以及考虑是否检查更多涉及外部单位的单据，如外部运输单位出具的运输单椐、客户签发的订货单据和到货签收记录等。

② 针对销售交易重复入账这类错误的可能性，注册会计师可以通过检查企业的销售交易记录清单以确定是否存在重号、缺号。

③ 针对向虚构的客户发货并作为销售交易登记入账这类错误发生的可能性，注册会计师应当检查主营业务收入明细账中与销售分录相应的销货单，以确定销售是否履行赊销审

批手续和发货审批手续。如果注册会计师认为被审计单位虚构客户和销售交易的风险较大，需要考虑是否对相关重要交易和客户的情况（如相关客户的经营场所、财务状况和股东情况等）专门展开进一步的独立调查。

检查上述 3 类高估销售错误的可能性的另一有效的办法是追查应收账款明细账中贷方发生额的记录。如果应收账款最终得以收回货款或由于合理的原因收到退货，则记录入账的销售交易一开始通常是真实的；如果贷方发生额是注销坏账，或者直到审计时所欠货款仍未收回而又没有合理的原因，就需要考虑详细追查相应的发运凭证和客户订购单等，因为这些迹象都说明可能存在虚构的销售交易。

当然，通常只有在注册会计师认为由于缺乏足够的内部控制而可能出现舞弊时，才有必要实施上述细节测试。

2. 已发生的销售交易均已登记入账

销售交易的审计一般更多侧重于检查高估资产与收入的问题。但是，如果内部控制不健全。例如，被审计单位没有由发运凭证追查至主营业务收入明细账这一独立内部核查程序，就有必要对完整性目标实施交易的细节测试。

从发货部门的档案中选取部分发运凭证，并追查至有关的销售发票副本和主营业务收入明细账，是测试未入账的发货的一种有效程序。为使这一程序成为一项有意义的测试，注册会计师必须能够确信全部发运凭证均已归档，这一点一般可以通过检查发运凭证的顺序编号来查明。

由原始凭证追查至明细账与从明细账追查至原始凭证是有区别的：前者是用来测试遗漏的交易（“完整性”目标），后者用来测试不真实的交易（“发生”目标）。

测试发生目标时，起点是明细账，即从主营业务收入明细账中抽取一个销售交易明细记录，追查至销售发票存根、发运凭证及客户订购单；测试完整性目标时，起点应是发运凭证，即从发运凭证中选取样本，追查至销售发票存根和主营业务收入明细账，以确定是否存在遗漏事项。

设计发生目标和完整性目标的细节测试程序时，确定追查凭证的起点即测试的方向很重要。例如，注册会计师如果关心的是发生目标，但弄错了追查的方向（即由发运凭证追查至明细账），就属于严重的审计缺陷。这一点在后面营业收入的实质性程序中还将进一步介绍。

在测试其他目标时，方向一般无关紧要。例如，测试交易业务计价的准确性时，可以由销售发票追查至发运凭证，也可以反向追查。

3. 登记入账的销售交易均经正确计价

销售交易计价的准确性包括按订货数量发货，按发货数量准确地开具账单，以及将账单上的数额准确地记入会计账簿。对这 3 个方面，每次审计中一般都要实施细节测试，以确保其准确无误。

典型的细节测试程序包括复算会计记录中的数据。通常的做法是，以主营业务收入明细账中的会计分录为起点，将所选择的交易业务的合计数与应收账款明细账和销售发票存根进行比较核对。销售发票存根上所列的单价，通常还要与经过批准的商品价目表进行比较核对，对其金额小计和合计数也要进行复算。发票中列出的商品的规格、数量和客户代码等，则应与发运凭证进行比较核对。另外，往往还要审核客户订购单和销售单中的同类数据。

将计价准确性目标中的控制测试和细节测试程序进行比较，便可作为例证来说明有效的内部控制如何节约了审计时间。很明显，评价目标的控制测试几乎不花太多时间，因为有时可能只需审核一下签字或其他内部核查的证据即可。内部控制如果有效，细节测试的样本量便可以减少，审计成本也因控制测试的成本较低而将大为降低。

4. 登记入账的销售交易分类恰当

如果销售分为现销和赊销两种，应注意不要在现销时借记应收账款，也不要在收回应收账款时贷记主营业务收入，同样不要将营业资产的转让（如固定资产转让）混为正常销售。对那些采用不止一种销售分类的企业，如果需要编制分部报表，正确的分类是极为重要的。

销售分类恰当的测试一般可与计价准确性测试一并进行。注册会计师可以通过审核原始凭证确定具体交易业务的类别是否恰当，并以此与账簿的实际记录进行比较。

5. 销售交易的记录及时

发货后应尽快开具账单并登记入账，以防止无意中漏记销售交易，确保它们记入正确的会计期间。在实施计价准确性细节测试的同时，一般要将选取的提货单或其他发运凭证的日期与相应的销售发票存根、主营业务收入明细账和应收账款明细账上的日期进行比较。如果有重大差异，被审计单位就可能存在销售截止期限上的错误。

6. 销售交易已正确地记入明细账并正确地汇总

应收账款明细账的记录如果不正确，将影响被审计单位收回应收账款，因此，将全部赊销业务正确地记入应收账款明细账极为重要。同理，为保证财务报表准确，主营业务收入明细账必须正确地加总并过入总账。在多数审计中，通常都要加总主营业务收入明细账，并将加总数和一些具体内容分别追查至主营业务收入总账及应收账款明细账或库存现金、银行存款日记账，以检查在销售过程中是否存在有意或无意的错报问题。不过这一测试的样本量要受内部控制的影响。从主营业务收入明细账追查至应收账款明细账，一般与为实现其他审计目标所实施的测试一并进行；而将主营业务收入明细账加总，并追查、核对加总数至其总账，则应作为一项单独的测试程序来执行。

（三）收款交易的细节测试

与销售交易的细节测试一样，收款交易的细节测试范围在一定程度上取决于关键控制是否存在及控制测试的结果。由于销售与收款交易同属一个循环，在经济活动中密切相连，因此，收款交易的一部分测试可与销售交易的测试一并执行，但收款交易的特殊性又决定了其另一部分测试仍需单独实施。

二、营业收入的实质性程序

（一）营业收入的审计目标

营业收入项目核算企业在销售商品、提供劳务等主营业务活动中产生的收入，以及企业确认的除主营业务活动以外的其他经营活动实现的收入，包括出租固定资产、出租无形资产、出租包装物和商品、销售材料等实现的收入。

其审计目标一般包括以下内容。

① 确定利润表中记录的营业收入是否已发生，且与被审计单位有关。

② 确定所有应当记录的营业收入是否均已记录。

③ 确定与营业收入有关的金额及其他数据是否已恰当记录，包括对销售退回、销售折扣与折让的处理是否适当。

④ 确定营业收入是否已记录于正确的会计期间。

⑤ 确定营业收入是否已按照企业会计准则的规定在财务报表中做出恰当的列报。

营业收入包括主营业务收入和其他业务收入，下面分别介绍这两部分的实质性程序。

（二）主营业务收入的实质性程序

主营业务收入的实质性程序一般包括以下内容。

1）获取或编制主营业务收入明细表。

① 复核加计是否正确，并与总账数和明细账合计数核对是否相符，结合其他业务收入科目与报表数核对是否相符。

② 检查以非记账本位币结算的主营业务收入的折算汇率及折算是否正确。

2）检查主营业务收入的确认条件、方法是否符合企业会计准则，前后期是否一致；关注周期性、偶然性的收入是否符合既定的收入确认原则、方法。

按照《企业会计准则第 14 号——收入》的要求，企业商品销售收入应在下列条件均能满足时予以确认。

① 企业已将商品所有权上的主要风险和报酬转移给购货方。

② 企业既没有保留通常与所有权相联系的继续管理权，也没有对已售出的商品实施有效控制。

③ 收入的金额能够可靠地计量。

④ 相关的经济利益很可能流入企业。

⑤ 相关的已发生或将发生的成本能够可靠地计量。

因此，对主营业务收入的实质性程序，应在了解被审计单位确认产品销售收入的会计政策的基础上，重点测试被审计单位是否依据上述 5 个条件确认产品销售收入。

具体来说，被审计单位采取的销售方式不同，确认销售的时点也是不同的。

一是采用交款提货销售方式，通常应于货款已收到或取得收取货款的权利，同时已将发票账单和提货单交给购货单位时确认收入的实现。对此，注册会计师应着重检查被审计单位是否收到货款或取得收取货款的权利，发票账单和提货单是否已交付购货单位。应注意有无相应结算凭证，将当期收入转入下期入账的现象，或者虚记收入、开具假发票、虚列购货单位，将当期未实现的收入虚转为收入记账，在下期予以冲销的现象。

二是采用预收账款销售方式，通常应于商品已经发出时，确认收入的实现。对此，注册会计师应重点检查被审计单位是否收到了货款，商品是否已经发出。应注意是否存在对已收货款并已将商品发出的交易不入账、转为下期收入，或者开具虚假出库凭证、虚增收入等现象。

三是采用托收承付结算方式，通常应于商品已经发出，劳务已经提供，并已将发票账单提交银行、办妥收款手续时确认收入的实现。对此，注册会计师应重点检查被审计单位是否发货、托收手续是否办妥、货物发运凭证是否真实、托收承付结算回单是否正确。

四是销售合同或协议明确销售价款的收取采用递延方式，可能实质上具有融资性质的，应当按照应收的合同或协议价款的公允价值确定销售商品收入金额。应收的合同或协议价款与其公允价格之间的差额，通常应当在合同或协议期间内采用实际利率法进行摊销，计入当期损益。

五是长期工程合同收入，如果合同的结果能够可靠估计，通常应当根据完工百分比法确认合同收入。注册会计师应重点检查收入的计算、确认方法是否合乎规定，并核对应计收入与实际收入是否一致，注意查明有无随意确认收入、虚增或虚减本期收入的情况。

六是销售商品房的，通常应在商品房已经移交并将发票结算账单提交对方时确认收入。对此，注册会计师应重点检查已办理的移交手续是否符合规定要求，发票账单是否已交对方。如果被审计单位事先与买方签订了不可撤销合同，按合同要求开发房地产，则通常应按建造合同的处理原则处理。

3）必要时，实施以下实质性分析程序。

① 针对已识别需要运用分析程序的有关项目，并基于对被审计单位及其环境的了解，通过进行以下比较，同时考虑有关数据间关系的影响，以建立有关数据的期望值。

- 将本期的主营业务收入与上期的主营业务收入、销售预算或预测数等进行比较，分析主营业务收入及其构成的变动是否异常，并分析异常变动的原因。
- 计算本期重要产品的毛利率，与上期或预算，或者预测数据比较，检查是否存在异常，各期之间是否存在重大波动，查明原因。
- 比较本期各月各类主营业务收入的波动情况，分析其变动趋势是否正常，是否符合被审计单位季节性、周期性的经营规律，查明异常现象和重大波动的原因。
- 将本期重要产品的毛利率与同行业企业进行对比分析，检查是否存在异常。
- 根据增值税发票中报表或普通发票，估算全年收入，与实际收入金额比较。

② 确定可接受的差异额。

③ 将实际的情况与期望值相比较，识别需要进一步调查的差异。

④ 如果其差额超过可接受的差异额，调查并获取充分的解释和恰当的、佐证性质的审计证据（如通过检查相关的凭证等）。

⑤ 评估分析程序的测试结果。

4）获取产品价格目录，抽查售价是否符合价格政策，并注意销售给关联方或关系密切的重要客户的产品价格是否合理，有无以低价或高价结算的方法相互之间转移利润的现象。

5）抽取本期一定数量的发运凭证，审查存货出库日期、品名、数量等是否与销售发票、销售合同、记账凭证等一致。

6）抽取本期一定数量的记账凭证，审查入账日期、品名、数量、单价及金额等是否与销售发票、发运凭证、销售合同等一致。

7）结合对应收账款实施的函证程序，选择主要客户函证本期销售额。

8）对于出口销售，应当将销售记录与出口报关单、货运提单、销售发票等出口销售单据进行核对，必要时向海关函证。

9）实施销售的截止测试。

① 选取资产负债表日前后若干天一定金额以上的发运凭证，与应收账款和收入明细账

进行核对。同时，从应收账款和收入明细账选取在资产负债表日前后若干天一定金额以上的凭证，与发运凭证核对，以确定销售是否存在跨期现象。

② 复核资产负债表日前后销售和发货水平，确定业务活动水平是否异常，并考虑是否有必要追加实施截止测试程序。

③ 取得资产负债表日后所有的销售退回记录，检查是否存在提前确认收入的情况。

④ 结合对资产负债表日应收账款的函证程序，检查有无未取得对方认可的大额销售。

⑤ 调整重大跨期销售。

对销售实施截止测试，其目的主要在于确定被审计单位主营业务收入的会计记录归属期是否正确；应记入本期或下期的主营业务收入是否被推延至下期或提前至本期。

我国《企业会计准则——基本准则》规定“企业对于已经发生的交易或者事项，应当及时进行会计确认、计量和报告，不得提前或者延后”，并规定“收入只有在经济利益很可能流入从而导致企业资产增加或者负债减少且经济利益的流入能够可靠计量时才能予以确认”。据此，注册会计师在审计中应该注意把握 3 个与主营业务收入确认有着密切关系的日期：一是发票开具日期；二是记账日期；三是发货日期（服务业则是提供劳务的日期）。这里的发票开具日期是指开具增值税专用发票或普通发票的日期；记账日期是指被审计单位确认主营业务收入实现并将该笔经济业务记入主营业务收入账户的日期；发货日期是指仓库开具出库单并发出库存商品的日期。检查三者是否归属于同一适当会计期间常常是主营业务收入截止测试的关键所在。

围绕上述 3 个重要日期，在审计实务中，注册会计师可以考虑选择 3 条审计路径实施主营业务收入的截止测试。

一是以账簿记录为起点。从资产负债表日前后若干天的账簿记录查至记账凭证，检查发票存根与发运凭证，目的是证实已入账收入是否在同一期间已开具发票并发货，有无多记收入。这种方法的优点是比较直观，容易追查至相关凭证记录，以确定其是否应在本期确认收入，特别是在连续审计两个以上会计期间时，检查跨期收入十分便捷，可以提高审计效率；缺点是缺乏全面性和连贯性，只能查多记，无法查漏记，尤其是与本期漏记收入延至下期而审计时被审计单位尚未及时登账时，不易发现应记入而未记入报告期收入的情况。因此，使用这种方法主要是为了防止多计收入。

二是以销售发票为起点。从资产负债表日前后若干天的发票存根查至发运凭证与账簿记录，确定已开具发票的货物是否已发货并于同一会计期间确认收入。具体做法是，抽取若干张在资产负债表日前后开具的销售发票的存根，追查至发运凭证和账簿记录，查明有无漏记收入现象。这种方法也有其优缺点，优点是较全面、连贯，容易发现漏记的收入；缺点是较费时费力，有时难以查找相应的发货及账簿记录，而且不易发现多记的收入。使用该方法时应注意两点。

- 相应的发运凭证是否齐全，特别应注意有无报告期内已做收入而下期初用红字冲回，并且无发货、收货记录，以此来调节前后期利润的情况。
- 被审计单位的发票存根是否已全部提供，有无隐瞒。为此，应查看被审计单位的销售发票存根的连续编号是否完整，并考虑查看发票领购簿，尤其应关注普通发票的领购和使用情况。因此，使用这种方法主要是为了防止少计收入。

三是以发运凭证为起点。从资产负债表日前后若干天的发运凭证查至发票开具情况与账簿记录，确定主营业务收入是否已记入恰当的会计期间。该方法的优缺点与方法二类似，使用这种方法主要也是为了防止少计收入。

上述 3 条审计路径在实务中均被广泛采用，它们并不是孤立的，注册会计师可以考虑在同一被审计单位财务报表审计中并用这 3 条路径，甚至可以在同一主营业务收入科目审计中并用。实际上，由于被审计单位的具体情况各异，管理层意图各不相同，有的为了完成利润目标、承包指标，更多地享受税收等优惠政策，便于筹资等目的，可能会多计收入；有的则为了以丰补歉、留有余地、推迟缴税时间等目的而少计收入。因此，为提高审计效率，注册会计师应当凭借专业经验和所掌握的信息、资料做出正确判断，选择其中的一条或两条审计路径实施更有效的收入截止测试。

10）存在销货退回的，检查相关手续是否符合规定，结合原始销售凭证检查其会计处理是否正确，结合存货项目审计关注其真实性。

11）检查销售折扣与折让。

企业在销售交易中，往往会因产品品种不符、质量不符合要求及结算方面的原因发生销售折扣与折让。尽管引起销售折扣与折让的原因不尽相同，其表现形式也不尽一致，但都是对收入的抵减，直接影响收入的确认和计量。因此，注册会计师应重视折扣与折让的审计。销售折扣与折让的实质性程序主要包括以下内容。

① 获取或编制折扣与折让明细表，复核加计正确，并与明细账合计数核对相符。

② 取得被审计单位有关折扣与折让的具体规定和其他文件资料，并抽查较大的折扣与折让发生额的授权批准情况，与实际执行情况进行核对，检查其是否经授权批准，是否合法、真实。

③ 销售折扣与折让是否及时足额提交对方，有无虚设中介、转移收入、私设账外“小金库”等情况。

④ 检查折扣与折让的会计处理是否正确。

12）检查有无特殊的销售行为，如附有销售退回条件的商品销售、委托代销、售后回购、以旧换新、商品需要安装和检验的销售、分期收款销售、出口销售和售后租回等，选择恰当的审计程序进行审核。

① 附有销售退回条件的商品销售，如果对退货部分能进行合理估计的，确定其是否按估计不会退货部分确认收入；如果对退货部分不能进行合理估计的，确定其是否在退货期满时确认收入。

② 售后回购，分析特定销售回购的实质，判断其是属于真正的销售交易，还是属于融资行为。

③ 以旧换新销售，确定销售的商品是否按照商品销售的方法确认收入，回收的商品是否作为购进商品处理。

④ 出口销售，确定其是否按离岸价格、到岸价格或成本加运费价格等不同的成交方式，确认收入的时点和金额。

13）调查向关联方销售的情况，记录其交易品种、价格、数量、金额及占主营业务收入总额的比例。对于合并范围内的销售活动，记录应予合并抵销的金额。

14）调查集团内部销售的情况，记录其交易价格、数量和金额，并追查在编制合并财务报表时是否已予以抵销。

15）确定主营业务收入的列报是否恰当。

（三）其他业务收入的实质性程序

其他业务收入的实质性程序一般包括以下内容。

1）获取或编制其他业务收入明细表，复核加计是否正确，并与总账数和明细账合计数核对是否相符，结合主营业务收入科目与营业收入报表数核对是否相符。

2）计算本期其他业务收入与其他业务成本的比率，并与上期该比率比较，检查是否有重大波动，如果有，应查明原因。

3）检查其他业务收入内容是否真实、合法，收入确认原则及会计处理是否符合规定，择要抽查原始凭证予以核实。

4）对异常项目，应追查入账依据及有关法律文件是否充分。

5）抽查资产负债表日前后一定数量的记账凭证，实施截止测试，追踪到销售发票、收据等，确定入账时间是否正确，对于重大跨期事项做必要的调整建议。

6）确定其他业务收入在财务报表中的列报是否恰当。

三、应收账款的实质性程序

应收账款余额一般包括应收账款账面余额和相应的坏账准备两部分。

由于坏账准备与应收账款的联系非常紧密，我们把对坏账准备的审计与对应收账款的审计合在一起予以阐述。

（一）应收账款的审计目标

应收账款的审计目标一般包括以下几种。

① 确定资产负债表中记录的应收账款是否存在。

② 确定所有应当记录的应收账款是否均已记录。

③ 确定记录的应收账款是否被审计单位拥有或控制。

④ 确定应收账款是否可收回，坏账准备的计提方法和比例是否恰当，计提是否充分。

⑤ 确定应收账款及其坏账准备期末余额是否正确。

⑥ 确定应收账款及其坏账准备是否已按照企业会计准则的规定在财务报表中做出恰当列报。

（二）应收账款实质性程序包括的内容

1）取得或编制应收账款明细表。

① 复核加计正确，并与总账数和明细账合计数核对是否相符；结合坏账准备科目与报表数核对是否相符。应当注意，应收账款报表数反映企业因销售商品、提供劳务等应向购买单位收取的各种款项，减去已计提的相应的坏账准备后的净额。因此，其报表数应同应收账款总账数和明细账数分别减去与应收账款相应的坏账准备总账数及明细账数后的余额核对相符。

② 检查非记账本位币应收账款的折算汇率及折算是否正确。对于用非记账本位币（通常为外币）结算的应收账款，注册会计师应检查被审计单位外币应收账款的增减变动是否

采用交易发生日的即期汇率将外币金额折算为记账本位币金额，或者采用按照系统合理的方法确定的、与交易发生日即期汇率近似的汇率折算，选择采用汇率的方法前后各期是否一致；期末外币应收账款余额是否采用期末即期汇率折合为记账本位币金额；折算差额的会计处理是否正确。

③ 分析有贷方余额的项目，查明原因，必要时，建议进行重分类调整。

④ 结合其他应收款、预收款项等往来项目的明细余额，调查有无同一客户多处挂账、异常余额或与销售无关的其他款项（如代销账户、关联方账户或员工账户）。如果有，应做出记录，必要时提出调整建议。

2）检查涉及应收账款的相关财务指标。

① 复核应收账款借方累计发生额与主营业务收入关系是否合理，并将当期应收账款借方发生额占销售收入净额的百分比与管理层考核指标比较和被审计单位相关赊销政策比较，如果存在异常应查明原因。

② 计算应收账款周转率、应收账款周转天数等指标，并与被审计单位相关赊销政策、被审计单位以前年度指标、同行业同期相关指标对比分析，检查是否存在重大异常。

3）检查应收账款账龄分析是否正确。

① 获取或编制应收账款账龄分析表。注册会计师可以通过获取或编制应收账款账龄分析表来分析应收账款的账龄，以便了解应收账款的可收回性。应收账款账龄分析表参考格式如表6-7所示。

表6-7 应收账款账龄分析表

年 月 日　　　　　　货币单位：

客户名称	期末余额	账龄			
		1年以内	1～2年	2～3年	3年以上
合计					

应收账款的账龄，通常是指资产负债表中的应收账款从销售实现、产生应收账款之日起，至资产负债表日止经历的时间。编制应收账款账龄分析表时，可以考虑选择重要的客户及其余额列示，而将不重要的或余额较小的汇总列示。应收账款账龄分析表的合计数减去已计提的相应坏账准备后的净额，应该等于资产负债表中的应收账款项目余额。

② 测试应收账款账龄分析表计算的准确性，并将应收账款账龄分析表中的合计数与应收账款总分类账余额相比较，并调查重大调节项目。

③ 检查原始凭证，如销售发票、运输记录等，测试账龄划分的准确性。

4）向债务人函证应收账款。

函证应收账款的目的在于证实应收账款账户余额的真实性、正确性，防止或发现被审计单位及其有关人员在销售交易中发生的错误或舞弊行为。通过函证应收账款，可以比较有效地证明被询证者（即债务人）的存在和被审计单位记录的可靠性。

注册会计师应当考虑被审计单位的经营环境、内部控制的有效性、应收账款账户的性质、被询证者处理询证函的习惯做法及回函的可能性等，以确定应收账款函证的范围、对象、方式和时间。

① 函证的范围和对象。除非有充分证据表明应收账款对被审计单位财务报表而言是不

重要的，或者函证很可能是无效的，否则注册会计师应当对应收账款进行函证。如果注册会计师不对应收账款进行函证，应当在审计工作底稿中说明理由。如果认为函证很可能是无效的，注册会计师应当实施替代审计程序，获取相关、可靠的审计证据。函证数量的多少、范围是由诸多因素决定的，主要有以下几种。

一是应收账款在全部资产中的重要性。如果应收账款在全部资产中所占的比重较大，则函证的范围应相应大一些。

二是被审计单位内部控制的强弱。如果内部控制制度较健全，则可以相应减少函证量；反之，则应相应扩大函证范围。

三是以前期间的函证结果。如果以前期间函证中发现过重大差异，或者欠款纠纷较多，则函证范围应相应扩大一些。

一般情况下，注册会计师应选择这些项目作为函证对象：大额或账龄较长的项目；与债务人发生纠纷的项目；重大关联方项目；主要客户（包括关系密切的客户）项目；交易频繁但期末余额较小甚至余额为 0 的项目；可能产生重大错报或舞弊的非正常的项目。

② 函证的方式。注册会计师可采用积极的或消极的函证方式实施函证，也可将两种方式结合使用。

参考格式 6-1 提供了积极式询证函的格式；参考格式 6-2 列示了消极式询证函的格式。

参考格式 6-1　积极式询证函

企业询证函

编号：________

××（公司）：

本公司聘请的××会计师事务所正在对本公司××年度财务报表进行审计，按照《中国注册会计师审计准则》的要求，应当询证本公司与贵公司的往来账项等事项。下列数据出自本公司账簿记录，如果与贵公司记录相符，请在本函下端“信息证明无误”处签章证明；如果有不符的情况，请在“信息不符”处列明不符金额。回函请直接寄至××会计师事务所。

回函地址：________________________________

邮编：________　电话：________　传真：________　联系人：________

1. 本公司与贵公司的往来账项列示如下：

元

截止日期	贵公司欠	欠贵公司	备注

2. 其他事项。本函仅为复核账目之用，并非催款结算。如果款项在上述日期之后已经付清，仍请及时函复为盼。

（公司盖章）
年　月　日

结论：　1.信息证明无误。

（公司盖章）
年　月　日
经办人：

2.信息不符，请列明不符的详细情况：

（公司盖章）
年　月　日
经办人：

参考格式 6-2　消极式询证函格式

企业询证函

编号：________

××（公司）：

本公司聘请的××会计师事务所正在对本公司××年度财务报表进行审计，按照《中国注册会计师审计准则》的要求，应当询证本公司与贵公司的往来账项等事项。下列数据出自本公司账簿记录，如果与贵公司记录相符，则无须回复；如果有不符的情况，请直接通知会计师事务所，并请在空白处列明贵公司认为是正确的信息。回函请直接寄至××会计师事务所。

回函地址：

邮编：________　电话：________　传真：________　联系人：________

1. 本公司与贵公司的往来账项列示如下：

元

截止日期	贵公司欠	欠贵公司	备注

2. 其他事项。本函仅为复核账目之用，并非催款结算。如果款项在上述日期之后已经付清，仍请及时核对为盼。

（公司盖章）

年　月　日

××会计师事务所：

上面的信息不正确，差异如下：

（公司盖章）

年　月　日

经办人：

③ 函证时间的选择。注册会计师通常以资产负债表日为截止日，在资产负债表日后适当时间内实施函证。如果重大错报风险评估为低水平，注册会计师可选择资产负债表日前适当日期为截止日实施函证，并对所函证项目自该截止日起至资产负债表日止发生的变动实施实质性程序。

④ 函证的控制。注册会计师通常利用被审计单位提供的应收账款明细账户名称及客户地址等资料据以编制询证函，但注册会计师应当对确定需要确认或填列的信息、选择适当的被询证者、设计询证函及发出和跟进（包括收回）询证函保持控制。

注册会计师可通过函证结果汇总表的方式对询证函的收回情况加以控制。函证结果汇总如表 6-8 所示。

⑤ 对不符事项的处理。对应收账款而言，登记入账的时间不同而产生的不符事项主要表现为以下几个方面。

- 询证函发出时，债务人已经付款，而被审计单位尚未收到货款。
- 询证函发出时，被审计单位的货物已经发出并已做销售记录，但货物仍在途中，债务人尚未收到货物。
- 债务人由于某种原因将货物退回，而被审计单位尚未收到。

表 6-8　应收账款函证结果汇总

被审计单位名称：＿＿＿＿＿＿　　制表：＿＿＿＿　　日期：＿＿＿＿＿＿

结账日：＿＿＿＿年＿＿月＿＿日　　复核：＿＿＿＿　　日期：＿＿＿＿＿＿

询证函编号	债务人名称	债务人地址及联系方式	账面金额	函证方式	函证日期		回函日期	替代程序	确认余额	差异金额及说明	备注
					第一次	第二次					
合　计											

- 债务人对收到的货物的数量、质量及价格等方面有异议而全部或部分拒付货款等。如果不符事项构成错报，注册会计师应当评价该错报是否表明存在舞弊，并重新考虑所实施审计程序的性质、时间和范围。

⑥ 对函证结果的总结和评价。注册会计师对函证结果可进行如下评价。

- 重新考虑对内部控制的原有评价是否适当，控制测试的结果是否适当；分析程序的结果是否适当；相关的风险评价是否适当等。
- 如果函证结果表明没有审计差异，则可以合理地推论，全部应收账款总体是正确的。
- 如果函证结果表明存在审计差异，则应当估算应收账款总额中可能出现的累计差错是多少，估算未被选中进行函证的应收账款的累计差错是多少。为取得对应收账款累计差错更加准确的估计，也可以进一步扩大函证范围。

需要指出的是，注册会计师应当将询证函问函作为审计证据，纳入审计工作底稿管理，询证函问函的所有权归属于会计师事务所。除法院、检察院及其他有关部门依法查阅审计工作底稿，注册会计师协会对执业情况进行检查及前后任注册会计师沟通等情形外，会计师事务所不得将询证函回函提供给被审计单位作为法律诉讼证据。

5）确定已收回的应收账款金额。

请被审计单位协助，在应收账款账龄明细表中标出至审计时已收回的应收账款金额，对已收回金额较大的款项进行常规检查，如核对收款凭证、银行对账单、销货发票等，并注意凭证发生日期的合理性，分析收款时间是否与合同相关要素一致。

6）对未函证应收账款实施替代审计程序。

通常，注册会计师不可能对所有应收账款进行函证，因此，对于未函证应收账款，注册会计师应抽查有关原始凭据，如销售合同、销售订购单、销售发票副本、发运凭证及回款单据等，以验证与其相关的应收账款的真实性。

7）检查坏账的确认和处理。

首先，注册会计师应检查有无债务人破产或死亡的，以及破产或以遗产清偿后仍无法收回的，或者债务人长期未履行清偿义务的应收账款；其次，应检查被审计单位坏账的处理是否经授权批准，有关会计处理是否正确。

8）抽查有无不属于结算业务的债权。

不属于结算业务的债权，不应在应收账款中进行核算。因此，注册会计师应抽查应收账款明细账，并追查有关原始凭证，查证被审计单位有无不属于结算业务的债权。如果有，应建议被审计单位进行适当调整。

9）检查应收账款的贴现、质押或出售。

检查银行存款和银行借款等询证函的回函、会议纪要、借款协议和其他文件，确定应收账款是否已被贴现、质押或出售，应收账款贴现业务是否满足金融资产转移终止确认条件，其会计处理是否正确。

10）对应收账款实施关联方及其交易审计程序。

标明应收关联方[包括持股 5%以上（含 5%）股东]的款项，实施关联方及其交易审计程序，并注明合并财务报表时应予抵销的金额；对关联企业、有密切关系的主要客户的交易事项做专门核查。

① 了解交易事项的目的、价格和条件，进行比较分析。

② 检查销售合同、销售发票、发运凭证等相关文件资料。

③ 检查收款凭证等货款结算单据。

④ 向关联方或有密切关系的主要客户函询，以确认交易的真实性、合理性。

11）确定应收账款的列报是否恰当。

如果被审计单位为上市公司，则其财务报表附注通常应披露期初、期末余额的账龄分析，期末欠款金额较大的单位账款，以及持有 5%以上（含 5%）股份的股东单位账款等情况。

（三）坏账准备的实质性程序

企业会计准则规定，企业应当在期末对应收款项进行检查，并合理预计可能产生的坏账损失。应收款项包括应收票据、应收账款、预付款项、其他应收款和长期应收款等，下面以应收账款相关的坏账准备为例，阐述坏账准备审计常用的实质性程序。

1）取得或编制坏账准备明细表，复核加计是否正确，与坏账准备总账数、明细账合计数核对是否相符。

2）将应收账款坏账准备本期计提数与资产减值损失相应明细项目的发生额核对是否相符。

3）检查应收账款坏账准备计提和核销的批准程序，取得书面报告等证明文件，评价计提坏账准备所依据的资料、假设及方法。

企业应根据所持应收账款的实际可收回情况，合理计提坏账准备，不得多提或少提，否则应视为滥用会计估计，按照重大会计差错更正的方法进行会计处理。

对于单项金额重大的应收账款，企业应当单独进行减值测试，如果客观证据证明其实已发生减值，应当计提坏账准备。对于单项金额不重大的应收账款，可以单独进行减值测试，或者包括在具有类似信用风险特征的应收账款组合中（如账龄分析）进行减值测试。此外，单独测试未发生减值的应收账款，应当包括在具有类似信用风险特征的应收账款组合中（如账龄分析）再进行减值测试。

采用账龄分析法时，收到债务单位当期偿还的部分债务后，剩余的应收账款，不应改变其账龄，仍应按原账龄加上本期应增加的账龄确定；在存在多笔应收账款且各笔应收账款账龄不同的情况下，收到债务单位当期偿还的部分债务，应当逐笔认定收到的是哪一笔应收账款；如果确实无法认定的，按照先发生先收回的原则确定，剩余应收账款的账龄按上述同一原则确定。

在确定坏账准备的计提比例时，企业应当在综合考虑以往的经验、债务单位的实际财务状况和预计未来现金流量（不包括尚未发生的未来信用损失）等因素，以及其他相关信息的基础上做出合理估计。

4）实际发生坏账损失的，检查转销依据是否符合有关规定，会计处理是否正确。对于被审计单位在被审计期间内发生的坏账损失，注册会计师应检查其原因是否清楚，是否符合有关规定，有无授权批准，有无已做坏账处理后又重新收回的应收账款，相应的会计处理是否正确。对有确凿证据表明确实无法收回的应收账款，如债务单位已撤销、破产、资不抵债、现金流量严重不足等，企业应根据管理权限，经股东（大）会或董事会，或者经理（厂长）办公会或类似机构批准作为坏账损失，冲销提取的坏账准备。

5）已经确认并转销的坏账重新收回的，检查其会计处理是否正确。

6）检查函证结果。对债务人回函中反映的例外事项及存在争议的余额，注册会计师应查明原因并做记录。必要时，应建议被审计单位做相应的调整。

7）实施分析程序。通过比较前期坏账准备计提数和实际发生数，以及检查期后事项，评价应收账款坏账准备计提的合理性。

8）确定应收账款坏账准备的披露是否恰当。企业应当在财务报表附注中清晰地说明坏账的确认标准、坏账准备的计提方法和计提比例。同时，上市公司还应在财务报表附注中分项披露如下事项。

① 本期全额计提坏账准备，或者计提坏账准备的比例较大的（计提比例一般超过40%及以上的，下同），应说明计提的比例及理由。

② 以前期间已全额计提坏账准备，或者计提坏账准备的比例较大但在本期又全额或部分收回的，或者通过重组等其他方式收回的，应说明其原因、原估计计提比例的理由及原估计计提比例的合理性。

③ 本期实际冲销的应收款项及其理由，其中，实际冲销的关联交易产生的应收账款应单独披露。

参考资料

《企业内部控制基本规范》（2008年）

《内部会计控制规范》

思考与讨论

1. 销售与收款循环的特点是什么？

2. 销售交易的内部控制目标、关键内部控制与测试的关系是什么？

3. 销售交易的内部控制有哪些内容？
4. 收款交易的内部控制目标、关键内部控制与测试的关系是什么？
5. 收款交易的内部控制有哪些内容？
6. 如何评估收入交易的重大错报风险？
7. 如何以内部控制目标为起点对销售与收款循环的控制进行测试？
8. 如何以风险为起点对销售与收款循环的控制进行测试？
9. 如何对营业收入、应收账款等项目进行实质性测试？

案例分析

1. 注册会计师张某等 3 人接受会计师事务所的委派，对甲公司 2016 年度的会计报表进行审计。3 名注册会计师对该公司的内部控制制度进行了解和测试，了解到该公司在销售与收款循环中有如下控制活动。

（1）接收客户需求开出销售订单。业务员将要货信息通过传真通知销售内勤人员，内勤人员核对当日库存后，填制一式两联的销售订单，一份给车队安排发货，一份传递到业务室开票员处。

（2）开票员根据销售订单开具销售通知单。开票员根据销售订单，对销售价格、销售类型（现销和赊销）、账期、赊销额度、有无超账期未付款情况进行核对后，开具一式六联的销售通知单，在销售通知单上盖“销售章”，开票员在销售通知单上签字、内勤人员就销售通知单内容和订单内容核对后，代业务员在销售通知单上签字。开票员将六联销售通知单传递给营业室财务开发票人员。

（3）财务审核销售通知单后开具销售发票。开销售发票人员对销售价格、账期、销售类型（现销和赊销）、赊销额度、有无超账期未付款情况进行审核后，如果是赊销，在销售通知单上盖“赊销”章；如果是现销，在销售通知单上盖“现销”。开销售发票人员签字后，留下两联（财务联和销售统计联），剩下四联给销售内勤并转交送货车队。同时开销售发票人员还要开具一式三联的销售发票并在销售发票上签字，将签字后的一联销售发票交给车队由车队转交客户，一联自留，一联交财务。

（4）车队拿销售通知单到库房提货。车队拿四联销售通知单和一联销售发票到库房提货，库房验票员在计算机系统验票后，在销售通知单上盖“验票章”并签字，库房发货员根据销售通知单上要货的种类和数量发货，并在销售通知单上签字。库房管理员留下一联销售通知单（提货联），剩余三联返还给车队。

（5）门卫检查后放行。车队将货物运送出门，将销售通知单的一联（出门联）交给门卫，门卫对销售通知单上应该具有的“章”和“签字”逐一进行核对，核对无误后方可放行。

（6）到货确认和收款。车队送到货后，客户将销售通知单中的“客户联”和一联销售发票留下，在另外一联销售通知单（业务员联）上签字，交给车队，表明货物收到；如果是赊销，客户也可能会给一张欠款的收据。车队将签字确认后的销售通知单或客户出具的欠款收据交销售内勤人员，销售内勤人员将其记录入台账，业务员在台账上签字后拿走，作为货款催收的凭证。如果是现销，客户将支票或现金交给送货车队，车队将支票或现金交给营业室财务收款人员，财务收款员给车队开收据，收据由车队交销售内勤，业务员在台账上签字后拿走。

收款会计收到款项后，每天编制日现销汇总表，一式三份，除自留一份外，第二份和销售通知单中的销售统计联一起送到销售统计处，销售统计复核后留存；第三份和销售通知单财务联一起送到公司财务做账。

（7）应收账款对账。对于赊销的业务，销售通知单中销售统计联留在开票会计处，每到周一，根据销售统计联，对超账期未收款的客户统计出名单，上报公司财务，公司财务通知应收账款记账员催款。到月底仍未回款，应收账款记账员要写出书面说明，在超期应收账款表上签字确认，同时，还要向财务提供经客户签章确认的欠款书面说明，欠款书面说明上要留有客户电话，财务部门要与客户电话沟通确认。年底，所有的应收账款都需要经过应收账款记账员签字确认，5 万元以上的应收账款需要财务部门和业务员共同到客户处对账，其他应收账款要取得客户的签章书面确认。

要求：

（1）根据上述资料，指出甲公司销售与收款循环内部控制在设计与运行方面的缺陷。

（2）讨论甲公司在销售与收款循环中应建立的主要控制活动及注册会计师应进行的控制测试程序。

2. 注册会计师张某等 3 人接受会计师事务所委派，对主营港口业务的甲公司 2012 年度财务报表进行审计，并提取了以下相关资料。

（1）甲公司 2016 年的吞吐量和净利润情况。甲公司 2016 年的吞吐量和净利润情况如表 6-9 所示。

表 6-9　甲公司 2016 年的吞吐量和净利润情况

相关指标	2016 年（上半年）	2016 年（下半年）
吞吐量/万吨	540	570
净利润/万元	5 359	−520

（2）甲公司连续 6 年的相关指标。甲公司连续 6 年的相关指标如表 6-10 所示。

表 6-10　甲公司连续 6 年的相关指标

相关指标	2016 年	2015 年	2014 年	2013 年	2012 年	2011 年
油品收入/万元	12 608	10 305	10 526	8 685	7 259	5 628
杂货收入/万元	13 789	13 805	10 983	9 927	9 506	6 985
装卸收入合计/万元	26 397	24 110	21 509	18 612	16 765	12 613
其他收入/万元	2 256	6 302	10 101	7 408	8 477	5 955
主营收入合计/万元	28 653	30 412	31 610	26 020	25 242	18 568
吞吐量/万吨	1 110	1 006	736	574	504	438
吨位费/（元/吨）	24	24	29	32	33	29

（3）甲公司连续 4 年的固定资产折旧费及财务费用情况。甲公司连续 4 年的固定资产折旧费及财务费用情况如表 6-11 所示。

表 6-11　甲公司连续 4 年的固定资产折旧费及财务费用情况

相关指标	2012 年	2011 年	2010 年	2009 年	合　计
折旧费/万元	3 910	3 036	2 513	2 498	11 957
财务费用/万元	3 139	2 283	882	1 280	7 584
合计	7 049	5 319	3 395	3 778	19 541

（4）2016 年同行业公司的有关指标比较。2016 年同行业公司的有关指标比较如表 6-12 所示。

表 6-12　2016 年同行业公司的有关指标

上市公司	主营业务收入/万元	固定资产净值/万元	固定资产周转率（主营业务收入/固定资产净值）
东方港	213 847	374 049	0.57
南方港	20 391	34 204	0.6
北方港	10 297	41 701	0.25
华北港	100 067	149 635	0.67
华东湾	47 585	118 886	0.4
盐水港	38 341	105 441	0.36
合计	430 528	823 916	0.52
甲公司	28 653	137 291	0.21

要求：

（1）根据上述资料，指出甲公司在营业收入上可能存在的问题。

（2）指出注册会计师对甲公司营业收入的审计分析过程。

3. 1938 年，美国纽约州的麦克森·罗宾斯药材公司（以下简称罗宾斯药材公司）突然宣布倒闭。在经济萧条时期，股份公司的倒闭本来习以为常。然而，该公司的倒闭，却震惊了审计界，究其原因，是因为该案涉及审计程序中的一系列问题。

1938 年初，长期贷款给罗宾斯药材公司的朱利安·汤普森公司（以下简称汤普森公司），在审核罗宾斯药材公司财务报表时发现两个疑问。第一，罗宾斯药材公司中的制药原料部门，原本是一个盈利较高的部门，但该部门却一反常态地没有现金积累。而且，流动资金也未见增加。相反，该部门还不得不依靠公司管理者重新调集资金来进行再投资，以维持生产。第二，公司董事会曾开会决议，要求公司减少存货金额。但到 1938 年年底，公司存货反而增加 100 万美元。汤普森公司立即表示，在没有查明这两个疑问之前，不再予以贷款，并请求纽约证券交易委员会调查此事。

纽约证券交易委员会在收到请求之后，立即组织有关人员进行调查。调查发现该公司在经营的 10 余年中，每年都聘请了美国著名的普赖斯·沃特豪斯会计师事务所（以下简称沃特豪斯会计师事务所）对该公司的财务报表进行审定。在查看这些审计人员出具的审计报告中，审计人员每年都对该公司的财务状况及经营成果发表了“正确、适当”等无保留的审计意见。为了核实这些审计结论是否正确，调查人员对该公司 1937 年的财务状况与经营成果进行了重新审核。结果发现：1937 年 12 月 31 日的合并资产负债表虚构存货 1 000 万美元，虚构应收账款 900 万美元，虚构银行存款 7.5 万美元；在 1937 年年度合并损益表中，虚假销售收入和毛利分别达到 1 820 万美元和 180 万美元。

在此基础上，调查人员对该公司经理的背景做了进一步调查，结果发现公司经理菲利普·科斯特及其同伙穆西卡等人都是犯有前科的诈骗犯。他们都是用了假名，混入公司并爬上公司管理岗位。他们将亲信安插在掌管公司钱财的重要岗位上，并相互勾结、沆瀣一气，使他们的诈骗活动持续很久都没能被人发现。

证券交易委员会将案情调查结果在听证会上一宣布，立即引起轩然大波。根据调查结果，罗宾斯药材公司的实际财务状况早已“资不抵债”，应立即宣布破产。而首当其冲的受损失者是汤普森公司，因为它是罗宾斯药材公司的最大债权人。为此，汤普森公司指控沃特豪斯会计师事务所。汤普森公司认为其所以给罗宾斯公司贷款，是因为信赖了会计师事务所出具的审计报告。因此，该公司要求沃特豪斯会计师事务所赔偿他们的全部损失。

在听证会上，沃特豪斯会计师事务所拒绝了汤普森公司的赔偿要求。会计师事务所认为，注册会计师在执行审计任务时已检查了相关的账、册及有关凭证，遵循了美国注册会计师协会在 1936 年颁布的《财务报表检查》（Examination of Financial Statement）中规定的各项规则。药材公司的欺骗是由于经理部门共同串通合谋所致，审计人员对此不负任何责任。最后，在证券交易委员会的调解下，沃特豪斯会计师事务所以退回历年来收取的审计费用共 50 万美元，作为对汤普森公司债权损失的赔偿。

要求：

（1）沃特豪斯会计师事务所的审计人员在对罗宾斯药材公司的应收账款进行审计时犯了哪些错误？

（2）注册会计师在对应收账款进行审计时应执行哪些程序？

4. 华宇公司是专门销售进口汽车零件的公司，公司要求销货时必须有预先编号的出库单，出货时发货人员要在出库单上填上日期。截至资产负债表日 12 月 31 日，最后一张出货单号码为 2167。会计部门按收到送来的出货单先后开立发票。华宇公司 12 月底出货单已寄出并附有销货发票如表 6-13 所示。

表 6-13　12 月底出货单及销货单发票号码

出货单号码	销货单发票号码
2163	4332
2164	4326
2165	4327
2166	4330
2167	4331
2168	4328
2169	4329
2170	4333
2171	4335
2172	4334

华宇公司 12 月和次年 1 月的部分账簿记录如表 6-14 所示。

表6-14　华宇公司部分账簿记录

日　期	销货发票号码	金额/万元
12月30日	4326	726.11
12月30日	4329	1 914.30
12月31日	4327	419.83
12月31日	4328	620.22
12月31日	4330	47.74
1月1日	4332	2 641.31
1月1日	4331	106.39
1月1日	4333	852.06
1月2日	4335	1 250.50
1月2日	4334	646.58

要求：

（1）假定出货人员将出库单号码2168～2172的日期写成12月31日，请分析这种情况对财务报表的影响，并讨论注册会计师如何才能发现这种错误。

（2）结合本案例，请指出作为注册会计师如何确认在资产负债表日销货截止是正确的。

（3）讨论哪些内部控制能够减少这种截止错误，并指出作为注册会计师如何测试这些内部控制。

学习情境七

审计采购与付款循环

知识目标

1. 了解采购与付款循环的特点，掌握控制测试程序。

2. 掌握应付账款、固定资产等项目审计的目标及审计程序。

能力目标

1. 能够指出被审计单位采购与付款循环内部控制在设计与运行方面的缺陷并进行测试。

2. 能够对被审计单位的应付账款、固定资产等项目进行审计。

任务一　对采购与付款循环的内部控制进行测试

任务引入

2005 年 3 月 25 日，ST 达尔曼成为中国第一个因无法披露定期报告而遭退市的上市公司。从上市到退市，在长达 8 年的时间里，西安达尔曼实业股份有限公司（以下简称达尔曼）极尽造假之能事，通过一系列精心策划的系统性舞弊手段，制造出具有欺骗性的发展轨迹，从股市和银行骗取资金高达 30 多亿元，给投资者和债权人造成严重损失。

达尔曼于 1993 年以定向募集方式设立，主要从事珠宝、玉器的加工和销售。1996 年 12 月，公司在上交所挂牌上市，并于 1998 年、2001 年两次配股，在股市募集资金共计 7.17 亿元。西安翠宝首饰集团公司（以下简称翠宝集团）一直是达尔曼的第一大股东，翠宝集团名为集体企业，实际上完全由许宗林一手控制。

从公司报表数据看：1997—2003 年，达尔曼销售收入合计 18 亿元，净利润合计 4.12 亿元，资产总额比上市时增长 5 倍，达到 22 亿元，净资产增长 4 倍，达到 12 亿元。在 2003 年之前，公司各项财务数据呈现均衡增长。然而，2003 年公司首次出现净利润亏损，主营业务收入由2002年的3.16亿元下降到2.14亿元，亏损达1.4亿元，每股收益为−0.49元。同时，公司的重大违规担保事项浮出水面，涉及人民币3.45亿元、美元133.5万元，还有重大质押事项，涉及人民币5.18亿元。

2004年5月10日，达尔曼被上交所实行特别处理，变更为“ST达尔曼”，同时证监会对公司涉嫌虚假陈述行为立案调查。2004年9月，公司公告显示，截至2004年6月30日，公司总资产锐减为13亿元，净资产−3.46亿元，仅半年时间亏损就高达14亿元，不仅抵消了上市以来大部分业绩，而且濒临退市破产。此后，达尔曼股价一路狂跌，2004年12月30日跌破一元面值。2005年3月25日，达尔曼被终止上市。

2005年5月17日，证监会公布了对达尔曼及相关人员的行政处罚决定书（证监罚字〔2005〕10号），指控达尔曼虚构销售收入、虚增利润，通过虚签建设施工合同和设备采购合同、虚假付款、虚增工程设备价款等方式虚增在建工程，重大信息（主要涉及公司对外担保、重大资产的抵押和质押、重大诉讼等事项）未披露或未及时披露。同时，证监会还处罚了担任达尔曼审计工作的3名注册会计师，理由是注册会计师在对货币资金、存货项目的审计过程中，未能充分勤勉尽责，未能揭示4.27亿元大额定期存单质押情况和未能识别1.06亿元虚假钻石毛坯。

调查表明，达尔曼从上市到退市，在长达8年之久的时间里都是靠造假过日子的。这场造假圈钱骗局的“导演”就是公司原董事长许宗林。经查明，1996—2004年期间，许宗林等人以支付货款、虚构工程项目和对外投资等多种手段，将十几亿元的上市公司资金腾挪转移，其中有将近6亿元的资金被转移至国外隐匿。监守自盗了大量公司资产后，许宗林携妻儿等移民加拿大。到2004年年初公司显现败落时，许宗林以出国探亲和治病的借口移居加拿大，一去不回。2004年12月1日，西安市人民检察院认定，许宗林涉嫌职务侵占罪和挪用资金罪，应依法逮捕。2005年2月，证监会对许宗林开出“罚单”：给予警告和罚款30万元，并对其实施永久性市场禁入的处罚。但直到今天，达尔曼退市了，许宗林依然逍遥法外。

达尔曼造假的主要手法包括以下几种。

达尔曼虚假陈述、欺诈发行、银行骗贷、转移资金等行为是一系列有计划、有组织的系统性财务舞弊和证券违法行为。在上市的8年时间里，达尔曼不断变换造假手法，持续地编造公司经营业绩和生产记录。

1. 虚增销售收入，虚构公司经营业绩和生产记录

达尔曼所有的采购、生产、销售基本上都是在一种虚拟的状态下进行的，是不折不扣的“皇帝的新装”。每年，公司都会制订一些所谓的经营计划，然后组织有关部门和一些核心人员根据“指标”，按照生产、销售的各个环节，制作虚假的原料入库单、生产进度报表和销售合同等。为了做得天衣无缝，对相关销售发票、增值税发票的税款也照章交纳，还因此被评为当地的先进纳税户。

公司在不同年度虚构销售和业绩的具体手法也不断变化：1997—2000年度主要通过与大股东翠宝集团及下属子公司之间的关联交易虚构业绩，2000年仅向翠宝集团的关联销售就占到了当年销售总额的42.4%。2001年，由于关联交易受阻，公司开始向其他公司借用账户，通过自有资金的转入转出，假做租金或其他收入及相关费用，虚构经营业绩。2002—2003年，公司开始利用自行设立的大批“壳公司”进行“自我交易”，达到虚增业绩的目的。年报显示，这两年公司前 5 名销售商大多是来自深圳的新增交易客户，而且基本都采用赊销挂账的方式，使得达尔曼的赊销比例由 2000 年的 24%上升到 2003 年的 55%。经查明，这些公司均是许宗林设立的“壳公司”，通过这种手法两年共虚构销售收入 4.06 亿元，占这两年全部收入的 70%以上，虚增利润 1.52 亿元。

2. 虚假采购、虚增存货

虚假采购，一方面是为了配合公司虚构业绩需要，另一方面是为达到转移资金的目的。达尔曼虚假采购主要是通过关联公司和形式上无关联的“壳公司”来实现的。从年报可以看出，公司对大股东翠宝集团的原材料采购在 1997—2001 年呈现递增趋势，至 2001 年占到了全年购货额的 26%。2002 年年报显示，公司当年期末存货增加了 8 641 万元，增幅达 86.15%，系年末从西安达福工贸有限公司购进估价 1.06 亿元的钻石毛坯所致，这笔采购数额巨大且未取得购货发票。后经查明，这批存货实际上是从“壳公司”购入的非常低廉的锆石。注册会计师也因未能识别该批虚假存货而受处罚。从 2001 年公司开始披露的应付账款前 5 名的供货商名单可以看出，公司的采购过于集中，而且呈加剧状态。到 2003 年，前 5 位供货商的应付账款占到全部应付账款的 91%。

3. 虚构往来，虚增在建工程、固定资产和对外投资

为了制造公司盈利假象，公司销售收入大大高于销售成本与费用。对这部分差额，除了虚构往来外，公司大量采用虚增在建工程和固定资产、伪造对外投资等手法来转出资金，使公司造假现金得以循环使用。此外，还通过这种手段掩盖公司资金真实流向，将上市公司资金转匿到个人账户，占为己有。据统计，从上市以来达尔曼共有大约 15 个主要投资项目，支出总金额约 10.6 亿元。然而，无论是 1997 年的“扩建珠宝首饰加工生产线”项目，还是 2003 年的“珠宝一条街”项目，大多被许宗林用来作为转移资金的手段。2002 年年报中的“在建工程附表”显示，公司有很多已开工两年以上的项目以进口设备未到或未安装为借口挂账，而 2003 年年报的审计意见中更是点明“珠宝一条街”“都江堰钻石加工中心”“蓝田林木种苗”等许多项目在投入巨额资金后未见到实物形态，公司也无法给出合理的解释。证监会的处罚决定指控达尔曼 2003 年年报虚增在建工程约 2.16 亿元。

4. 伪造与公司业绩相关的资金流，并大量融资

为了使公司虚构业绩看起来更真实，达尔曼配合虚构业务，伪造相应的资金流。从形式上看，公司的购销业务都有资金流转轨迹和银行单据。为此，达尔曼设立大量“壳公司”，并通过大量融资来支持造假所需资金。在虚假业绩支撑下，达尔曼得以在 1998 年、2001 年两次配股融资。同时，达尔曼利用上市公司信用，为“壳公司”贷款提供担保，通过“壳公司”从银行大量融资作为收入注入上市公司，再通过支出成本的方式将部分转出，伪造与业绩相关的资金收付款痕迹。

达尔曼高薪聘请专家，对造假行为进行全程精心策划和严密伪装，形成造假工程“一条龙”。比起银广夏和东方电子，达尔曼的造假更具系统性和欺骗性，公司的虚假业绩规划有明确的流程，并有配套的货币资金流转规划，编制了充分的原始资料和单据，并且按照账面收入真实交纳税款。为了进行融资、资金周转和购销交易，许宗林等人设立了大量关联公司或“壳公司”。据透露，与达尔曼发生业务往来的关联方，基本都是由许宗林控制的账户公司、“影子”公司。这类公司大致分为以托普森、海尔森为代表的“森”字系和以达福工贸等为代表的“达”字系，总数达 30 多个。这些公司的法人表面上看起来与达尔曼没

有任何关系，但仔细一查都是许宗林身边的人，可能是某个司机或资料室的工作人员，许宗林只需揣着这些公司印鉴，在需要的时候就可以轻松完成他的“数字游戏”了。通过精心策划，达尔曼的资金往往在不同公司多个账户进行倒账，以掩盖真相，加上相关的协议、单据和银行记录等都完整齐备，所以从形式上很难发现其造假行为。

此外，为了掩盖造假行为，达尔曼还将造假过程分解到不同部门和多家“壳公司”，每个部门只负责造假流程的一部分。这样，除个别关键人员外，其他人不能掌握全部情况，无法了解资金真实去向。在后期，许宗林逐步变更关键岗位负责人，将参与公司造假及资金转移的关键人员送往国外，进一步转移造假证据。在上市期间，达尔曼还频繁更换负责外部审计的会计师事务所，8年期间更换了3次，每家事务所的审计都不超过两年。

虽然达尔曼已经退市了，但是却给国家、投资者造成了巨大的损失，达尔曼有目的的圈钱、洗钱和系统性财务舞弊给我们留下许多值得深思的启示。

任务分析

1. 注册会计师该如何对被审计单位采购与付款循环的内部控制进行测试？
2. 如何评估采购与付款循环中存在的重大错报风险？

知识链接

一、采购与付款循环的特点

（一）不同行业类型的采购与费用支出

企业的采购与付款循环包括购买商品、劳务和固定资产，以及企业在经营活动中为获取收入而发生的直接或间接的支出。部分支出可能与产品收入直接相关，部分支出可能会形成企业资产，而这些资产又形成了企业经营活动的基础。

不同的企业性质决定企业除了有一些共性的费用支出外，还会发生一些不同类型的支出。表 7-1 列示了不同企业通常会发生的一些支出情况，这些支出未包括经营用房产支出和人工费用支出在内。

表 7-1　不同行业类型的采购和费用

行业类型	典型的采购和费用支出
贸易业	产品的选择和购买、产品的存储和运输、广告促销费用、售后服务费用
一般制造业	生产过程所需的设备支出、原材料、易耗品、配件的购买与存储支出，市场经济费用，把产成品运达顾客或零售商发生的运输费用，管理费用
专业服务业	律师、会计师、财务顾问的费用支出，包括印刷、通信、差旅费、计算机、车辆等办公设备的购置和租赁，书籍资料和研究设施的费用
金融服务业	建立专业化的安全的计算机信息网络和用户自动存取款设备的支出，给付储户的存款利息，支付其他银行的资金拆借利息、手续费、现金存放、现金运送和网络银行设施的安全维护费用，客户关系维护费用
建筑业	建材支出，建筑设备和器材的租金或购置费用，支付给分包商的费用；保险支出和安保成本；建筑保证金和通行许可审批方面的支出；交通费、通信费，等等。当在外地施工时还会发生建筑工人的住宿费用

（二）采购与付款循环的主要业务活动及主要凭证与会计记录

采购与付款循环的主要活动及其相应内容如表 7-2 所示。

表 7-2　采购与付款循环的主要活动及其相应内容

主要业务活动	涉及的凭证及记录	相关的主要部门	相关的认定	重要控制
1）请购的商品和劳务	请购单	仓库等有关部门	存在或发生	请购单不编号，但要经过签字
2）编制订购单	订购单	采购部门	完整性	订购单预先编号，送至供应商及有关部门，独立检查处理
3）验收商品	验收单、订购单	验收部门	完整性、存在或发生	验收单一式多联，预先编号
4）储存已验收商品	验收单上签收	仓库、请购部门	存在或发生	保管与采购职责分离
5）编制付款凭单	付款凭单、验收单、订货单、供应商发票	应付凭单部门	存在或发生、完整性、估价或分摊	预先编号，并经过适当批准
6）确认与记录负债	应付账款明细账、应付凭单登记簿、供应商发票、验收单、订货单、卖方对账单、转账凭证	应付账款部门、会计部门	存在或发生、完整性、估价或分摊	记录现金收支的人员不得经手现金、有价证券和其他资产，独立检查入账及时性及金额正确性
7）支付负债	付款凭单、支票	应付凭单部门、财务部门	存在或发生、完整性、估价或分摊	支票预先编号，已签署的支票的相关凭证要注销
8）记录现金、银行存款支出	现金日记账、银行存款日记账、支票、付款凭证	会计部门	存在或发生、估价或分摊、完整性	独立编制银行存款调节表

二、采购交易的内部控制

（一）内部控制目标、关键内部控制和测试的关系

表 7-3 列示了采购交易的内部控制目标、关键内部控制和测试的关系。

表7-3　采购交易的内部控制目标、关键内部控制和测试的关系

内部控制目标	关键内部控制	常用的控制测试	常用的交易实质性程序
所记录的采购都确已收到商品或已接受劳务（存在）	请购单、订购单、验收单和卖方发票一应俱全，并附在付款凭单后 采购经适当级别批准 注销凭证以防止重复使用 对卖方发票、验收单、订购单和请购单做内部核查	查验付款凭单后是否附有完整的相关单据 检查批准采购的标记 检查注销凭证的标记 检查内部核查的标记	复核采购明细账、总账及应付账款明细账，注意是否有大额或不正常的金额 检查卖方发票、验收单、订购单和请购单的合理性和真实性 追查存货的采购至存货永续盘存记录 检查取得的固定资产
已发生的采购交易均已记录（完整性）	订购单均经事先连续编号并将已完成的采购登记入账 验收单均经事先连续编号并已登记入账 应付凭单经事先连续编号并已登记入账	检查订购单连续编号的完整性 检查验收单连续编号的完整性 检查应付凭单连续编号的完整性	从验收单追查至采购明细账 从卖方发票追查至采购明细账
所记录的采购交易估价正确（准确性、计价和分摊）	对计算准确性进行内部核查 采购价格和折扣的批准	检查内部核查的标记 检查批准采购价格和折扣的标记	将采购明细账中记录的交易卖方发票、验收单和其他证明文件比较 复算包括折扣和运费在内的卖方发票填写金额的准确性
采购交易的分类正确（分类）	采用适当的会计科目表分类的内部核查	检查工作手册和会计科目表 检查有关凭证上内部核查的标记	参照卖方发票，比较会计科目表上的分类
采购交易按正确的日期记录（截止）	要求收到商品或接受劳务后即记录采购交易内部核查	检查工作手册并观察有无未记录的卖方发票存在 检查内部核查的标记	将验收单和卖方发票上的日期与采购明细账中的日期进行比较
采购交易被正确记入应付账款和存货等明细账中，并正确汇总（准确性、计价和分摊）	付账款明细账内容的内部核查	检查内部核查的标记	通过加计采购明细账，追查过入采购总账和应付账款、存货明细账的数额是否正确，用以测试过账和汇总的正确性

（二）采购交易内部控制的特殊之处

采购交易与销售交易无论在控制目标还是在关键内部控制方面，就原理而言大同小异，

并且表 7-2 也比较容易理解，因此，以下仅就采购交易内部控制的特殊之处予以说明。

1. 适当的职责分离

适当的职责分离有助于防止各种有意或无意的错误。同销售和收款交易一样，采购与付款交易也需要适当的职责分离。企业应当建立采购与付款交易的岗位责任制，明确相关部门和岗位的职责、权限，确保办理采购与付款交易的不相容岗位相互分离、制约和监督。采购与付款交易不相容岗位至少包括请购与审批，询价与确定供应商，采购合同的订立与审批，采购与验收，采购、验收与相关会计记录，付款审批与付款执行。这些都是对企业提出的有关采购与付款交易相关职责适当分离的基本要求，以确保办理采购与付款交易的不相容岗位相互分离、制约和监督。

2. 内部核查程序

企业应当建立对采购与付款交易内部控制的监督检查制度。采购与付款交易内部控制监督检查的主要内容通常包括以下几项。

① 采购与付款交易相关岗位及人员的设置情况。重点检查是否存在采购与付款交易不相容职务混岗的现象。

② 采购与付款交易授权批准制度的执行情况。重点检查大宗采购与付款交易的授权批准手续是否健全，是否存在越权审批的行为。

③ 应付账款和预付账款的管理。重点审查应付账款和预付账款支付的正确性、时效性和合法性。

④ 有关单据、凭证和文件的使用和保管情况。重点检查凭证的登记、领用、传递、保管、注销手续是否健全，使用和保管制度是否存在漏洞。

3. 对表 7-3 有关内容的说明

① 所记录的采购都确已收到商品或已接受劳务。如果注册会计师对被审计单位在这个目标上的控制的恰当性感到满意，为查找不正确的、没有真实发生的交易而执行的测试程序就可大为减少。恰当的控制可以防止那些主要使管理层和员工而非被审计单位本身受益的交易作为被审计单位的费用支出或资产入账。在有些情况下，不正确的交易是显而易见的。例如，员工未经批准就购置个人用品，或者通过在付款凭单登记簿上虚记一笔采购而侵吞公款。但在另外一些情况下，交易的正确与否却很难评判，如支付被审计单位管理人员在俱乐部的个人会费、支付管理人员及其家属的度假费用等。如果发觉被审计单位对这些不正当的交易的控制不充分，注册会计师在审计中就需对与这些交易有关的单据进行广泛、深入的检查。

② 已发生的采购交易均已记录。应付账款是因在正常的商业过程中接受商品和劳务而产生的尚未付款的负债。已经验收的商品和接受的劳务如果未予以入账，将直接影响应付账款余额，从而低计企业的负债。如果注册会计师确信被审计单位所有的采购交易均已准确、及时地登记入账，就可以从了解和测试其内部控制入手进行审计，从而大大减少对固定资产和应付账款等财务报表项目实施实质性程序的工作量，大大降低审计成本。

③ 所记录的采购交易估价正确。由于许多资产、负债和费用项目的估价有赖于相关采购交易在采购明细账上的正确记录，因此，对这些报表项目实施实质性程序的范围，在很大程度上取决于注册会计师对被审计单位采购交易内部控制执行效果的评价。如果认为采

购交易内部控制执行良好，则注册会计师对这些报表项目计价准确性实施的实质性程序的数量，显然要比采购交易内部控制不健全或形同虚设的企业少得多。

当被审计单位对存货采用永续盘存制核算时，如果注册会计师确信其永续盘存记录是准确、及时的，那么存货项目的实质性程序就可予以简化。被审计单位对永续盘存记录中的采购环节的内部控制，一般应作为审计中对采购交易进行控制测试的对象之一，在审计中起着关键作用。如果这些控制能够有效地运行，并且永续盘存记录中又能反映出存货的数量和单位成本，还可以因此减少存货监盘和存货单位成本测试的工作量。

三、付款交易的内部控制

采购与付款循环包括采购和付款两个方面。在内部控制健全的企业，与采购相关的付款交易即支出交易同样有其内部控制目标和内部控制，注册会计师应针对每个主要的具体内部控制目标确定关键的内部控制，并对此实施相应的控制测试和交易的实质性程序。付款交易中的控制测试的性质取决于内部控制的性质，而付款交易的实质性程序的实施范围，在一定程度上取决于关键控制是否存在及控制测试的结果。由于采购和付款交易同属一个交易循环，联系紧密，因此对付款交易的部分测试可与测试采购交易一并实施。当然，另一些付款交易测试仍需单独实施。

对于每个企业而言，由于性质、所处行业、规模及内部控制健全程度等不同，而使得与付款交易相关的内部控制内容有时可能有所不同，但以下与付款交易相关的内部控制内容是通常应当共同遵循的。

① 企业应当按照《现金管理暂行条例》《支付结算办法》等有关货币资金内部会计控制的规定办理采购付款交易。

② 企业财会部门在办理付款交易时，应当对采购发票、结算凭证、验收证明等相关凭证的真实性、完整性、合法性及合规性进行严格审核。

③ 企业应当建立预付账款和定金的授权批准制度，加强预付账款和定金的管理。

④ 企业应当加强应付账款和应付票据的管理，由专人按照约定的付款日期、折扣条件等管理应付款项。已到期的应付款项需经有关授权人员审批后方可办理结算与支付。

⑤ 企业应当建立退货管理制度，对退货条件、退货手续、货物出库、退货货款回收等做出明确规定，及时收回退货款。

⑥ 企业应当定期与供应商核对应付账款、应付票据、预付款项等往来款项。如果有不符的情况，应查明原因，及时处理。

四、固定资产的内部控制

固定资产归属于采购与付款循环。固定资产与一般的商品在内部控制和控制测试问题上固然有许多共性的地方，但固定资产还具有不少特殊性，有必要对其单独加以说明。

就许多从事制造业的被审计单位而言，固定资产在其资产总额中占有很大的比重。固定资产的购建会影响其现金流量，而固定资产的折旧、维修等费用则是影响其损益的重要因素。固定资产管理一旦失控，所造成的损失将远远超过一般的商品存货等流动资产。因此，为了确保固定资产的真实、完整、安全和有效利用，被审计单位应当建立和健全固定资产的内部控制。

（一）固定资产的预算制度

预算制度是固定资产内部控制中最重要的部分。通常，大中型企业应编制旨在预测与控制固定资产增减和合理运用资金的年度预算；小规模企业即使没有正规的预算，对固定资产的购建也要事先加以计划。

（二）授权批准制度

完善的授权批准制度包括：企业的资本性预算只有经过董事会等高层管理机构批准方可生效；所有固定资产的取得和处置均需经企业管理层书面认可。

（三）账簿记录制度

除固定资产总账外，被审计单位还需设置固定资产明细分类账和固定资产登记卡，按固定资产类别、使用部门和每项固定资产进行明细分类核算。固定资产的增减变化均应有充分的原始凭证。

（四）职责分工制度

对固定资产的取得、记录、保管、使用、维修和处置等，均应明确划分责任，由专门部门和专人负责。

（五）资本性支出和收益性支出的区分制度

企业应制定区分资本性支出和收益性支出的书面标准。通常需明确资本性支出的范围和最低金额，凡不属于资本性支出的范围、金额低于下限的任何支出，均应列做费用并抵减当期收益。

（六）固定资产的处置制度

固定资产的处置，包括投资转出、报废、出售等，均要有一定的申请报批程序。

（七）固定资产的定期盘点制度

对固定资产的定期盘点，是验证账面各项固定资产是否真实存在、了解固定资产放置地点和使用状况及发现是否存在未入账固定资产的必要手段。

（八）固定资产的维护保养制度

固定资产应有严密的维护保养制度，以防止其因各种自然和人为的因素而遭受损失，并应建立日常维护和定期检修制度，以延长其使用寿命。

严格地讲，固定资产的保险不属于企业固定资产的内部控制范围，但它作为一项针对企业重要资产的特别保障，往往对企业非常重要。

作为与固定资产密切相关的一个项目，在建工程项目有其特殊性。在建工程的内部控制通常包括以下内容。

1. 岗位分工与授权批准

① 企业应当建立工程项目业务的岗位责任制，明确相关部门和岗位的职责、权限，确保办理工程项目业务的不相容岗位相互分离、制约和监督。工程项目业务不相容岗位一般包括：项目建议、可行性研究与项目决策；概预算编制与审核；项目实施与价款支付；竣工决算与竣工审计。

② 企业应当对工程项目相关业务建立严格的授权批准制度，明确审批人的授权批准方式、权限、程序、责任及相关控制措施，规定经办人的职责范围和工作要求。审批人应当根据工程项目相关业务授权批准制度的规定，在授权范围内进行审批，不得超越审批权限。经办人应当在职责范围内，按照审批人的批准意见办理工程项目业务。对于审批人超越授权范围审批的工程项目业务，经办人有权拒绝办理，并及时向审批人的上级授权部门报告。

③ 企业应当制定工程项目业务流程，明确项目决策、概预算编制、价款支付、竣工决算等环节的控制要求，并设置相应的记录或凭证，如实记载各环节业务的开展情况，确保工程项目全过程得到有效控制。

2. 项目决策控制

企业应当建立工程项目决策环节的控制制度，对项目建议书和可行性研究报告的编制、项目决策程序等做出明确规定，确保项目决策科学、合理。

3. 概预算控制

企业应当建立工程项目概预算环节的控制制度，对概预算的编制、审核等做出明确规定，确保概预算编制科学并合理。

4. 价款支付控制

企业应当建立工程进度价款支付环节的控制制度，对价款支付的条件、方式及会计核算程序做出明确规定，确保价款支付及时和正确。

5. 竣工决算控制

企业应当建立竣工决算环节的控制制度，对竣工清理、竣工决算、竣工审计、竣工验收等做出明确规定，确保竣工决算真实、完整和及时。

6. 监督检查

企业应当建立对工程项目内部控制的监督检查制度，明确监督检查机构或人员的职责权限，定期或不定期地进行检查。检查内容主要包括以下几个方面。

① 工程项目业务相关岗位及人员的设置情况。

② 工程项目业务授权批准制度的执行情况。

③ 工程项目决策责任制的建立及执行情况。

④ 概预算控制制度的执行情况。

⑤ 各类款项支付制度的执行情况。

⑥ 竣工决算制度的执行情况。

五、评估重大错报风险

在实施控制测试和实质性程序之前，注册会计师需要了解被审计单位采购与付款交易和相关余额的内部控制的设计、执行情况，评估认定层次的财务报表重大错报风险，并对被审计单位特殊的交易活动和可能影响财务报表真实反映的事项保持职业怀疑态度。这将影响到注册会计师决定采取何种适当的审计方法。

影响采购与付款交易和余额的重大错报风险可能包括以下几点。

1. 管理层错报费用支出的偏好和动因

被审计单位管理层可能为了完成预算，满足业绩考核要求，保证从银行获得额外的资金，吸引潜在投资者，误导股东，影响公司股价，或者通过把私人费用计入公司进行个人盈利而错报支出。常见的方法可能有以下几种。

① 把通常应当及时计入损益的费用资本化，然后通过资产的逐步摊销予以消化。这对增加当年的利润和留存收益都将产生影响。

② 平滑利润。通过多计准备或少计负债和准备，把损益控制在被审计单位管理层希望的程度。

③ 利用特别目的实体把负债从资产负债表中剥离，或者利用关联方面的费用定价优势制造虚假的收益增长趋势。

④ 通过复杂的税务安排推延或隐瞒所得税和增值税。

⑤ 被审计单位管理层把私人费用计入企业费用，把企业资金当作私人资金运作。

2. 费用支出的复杂性

例如，被审计单位以复杂的交易安排购买一定期间的多种服务，管理层对于涉及的服务受益和付款安排所涉及的复杂性缺乏足够的了解。这可能导致费用支出分配或计提的错误。

3. 管理层凌驾于控制之上和员工舞弊的风险

例如，通过与第三方串通，把私人费用计入企业费用支出，或者有意无意地重复付款。

4. 采用不正确的费用支出截止期

将本期采购并收到的商品计入下一会计期间，或者将下一会计期间采购的商品提前计入本期，以及未及时计提尚未付款的已经购买的服务支出等。

5. 低估

在承受反映较高盈利水平和营运资本的压力下，被审计单位管理层可能试图低估准备和应付账款，包括低估对存货、应收账款应计提的减值及对已售商品提供的担保（如售后服务承诺）应计提的准备。

6. 不正确地记录外币交易

当被审计单位进口用于出售的商品时，可能由于采用不恰当的外币汇率而导致该项采购的记录出现差错。此外，还存在未能将如运费、保险费和关税等与存货相关的进口费用进行正确分摊的风险。

7. 舞弊和盗窃的固有风险

如果被审计单位经营大型零售业务，由于所采购商品和固定资产的数量及支付的款项庞大，交易复杂，容易造成商品发运错误，因此员工和客户发生舞弊和盗窃的风险较高。如果那些负责付款的会计人员有权接触应付账款主文档，并能够通过在应付账款主文档中擅自添加新的账户来虚构采购交易，风险也会增加。

8. 存货的采购成本没有按照适当的计量属性确认

存货的采购成本没有按照适当的计量属性确认，结果可能导致存货成本和销售成本的核算不正确。

9. 存在未记录的权利和义务

存在未记录的权利和义务可能导致资产负债表分类错误及财务报表附注不正确或披露不充分。

在计算机环境下，注册会计师既应当考虑常用的控制活动的有效性，也应当考虑特殊的控制活动对于采购与付款交易的适用性。其中，最为重要的控制应着眼于计算机程序的更改和供应商主文档中重要数据的变动，因为这会对采购与付款、应付账款带来影响，也会影响对差错和例外事项的处理过程和结果。概括地说，针对采购与付款的控制，需要关注以下几方面内容。

① 遗失连续编号的验收单，这表明采购交易可能未予入账。

② 出现重复的验收单或发票。

③ 供应商发票与订购单或验收单不符。

④ 供应商名称及代码与供应商主文档信息中的名称及代码不符。

⑤ 在处理供应商发票时出现计算错误。

⑥ 采购或验收的商品的存货代码无效。

⑦ 处理采购或付款的会计期间出现差错。

⑧ 通过电子货币转账系统把货款转入供应商的银行账户，但该账户并非供应商支付文档指定的银行账户。

总之，当被审计单位管理层具有高估利润的动机时，注册会计师应当主要关注费用支出和应付账款的低计。重大错报风险集中体现在遗漏交易，采用不正确的费用支出截止期，以及错误划分资本性支出和费用性支出。这些将对完整性、截止、发生、存在、准确性和分类认定产生影响。

如前所述，为评估重大错报风险，注册会计师应详细了解有关交易或付款的内部控制。这些控制主要是为预防、检查和纠正前面认定的重大错报的固有风险而设置的。注册会计师可以通过审阅以前年度审计工作底稿、观察内部控制执行情况、询问管理层和员工、检查相关的文件和资料等方法加以了解。对相关文件和资料的检查可以提供审计证据，如通过检查供应商对账表和银行对账单，能够发现差错并加以纠正。

在评估重大错报风险时，注册会计师之所以需要充分了解被审计单位对采购与付款交易的控制活动，目的在于使得计划实施的审计程序更加有效。也就是说，注册会计师必须对被审计单位的重大错报风险有一定认识，在此基础上设计并实施进一步审计程序，才能有效应对重大错报风险。

六、控制测试

（一）以内部控制目标为起点的控制测试

表 7-3 以内部控制目标和相关认定为起点，列示了相应的关键内部控制和常用控制测

试程序，并就采购交易、付款交易和固定资产的内部控制进行了讨论。由于表 7-3 列示的采购交易的常用控制测试程序比较清晰，无须逐一解释，因此下面仅讨论在实施采购与付款交易的控制测试时应当注意的一些内容。另外，鉴于固定资产和在建工程项目有着不同于一般商品的特殊性，对其控制测试问题也分别单独加以阐述。

① 注册会计师应当通过控制测试获取支持将被审计单位的控制风险评价为中或低的证据。

如果能够获取这些证据，注册会计师就可以接受较高的检查风险，并在很大程度上可以通过实施实质性分析程序获取进一步的审计证据，同时减少对采购与付款交易和相关余额实施细节测试的依赖。

② 考虑到采购与付款交易控制测试的重要性，注册会计师通常对这一循环采用属性抽样审计方法。

在测试该循环中的大多数属性时，注册会计师通常选择相对较低的可容忍误差。另外，由于采购与付款循环中各财务报表项目涉及的交易业务量和金额大小往往相差悬殊，使得注册会计师在审计时常将其中大额的和不寻常的项目筛选出来，百分之百地加以测试。

③ 注册会计师在实施控制测试时，应抽取请购单、订购单和商品验收单，检查请购单、订购单是否得到适当审批，验收单是否有相关人员的签名，订购单和验收单是否按顺序编号。

有些被审计单位的内部控制要求，应付账款记账员应定期汇总该期间生成的所有订购单并与请购单核对，编制采购信息报告。对此，注册会计师在实施控制测试时，应抽取采购信息报告，检查其是否已复核，如果有不符的情况，是否已经及时调查和处理。

④ 对于编制付款凭单、确认与记录负债这两项主要业务活动，被审计单位的内部控制通常要求应付账款记账员将采购发票所载信息与验收单、订购单进行核对，核对相符应在发票上加盖“相符”印章。对此，注册会计师在实施控制测试时，应抽取订购单、验收单和采购发票，检查所载信息是否核对一致，发票上是否加盖了“相符”印章。

有些被审计单位内部控制要求，每月月末，应付账款主管应编制应付账款账龄分析报告，其内容还包括应付账款总额与应付账款明细账合计数及应付账款明细账与供应商对账单的核对情况。如果有差异，应付账款主管应立即进行调查，如果调查结果表明需调整账务记录，则应编制应付账款调节表和调整建议。对此，注册会计师在实施控制测试时，应抽取应付账款调节表，检查调节项目与有效的支持性文件是否相符，以及是否与应付账款明细账相符。

⑤ 对于付款这项主要业务活动，有些被审计单位内部控制要求，由应付账款记账员负责编制付款凭证，并附相关单证，提交会计主管审批。在完成对付款凭证及相关单证的复核后，会计主管在付款凭证上签字，作为复核证据，并在所有单证上加盖“核销”印章。对此，注册会计师在实施控制测试时，应抽取付款凭证，检查其是否经由会计主管复核和审批，并检查款项支付是否得到适当人员的复核和审批。

⑥ 固定资产的内部控制测试。结合前面固定资产内部控制的讨论内容和顺序，注册会计师在对被审计单位的固定资产实施控制测试时应注意以下几点。

第一，对于固定资产的预算制度，注册会计师应选取固定资产投资预算和投资可行性项目论证报告，检查是否编制预算并进行论证，以及是否经适当层次审批；对实际支出与预算之间的差异及未列入预算的特殊事项，应检查其是否履行特别的审批手续。如果固定资产增减均能处于良好的经批准的预算控制之内，注册会计师即可适当减少针对固定资产增加、减少实施的实质性程序的样本量。

第二，对于固定资产的授权批准制度，注册会计师不仅应检查被审计单位固定资产授权批准制度本身是否完善，还应选取固定资产请购单及相关采购合同，检查是否得到适当审批和签署，关注授权批准制度是否得到切实执行。

第三，对于固定资产的账簿记录制度，注册会计师应当认识到，一套设置完善的固定资产明细分类账和登记卡，将为分析固定资产的取得和处置、复核折旧费用和修理支出的列支带来帮助。

第四，对于固定资产的职责分工制度，注册会计师应当认识到，明确的职责分工制度，有利于防止舞弊，降低注册会计师的审计风险。

第五，对于资本性支出和收益性支出的区分制度，注册会计师应当检查该制度是否遵循企业会计准则的要求，是否适应被审计单位的行业特点和经营规模，并抽查实际发生与固定资产相关的支出时是否按照该制度进行了恰当的会计处理。

第六，对于固定资产的处置制度，注册会计师应当关注被审计单位是否建立了有关固定资产处置的分级申请报批程序；抽取固定资产盘点明细表，检查账实之间的差异是否经审批后及时处理；抽取固定资产报废单，检查报废是否经适当批准和处理；抽取固定资产内部调拨单，检查调入、调出是否已进行适当处理；抽取固定资产增减变动情况分析报告，检查是否经复核。

第七，对于固定资产的定期盘点制度，注册会计师应了解和评价企业固定资产盘点制度，并应注意查询盘盈、盘亏固定资产的处理情况。

第八，对于固定资产的保险情况，注册会计师应抽取固定资产保险单盘点表，检查是否已办理商业保险。

⑦ 在建工程的内部控制测试。如果被审计单位的在建工程项目比较重要，占其资产总额的比重较大，则对在建工程项目的内部控制测试，注册会计师应注意把握以下几点。

第一，对工程项目业务相关岗位及人员的设置情况，应重点检查是否存在不相容职务混岗的现象。

第二，对工程项目业务授权批准制度的执行情况，应重点检查重要业务的授权批准手续是否健全，是否存在越权审批行为。

第三，对工程项目决策责任制的建立及执行情况，应重点检查责任制度是否健全，奖惩措施是否落实到位。

第四，对概预算控制制度的执行情况，应重点检查概预算编制的依据是否真实，是否按规定对概预算进行了审核。

第五，对各类款项支付制度的执行情况，应重点检查工程款、材料设备款及其他费用的支付是否符合相关法规、制度和合同的要求。

第六，对竣工决算制度的执行情况，应重点检查是否按规定办理了竣工决算、实施了决算审计。

（二）以风险为起点的控制测试

在审计实务中，注册会计师还可以以识别的重大错报风险为起点实施控制测试。表 7-4

列示了采购与付款交易相关的风险、旨在降低这些风险的计算机控制和人工控制及相应的控制测试程序。

表 7-4 采购与付款交易的风险、控制和控制测试

风　险	计算机控制	人工控制	控制测试
订购商品和劳务			
未经授权的供应商可能进入经批准的供应商主文档	程序设定只允许经授权的人员修改经批准的供应商主文档	只有采购部门高级员工才被授权在供应商主文档中增加新供应商信息	询问管理层并检查证明这些控制完成情况的文件
可能向未经批准的供应商采购	处理之前，计算机自动与供应商主文档中每一份订购单比对，将不符事项记录于例外报告中	复核例外报告并解决问题。绕过控制的人工处理经恰当审批	检查复核例外报告的证据，以及批准僭越控制的人工处理的恰当签名
采购可能由未经授权的员工执行	访问控制只允许经授权的员工处理订购单，菜单层面的控制授权限定至单个员工	复核正式的授权级别并定期修订，采购人员有权在限额内进行采购或处理某些类型的支出。僭越控制的、人工接受的订购单，需经采购主管或高级管理层批准	询问、检查授权批准和授权越权的文件。检查订购单并确定其是否在授权批准的范围之内
订购的商品或劳务可能未被提供	计算机自动对所有发出的订购单事先编号，并与随后的采购入库通知单和供应商发票进行比对。比对不符的订购单被单独打印	长期未执行的订购单被记录于未执行订购单的文件上，并采取跟进行动	询问并检查文件，以证实对未执行的订购单的跟进情况
采购订购单的项目或数量可能不准确	计算机将订购单上的产品摘要和存货代码与存货主文档明细进行比对。当再订货数量超过存货主文档记录的再订货数量，或者现有的存货项目数量超过再订货水平时，生成订货例外报告	由采购部门复核例外报告，取消订购单或经过恰当授权后处理	检查例外报告，证实问题已被适当处理
收到商品和劳务			
收到商品可能未被记录	当商品接收仓库索取订购单以核对货物时，计算机生成一份事先编号的采购入库通知单 定期打印未完成订购单	由采购部门复核和追踪未完成订购单报告 定期将报表余额调整至应付账款余额	检查打印文件并追踪未完成订购单 检查应付账款的调整，并重新执行这些程序，以获取其是否正确的证据
收到的商品可能不符合订购单的要求或可能已被损坏	收货人员将收到的商品情况、实际收货数量录入采购入库通知单，将采购入库通知单与订购单上的具体信息进行比对，并将比对不符商品的情况和数量生成例外报告	清点从供应商处收到的商品，将商品的情况、收货数量与订购单进行核对。检查货物的状况。复核例外报告并解决所有差异	询问、观察商品实物并与订购单进行核对。检查打印文件以获取复核和跟进的证据

（续表）

风　险	计算机控制	人 工 控 制	控 制 测 试
记录采购和应付账款			
收到的商品可能未被计入采购	由计算机打印一份没有相应发票记录的采购入库通知单的完整清单。在一些计算机系统中，可能根据订购单上的采购价格在临时文档中生成一份预开单据，当实际收到供应商发票时，再按发票金额转账	由会计部门人员追踪遗失的发票	询问、检查例外报告和其他文件，以追踪商品已收到但发票未到、未做采购记录的情况
对发票已到，但商品或劳务尚未收到的可能做采购记录，或者可能重复做采购记录	由计算机比对订购单、采购入库通知单和发票，只有比对一致后，采购才能被记录至总分类账；对比对不符和重复的发票生成例外报告 在分批次处理系统中，由计算机控制各采购入库通知单金额的总额，并与相应的供应商发票金额比对，对出现的差异打印成例外报告	由会计部门人员追踪例外报告中提及的供应商发票与订购单或采购入库通知单，比对不一致问题或重复问题	询问和检查例外报告，并追踪已收到但比对不符的发票
采购发票可能未被记录于正确的会计期间	由计算机将记录采购的日期和采购入库通知单上的日期进行比对，如果这些日期归属不同的会计期间，应生成打印文档	由会计人员输入必要的分录，确保对计入当期的负债的核算是恰当的	询问和检查打印文件并重新执行截止程序
记录的采购价格可能不正确	由计算机将供应商发票上的单价与订购单上单价进行比对，如果有差异应生成例外报告	复核例外报告，并解决问题	询问和检查打印文件，以及解决差异的证据。通过对照发票价格与订购单上的价格，重新执行价格测试
供应商发票可能未被分配至正确的应付账款账户	由计算机将订购单和采购入库通知单上的代码与发票上的供应商名称和代码进行比对，并将其与应付账款账户明细核对	由会计部门人员追踪例外报告上供应商名称和代码比对不符的情况	询问和观察例外报告，以及解决例外情况的证据。重新执行分配费用支出的测试

（续表）

风 险	计算机控制	人 工 控 制	控 制 测 试
发票可能未分配至个人客户的账户，或者在更新时使用了错误的应付账款文档	更新后，由计算机将应付账款期初余额合计数，加上本期购货，减去本期支付，得到应付账款期末余额合计数，与应付账款总分类的期末余额进行比对。每次更新前，由计算机检查日期和更新前的版本号。每次更新后，应付账款主文档会注明日期或顺序编号	由适当的会计人员执行连续运行总额调节。复核并重新提交未分配采购发票的例外报告。利用外部文件标签和整理功能来标明使用哪一版本的主文档	检查连续运行控制总额的打印文件。询问对计算机程序的一般控制，以确保应付账款主文档使用正确的版本
在记录或处理采购发票时可能出现错误	在处理运行过程中检查发票计算的准确性；检查商品数量，将数量乘以单价与发票总额核对，并计算得出应收的折扣	每月根据供应商对账单调整应付账款金额，编制汇款通知单并邮寄给供应商。询问处理供应商付款的人员是否与记录采购发票的人员职责分离。应付账款明细账合计数应调节与应付账款总分类账一致	询问、检查并重新执行应付账款总分类账的调节程序
购买的商品或劳务可能未被记录于正确的费用，或者资产账户	由计算机将订购单、采购入库通知单和发票上的账户代码与总分类账上的账户代码进行比对。定期（如按周或按月）打印采购交易中费用和资产的分配	复核交易打印文件的合理性	询问和检查打印文件，以获取经管理层复核的证据。询问对于发现的错误是否采取了改正措施
上述所有风险		由管理层根据关键业绩指标复核实际业绩，如实际采购、计划采购及月度趋势分析，实现的毛利率，应付账款的周转天数	检查用于证明已经识别和解决与关键业绩指标不符的实际业绩问题的文件。询问管理层针对这一问题采取的措施。行政机关执行复核和跟进程序
记录开具的支票和电子货币转账支付			
开具的支票和电子货币转账支付凭证可能未被记录	在开具支票的过程中，由计算机生成事先顺序编号的支票。对空白支票实施接触控制，只有得到授权的员工才能接触。由支票支付系统打印所有开具的支票	如果支票是手工开具的，应控制尚未签发的事先顺序编号的支票表；由高级员工开具支票；按顺序检查支票编号；调节银行存款余额	询问并观察实物控制和接触控制。重新执行顺序检查和调节银行余额的程序

（续表）

风　险	计算机控制	人工控制	控制测试
电子货币转账支付可能由未经授权的人员执行	只有得到授权、掌握密码的员工才能接触电子货币转账专用终端机	授权执行电子货币支付交易的人员，根据支付次数的多少，按月、按周或按日复核电子货币支付清单打印文件，以发现不正常或未经授权的支付	询问、观察实物控制和接触控制
可能向不正确的供应商银行账户进行电子货币转账支付	对于为处理电子货币转账支付而从银行下载的供应商的银行账户详细信息，实施严格的控制	只授权高级员工出于处理电子货币转账支付的目的，在银行记录中变更或增加供应商银行信息。详细信息由供应商书面提供，并在供应商文档中保存。依靠银行的安全控制对此进行监督	询问和检查经恰当授权签字的记录
开具的支票和电子货币转账支付凭证可能未被及时记录或分配到正确的应付账款账户	付款被自动记入相关应付账款或费用账户和银行存款账户。每一次开具支票后，及时调节相关总分类账的变动	定期进行银行存款调节。按月根据银行存款余额调节表对应付账款账户余额进行调节	检查并重新执行调节程序
可能就虚构或未经授权的采购开具支票和电子货币转账支付凭证	由计算机比对订购单、采购入库通知单和发票，以及经批准的供应商主文档上的供应商账户代码和名称，打印例外报告	如果支票由人工开具，由支票开具人员检查所有支持性文件，包括支票开具供应商的应付账款调节表和汇款通知。由管理层复核应付账款明细表以发现非正常的支付	询问和观察支票开具流程。检查例外报告并追踪问题的解决
可能重复开具支票和电子货币转账支付	由计算机将付款金额和应付账款余额进行比对，并就支付金额超过应付金额的情况生成例外报告	支持性凭证应该注明“已付讫”标记以防止重复支付。复核例外报告并检查例外事项的处理	检查例外报告，以确定任何付款额超过应付余额的情况是否已得到解决。检查已注明“已付讫”标记的凭据
开具支票和电子货币转账支付的金额可能不正确	由计算机比对订购单、采购入库通知单、发票及在每一应付账款记录中的供应商账户代码和金额	如果支票由人工开具，由支票开具人员检查所有支持性文件，包括支票开具前供应商的应付账款调节表和汇款通知	询问和观察支票开具流程，并重新执行调节程序

（续表）

风　险	计算机控制	人 工 控 制	控 制 测 试
上述所有风险		管理层的监控主要涉及的内容：日常零用现金或现金支付清单应该反映分摊到应付账款、费用或资产总分类账户的金额，并就异常的金额对供应商进行询问；定期复核应付账款的账龄分析，追踪异常的金额或不熟悉的供应商名称；监控关键业绩指标	询问、观察管理层的复核程序及对任何异常的事项的追踪。重新执行复核和追踪程序

任务二　对采购与付款循环的实质性测试

任务引入

2002 年 10 月 16 日，国内一家知名财经网站上刊登“飞草”的一篇文章《锦州港：业绩反复无常的背后》。通过对锦州港历年财务报表进行专业分析，这篇文章对公司业绩提出强烈质疑。

锦州港自 1997 年以来，总体上出现“增量不增收”现象。锦州港 1997 年实现吞吐量只有 504 万吨，净利润却达到 16 952 万元，而 2001 年实现吞吐量 1 110 万吨，实现净利润只有 4 817 万元，这与港口行业经济效益趋好情势背道而驰。锦州港 2001 年实现吞吐量 1 110 万吨，实现净利润 4 817 万元，但该公司 2001 年上半年实现吞吐量 540 万吨，实现净利润 5 359 万元。也就是说，锦州港 2001 年下半年虽然实现吞吐量 570 万吨，但实际已出现亏损 520 万吨，而 2002 年上半年锦州港实现吞吐量 693 万吨，又实现净利润 3 297 万元。船务代理费、堆存费、集装箱装卸、船方服务费、倒运费、加班费、铁路使用费和船舶速遣费等其他收入，由 1999 年的 10 101 万元降至 2001 年的 2 256 万元，整整少了 7 845 万元；1999 年达到历史最高峰 10 101 万元，而相邻两个年度 1998 年度和 2000 年度其他收入分别只有 7 408 万元、6 302 万元，特别是 2001 年只剩下 2 256 万元，2002 年上半年也只有 1 242 万元。有关情况如表 7-5、表 7-6、表 7-7 所示。

表 7-5　锦州港相关年份利润对比

年　份 指　标	2001 年（上）	2001 年（下）	2002 年（上）
吞吐量/万吨	540	570	693
净利润/万元	5 359	−520	3 297

表 7-6 锦州港 1996—2002 年相关指标

年份 指标	2002 年（上）	2001 年	2000 年	1999 年	1998 年	1997 年	1996 年
油品收入/万元	6 702	12 608	10 305	10 526	8 685	7 259	5 628
杂货收入/万元	7 970	13 789	13 805	10 983	9 927	9 506	6 985
装卸收入合计/万元	14 672	26 397	24 110	21 509	18 612	16 765	12 613
其他收入/万元	1 242	2 256	6 302	10 101	7 408	8 477	5 955
主营收入合计/万元	15 914	28 653	30 412	31 610	26 020	25 242	18 568
吞吐量/万吨	692.6	1 110.2	1 005.6	735.6	574.5	503.6	438
吨费率/（元/吨）	21	24	24	29	32	33	29

表 7-7 锦州港固定资产折旧费用及财务费用增加情况万元

年份 指标	2002 年（上）	2001 年	2000 年	1999 年	1998 年	合　计
折旧费	2 382	3 910	3 036	2 513	2 498	14 339
财务费用	1 483	3 139	2 283	882	1 280	9 067
合　计	3 865	7 049	5 319	3 395	3 778	23 406

从现金流量表来看，锦州港账面上经营性现金不错，但公司自 1998 年以来一直有巨额的投资性现金净流出，累计高达 149 006 万元，如表 7-8 所示。

表 7-8 锦州港有关年份净现金流万元

年份 指标	2002 年(上)	2001 年	2000 年	1999 年	1998 年	合　计
经营活动净现金流	3 851	15 480	17 661	18 155	13 458	68 605
投资活动净现金流	−8 650	−69 892	−23 625	−29 639	−17 200	−149 006
筹资活动净现金流	−8 005	52 712	8 282	18 736	22 975	9 470
现金净流量	−12 804	−1 700	2 318	7 252	19 229	14 295

截至 2001 年年末，锦州港总资产 29.6 亿元，其中固定资产 18.5 亿元；天津港总资产 28.1 亿元，其中固定资产 17.5 亿元，但 2001 年天津港实现收入 10 亿元，而锦州港只有 2.8 亿元；与其邻近的营口港，2001 年实现收入 2 亿元，但总资产只有 3.9 亿元，其中固定资产 3.4 亿元。锦州港固定资产周转率极慢，与同行平均值 0.52 次相比，它只有 0.21 次。由于锦州港固定资产及在建工程主要构成是码头及辅助设施，很多固定资产不像房产、设备那么直观，锦州港到底在码头投入了多少资金极难验证。一个小港口的资产竟超过天津港的资产，天津港 10 个亿的销售额而锦州港只有 3 个亿的规模，让人担心锦州港与蓝田一样，采取“虚增经营性现金流入同时虚增投资性流出”的手法虚增收益同时虚增固定资产。锦州港与同行业公司的有关指标比较如表 7-9 所示。

表 7-9　与同行业公司的有关指标比较

上市公司	2001 年主营收入/万元	2001 年 12 月 31 日的固定资产净值/万元	固定资产周转率
上港集箱	213 847	374 049	0.37
营口港	20 391	34 204	0.60
重庆港九	10 297	41 701	0.25
天津港	100 067	149 635	0.67
深赤湾	47 585	118 886	0.40
盐田港	38 341	105 441	0.36
合计	430 528	823 916	0.52
锦州港	28 653	137 291	0.21

同行业 2002 年上半年总资产周转率平均为 0.14 次，而锦州港只有 0.05 次，2001 年同行业总资产周转率为 0.28 次，而锦州港只有 0.11 次。总资产周转率明显低于同行是否意味着锦州港资产使用效率低？锦州港是否真的有这么多资产？

2001 年 9 月至 12 月，财政部对公司 2000 年及以前年度执行《中华人民共和国会计法》（以下简称《会计法》）的情况进行了检查。检查结果认为，公司 2000 年及以前年度多确认收入 36 717 万元；将应计入财务费用的利息支出予以资本化，少计财务费用 4 945 万元；由于工程完工转入固定资产不及时，折旧计提起始月份不准确及港口设施、设备资产分类不适当等，导致 2000 年度少计提折旧 780 万元，相应地少计主营业务成本等 780 万元；对在建工程确认不准确，1998—2000 年多列资产 11 939 万元。

截至 1999 年年末，锦州港账面货币资金只有 45 693 万元，其中有 21 367 万元是虚构的。锦州港可能意识到这种造假手法不保险，从 2000 年开始有意填补银行存款“巨额窟窿”，假账主要从固定资产和在建工程方面进行。2001 年，可能担心虚构巨额银行存款被查，通过虚增在建工程名义将银行存款“窟窿”补上。这样，到了 2001 年年末，货币资金被填实了，而在建工程及固定资产虚增了 34 164 万元。

2003 年 4 月 8 日，锦州港发布风险提示公告称，毕马威华振会计师事务所拟对其 2002 年度财务会计报表进行较大调整，初步调整意见可能会将公司 2002 年度净利润调至微利甚至亏损，股东权益合计低于公司注册资本。在连续多年出具无保留意见后，毕马威华振会计师事务所终于对锦州港痛下杀手，对锦州港 2002 年年报出具“拒绝表示意见”的审计意见，理由是在对锦州港会计报表进行审计时，由于审计范围受到严重限制，会计师无法获取必要的审计证据，从而不能确定其对会计报表整体反映的影响程度。2003 年 4 月 22 日，锦州港公布 2002 年年报，期末股东权益 90 770.82 万元，实现净利润−174.26 万元，每股收益−0.002 元，净资产收益率−0.19%。鉴于公司 2002 年调整后的股东权益低于公司注册资本，即每股净资产低于股票面值，根据有关规定，公司股票于 2003 年 4 月 23 日起实行特别处理。2003 年 4 月 30 日，因信息披露存在违规行为，上证所根据《处罚决定》及 ST 锦州港披露的公告，公开谴责 ST 锦州港以前年度存在编造虚假会计资料的行为，2000 年、2001 年净资产及 2001 年净利润分别虚增 466 268 017 元、501 691 975 元和 35 423 958 元，导致 ST 锦州港以前各年度披露的定期报告均未能真实、准确、完整地反映公司的经营情况和财务状况。

到此，锦州港虚增收入的真相终于大白于天下。

任务分析

锦州港1996—1999年的4年间，直接虚增应收账款或货币资金，并以固定资产掩盖虚构收入与货币资金的造假手段很简单，只要注册会计师能够对固定资产进行盘点，对应收账款进行函证，对银行存款进行函证，对相关数据进行分析，就可以查出真相，但是相关注册会计师却没能尽到应有的职业谨慎，出具了严重失实的审计报告。那么，实际审计中，对固定资产项目该如何进行实质性测试？

知识链接

一、采购与付款交易的实质性程序

（一）实质性分析程序

1）根据对被审计单位的经营活动、供应商的发展历程、贸易条件和行业惯例的了解，确定应付账款和费用支出的期望值。

2）根据本期应付账款余额组成与以前期间交易水平和预算的比较，定义采购和应付账款可接受的重大差异额。

3）识别需要进一步调查的差异并调查异常数据关系，如与周期趋势不符的费用支出。这类程序通常包括以下几种。

第一，观察月度（或每周）已记录采购总额趋势，与往年或预算相比较。任何异常波动都必须与管理层讨论，如果有必要的话还应做进一步的调查。

第二，将实际毛利与以前年度和预算相比较。如果被审计单位以不同的加价销售产品，就需要将相似利润水平的产品分组进行比较。任何重大的差异都需要进行调查，因为毛利可能由于销售额、销售成本的错误被歪曲，而销售成本的错误则又可能是受采购记录的错误所影响。

第三，计算记录在应付账款上的赊购天数，并将其与以前年度相比较。超出预期的变化可能由多种因素造成，包括未记录采购、虚构采购记录或截止问题。

第四，检查常规账户和付款，如租金、电话费和电费。这些费用是日常发生的，通常按月支付。通过检查可以确定已记录的所有费用及其月度变动情况。

第五，检查异常项目的采购，如大额采购、从不经常发生交易的供应商处采购，以及未通过采购账户而是通过其他途径计入存货和费用项目的采购。

第六，无效付款或金额不正确的付款，可以通过检查付款记录和付款趋势得以发现。例如，注册会计师通过查找金额偏大的异常项目并深入调查，可能发现重复付款或记入不恰当应付账款账户的付款。

4）通过询问管理层和员工，调查重大差异额是否表明存在重大错报风险，是否需要设计恰当的细节测试程序以识别和应对重大错报风险。

5）形成结论，即实质性分析程序是否能够提供充分、适当的审计证据，或者需要对交易和余额实施细节测试以获取进一步的审计证据。

（二）采购与付款交易和相关余额的细节测试

当出现下列情形时，注册会计师通常应考虑对采购与付款交易和相关余额实施细节测试。

① 重大错报风险评估为高，如存在非正常的交易，包括在期末发生对账户的非正常调整和缺乏支持性文件的关联方交易等。

② 实质性分析程序显示出未预期的趋势。

③ 需要在财务报表中单独披露的金额或很可能存在错报的金额，如差旅费、修理和维护费、广告费、税费、咨询费等。

④ 对需要在纳税申报表中单独披露的事项进行分析。

⑤ 需要为有些项目单独出具审计报告。例如，被审计单位如果要向国外的特许权授予方支付特许权使用费，就可能存在这种需要。

1. 交易的细节测试

1）注册会计师应从被审计单位业务流程层面的主要交易流中选取样本，检查其支持性证据，如从采购和付款记录中选取样本。

① 检查支持性的订购单、商品验收单、发运凭证和发票，追踪至相关费用或资产账户及应付账款账户。

② 必要时，检查其他支持性文件，如交易合同条款。

③ 检查已用于付款的支票存根或电子货币转账付款证明及相关的汇款通知。如果付款与发票对应，则检查相关供应商发票，并追踪付款至相关的应付账款或费用账户。

2）对主要交易流实施截止测试。

采购交易的截止测试包括以下内容。

① 选择已记录采购的样本，检查相关的商品验收单，保证交易已计入正确的会计期间。

② 确定期末最后一份验收单的顺序号码并审查代码报告，以检测记录在本会计期间的验收单是否存在更大的顺序号码，或者因采购交易被漏记或错计入下一会计期间而在本期遗漏的顺序号码。

付款交易的截止测试包括以下内容。

① 确定期末最后签署的支票的号码，确保其后的支票支付未被当作本期的交易予以记录。

② 追踪付款至期后的银行对账单，确定其在期后的合理期间内被支付。

③ 询问期末已签署但尚未寄出的支票，考虑该项支付是否应在本期冲回，计入下一会计期间。

寻找未记录的负债的截止测试主要包括以下内容。

① 确定被审计单位期末用于识别未记录负债的程序，获取相关交易已记入应付账款的证据。

② 复核供应商付款通知和供应商对账单；获取发票被遗失或未计入正确的会计期间的证据；询问并确定在资产负债表日是否应增加一项应计负债。

③ 调查关于订购单、商品验收单和发票不符的例外报告，识别遗漏的交易或计入不恰当会计期间的交易。

④ 复核截至审计外勤结束日记录在期后的付款，查找其是否在年底前发生的证据。

⑤ 询问审计外勤结束时仍未支付的应付账款。

⑥ 对于在建工程，检查承建方的证明或质量监督报告，以获取存在未记录负债的证据。

⑦ 复核资本预算和董事会会议纪要，获取是否存在承诺和或有负债的证据。

2. 余额的细节测试

1）复核供应商的付款通知，与供应商对账，获取发票遗漏、未计入正确的会计期间的证据。询问并检查对收费存在争议的往来信函，确定在资产负债表日是否应增加一项应计负债。

2）在特殊情况下，注册会计师需要决定是否应通过供应商来证实被审计单位期末的应付余额。这种情况通常在被审计单位对采购与付款交易的控制出现严重缺失，记录被毁损时才会发生，或者在怀疑存在舞弊或会计记录在火灾、水灾中遗失时才会发生。

二、应付账款的实质性程序

（一）应付账款的审计目标

应付账款是企业在正常经营过程中，因购买材料、商品和接受劳务供应等经营活动而应付给供应商的款项。注册会计师应结合赊购交易进行应付账款的审计。

其审计目标一般包括以下几项。

① 确定资产负债表中记录的应付账款是否存在。

② 确定所有应当记录的应付账款是否均已记录。

③ 确定资产负债表中记录的应付账款是否为被审计单位应当履行的现时义务。

④ 确定应付账款是否以恰当的金额包括在财务报表中，与之相关的计价调整是否已恰当记录。

⑤ 确定应付账款是否已按照企业会计准则的规定在财务报表中做出恰当的列报。

（二）应付账款的实质性程序的内容

应付账款的实质性程序一般包括以下内容。

1）获取或编制应付账款明细表。

① 复核加计是否正确，并与报表数、总账数和明细账合计数核对是否相符。

② 检查非记账本位币应付账款的折算汇率及折算是否正确。

③ 分析出现借方余额的项目，查明原因，必要时建议进行重分类调整。

④ 结合预付账款、其他应付款等往来项目的明细余额，调查有无同挂的项目、异常余额或与购货无关的其他款项（如关联方账户或雇员账户）。如果有，应做出记录，必要时建议进行调整。

2）根据被审计单位实际情况，选择以下方法对应付账款执行实质性分析程序。

① 将期末应付账款余额与期初余额进行比较，分析波动原因。

② 分析长期挂账的应付账款，要求被审计单位做出解释，判断被审计单位是否缺乏偿债能力或利用应付账款隐瞒利润，并注意其是否可能无须支付。对确实无须支付的应付账

款的会计处理是否正确，依据是否充分；关注账龄超过 3 年的大额应付账款在资产负债表日后是否偿付，检查偿付记录、单据及披露情况。

③ 计算应付账款与存货的比率，应付账款与流动负债的比率，并与以前年度相关比率对比分析，评价应付账款整体的合理性。

④ 分析存货和营业成本等项目的增减变动，判断应付账款增减变动的合理性。

3）函证应付账款。

一般情况下，并非必须函证应付账款，这是因为函证不能保证查出未记录的应付账款，况且注册会计师能够取得采购发票等外部凭证来证实应付账款的余额。但如果控制风险较高，某应付账款明细账户金额较大，则应考虑进行应付账款的函证。

进行函证时，注册会计师应选择较大金额的债权人，以及那些在资产负债表日金额不大，甚至为 0，但为被审计单位重要供应商的债权人，作为函证对象。函证最好采用积极函证方式，并具体说明应付金额。与应收账款的函证一样，注册会计师必须对函证的过程进行控制，要求债权人直接回函，并根据回函情况编制与分析函证结果汇总表。对未回函的，应考虑是否再次函证。

如果存在未回函的重大项目，注册会计师应采用替代审计程序。例如，可以检查决算日后应付账款明细账及库存现金和银行存款日记账，核实其是否已支付，同时检查该笔债务的相关凭证资料，如合同、发票、验收单，核实应付账款的真实性。

4）检查应付账款是否计入了正确的会计期间，是否存在未入账的应付账款。

① 检查债务形成的相关原始凭证，如供应商发票、验收报告或入库单等，查找有无未及时入账的应付账款，确认应付账款期末余额的完整性。

② 检查资产负债表日后应付账款明细账贷方发生额的相应凭证，关注其购货发票的日期，确认其入账时间是否合理。

③ 获取被审计单位与其供应商之间的对账单，并将对账单和被审计单位财务记录之间的差异进行调节（如在途款项、在途商品、付款折扣、未记录的负债等），查找有无未入账的应付账款，确定应付账款金额的准确性。

④ 针对资产负债表日后付款项目，检查银行对账单及有关付款凭证（如银行汇款通知、供应商收据等），询问被审计单位内部或外部的知情人员，查找有无未及时入账的应付账款。

⑤ 结合存货监盘程序，检查被审计单位在资产负债日前后的存货入库资料（验收报告或入库单），检查是否有大额货到单未到的情况，确认相关负债是否计入了正确的会计期间。

如果注册会计师通过这些审计程序发现某些未入账的应付账款，应将有关情况详细记入审计工作底稿，并根据其重要性确定是否需建议被审计单位进行相应的调整。

5）针对已偿付的应付账款，追查至银行对账单、银行付款单据和其他原始凭证，检查其是否在资产负债表日前真实偿付。

6）针对异常或大额交易及重大调整事项（如大额的购货折扣或退回、会计处理异常的交易、未经授权的交易，或者缺乏支持性凭证的交易等），检查相关原始凭证和会计记录，以分析交易的真实性、合理性。

7）被审计单位与债权人进行债务重组的，检查不同债务重组方式下的会计处理是否正确。

8）标明应付关联方[包括持5%以上（含5%）表决权股份的股东]的款项，执行关联方及其交易审计程序，并注明合并报表时应予抵销的金额。

9）检查应付账款是否已按照企业会计准则的规定在财务报表中做出恰当列报。一般来说，“应付账款”项目应根据“应付账款”和“预付账款”科目所属明细科目的期末贷方余额的合计数填列。

如果被审计单位为上市公司，则通常在其财务报表附注中应说明有无欠持有5%以上（含5%）表决权股份的股东账款；说明账龄超过3年的大额应付账款未偿还的原因，并在期后事项中反映资产负债表日后是否偿还。

三、固定资产的实质性程序

（一）固定资产的审计目标

固定资产的审计目标一般包括以下几项。

① 确定资产负债表中记录的固定资产是否存在。

② 确定所有应记录的固定资产是否均已记录。

③ 确定记录的固定资产是否由被审计单位拥有或控制。

④ 确定固定资产以恰当的金额包括在财务报表中，与之相关的计价或分摊已恰当记录。

⑤ 确定固定资产原价、累计折旧和固定资产减值准备是否已按照企业会计准则的规定在财务报表中做出恰当列报。

（二）固定资产——账面余额的实质性程序

1）获取或编制固定资产和累计折旧分类汇总表，检查固定资产的分类是否正确并与总账数和明细账合计数核对是否相符，结合累计折旧、减值准备科目与报表数核对是否相符。

固定资产和累计折旧分类汇总表又称一览表或综合分析表，是审计固定资产和累计折旧的重要工作底稿。其参考格式如表7-10所示。

表7-10 固定资产和累计折旧分类汇总表

____年____月____日

编制人：________ 日期：________

被审计单位：________ 复核人：________ 日期：________

固定资产类别	固定资产				累计折旧					
	期初余额	本期增加	本期减少	期末余额	折旧方法	折旧率	期初余额	本期增加	本期减少	期末余额
合计										

2）对固定资产实施实质性分析程序。

① 基于对被审计单位及其环境的了解，通过进行以下比较，并考虑有关数据间关系的影响，建立有关数据的期望值。

- 分类计算本期计提折旧额与固定资产原值的比率，并与上期比较。

- 计算固定资产修理及维护费用占固定资产原值的比例，并进行本期各月、本期与以前各期的比较。

② 确定可接受的差异额。

③ 将实际情况与期望值相比较，识别需要进一步调查的差异。

④ 如果其差额超过可接受的差异额，调查并获取充分的解释和恰当的佐证审计证据，如检查相关的凭证。

⑤ 评估实质性分析程序的测试结果。

3）实地检查重要固定资产，确定其是否存在，关注是否存在已报废但仍未核销的固定资产。

实施实地检查审计程序时，注册会计师可以以固定资产明细分类账为起点，进行实地追查，以证明会计记录中所列固定资产确实存在，并了解其目前的使用状况；也应考虑以实地为起点，追查至固定资产明细分类账，以获取实际存在的固定资产均已入账的证据。

当然，注册会计师实地检查的重点是本期新增加的重要固定资产，有时，观察范围也会扩展到以前期间增加的重要固定资产。观察范围的确定需要依据被审计单位内部控制的强弱、固定资产的重要性和注册会计师的经验来判断。如果为首次接受审计，则应适当扩大检查范围。

4）检查固定资产的所有权或控制权。

对各类固定资产，注册会计师应获取、收集不同的证据以确定其是否确归被审计单位所有：对外购的机器设备等固定资产，通常经审核采购发票、采购合同等予以确定；对于房地产类固定资产，需查阅有关的合同、产权证明、财产税单、抵押借款的还款凭据、保险单等书面文件；对融资租入的固定资产，应验证有关融资租赁合同，证实其并非经营租赁；对汽车等运输设备，应验证有关运营证件等；对受留置权限制的固定资产，通常还应审核被审计单位的有关负债项目等予以证实。

5）检查本期固定资产的增加。

被审计单位如果不正确核算固定资产的增加，将对资产负债表和利润表产生长期的影响。因此，审计固定资产的增加，是固定资产实质性程序中的重要内容。固定资产的增加有多种途径，审计中应注意以下内容。

① 询问管理层当年固定资产的增加情况，并与获取或编制的固定资产明细表进行核对。

② 检查本年度增加固定资产的计价是否正确，手续是否齐备，会计处理是否正确。

- 对于外购固定资产，通过核对采购合同、发票、保险单、发运凭证等资料，抽查测试其入账价值是否正确，授权批准手续是否齐备，会计处理是否正确；如果购买的是房屋建筑物，还应检查契税的会计处理是否正确；检查分期付款购买固定资产的入账价值及会计处理是否正确。
- 对于在建工程转入的固定资产，应检查在建工程转入固定资产的时点是否符合会计准则的规定，入账价值与在建工程的相关记录是否核对相符，是否与竣工决算、验收和移交报告等一致；对已经达到预定可使用状态，但尚未办理竣工决算手续的固定资产，检查其是否已按估计价值入账，相关估价是否合理，并按规定计提折旧。
- 对于投资者投入的固定资产，检查投资者投入的固定资产是否按投资各方确认的价值入账，并检查确认价值是否公允，交接手续是否齐全；涉及国有资产的，是否有评估报告并经国有资产管理部门评审备案或核准确认。

- 对于更新改造增加的固定资产，检查通过更新改造而增加的固定资产增加的原值是否符合资本化条件、是否真实、会计处理是否正确、重新确定的剩余折旧年限是否恰当。
- 对于融资租赁增加的固定资产，获取融资租入固定资产的相关证明文件，检查融资租赁合同的主要内容，并结合长期应付款、未确认融资费用科目检查相关的会计处理是否正确。
- 对于企业合并、债务重组和非货币性资产交换增加的固定资产，检查产权过户手续是否齐备、检查固定资产入账价值及确认的损益和负债是否符合规定。
- 如果被审计单位为外商投资企业，检查其采购国产设备退还增值税的会计处理是否正确。
- 对于通过其他途径增加的固定资产，应检查增加固定资产的原始凭证，核对其计价及会计处理是否正确、法律手续是否齐全。

③ 检查固定资产是否存在弃置费用，如果存在弃置费用，检查弃置费用的估计方法和弃置费用现值的计算是否合理、会计处理是否正确。

6）检查本期固定资产的减少。

固定资产的减少主要包括出售、向其他单位投资转出、向债权人抵债转出、报废、毁损、盘亏等。有的被审计单位在全面清查固定资产时，常常会出现固定资产账存实亡的现象。这可能是由于固定资产管理或使用部门不了解报废固定资产与会计核算两者间的关系，擅自报废固定资产而未及时通知财务部门进行相应的会计核算所致，势必造成财务报表反映失真。审计固定资产减少的主要目的就在于查明业已减少的固定资产是否已进行适当的会计处理。其审计要点如下。

① 结合固定资产清理科目，抽查固定资产账面转销额是否正确。

② 检查出售、盘亏、转让、报废或毁损的固定资产是否经授权批准，会计处理是否正确。

③ 检查因修理、更新改造而停止使用的固定资产的会计处理是否正确。

④ 检查投资转出固定资产的会计处理是否正确。

⑤ 检查债务重组或非货币性资产交换转出固定资产的会计处理是否正确。

⑥ 检查转出的投资性房地产账面价值及会计处理是否正确。

⑦ 检查其他减少固定资产的会计处理是否正确。

7）检查固定资产的后续支出，确定固定资产有关的后续支出是否满足资产确认条件。如果不满足，该支出是否在该后续支出发生时计入当期损益。

8）检查固定资产的租赁。

企业在生产经营过程中，有时可能有闲置的固定资产供其他单位租用；有时由于生产经营的需要，又需租用固定资产。租赁一般分为经营租赁和融资租赁两种。

在经营租赁中，租入固定资产的企业按合同规定的时间，交付一定的租金，享有固定资产的使用权，而固定资产的所有权仍属出租单位。因此，租入固定资产的企业的固定资产价值并未因此而增加，企业对以经营性租赁方式租入的固定资产，不在“固定资产”账户内核算，只是另设备查簿进行登记。而租出固定资产的企业，仍继续提取折旧，同时取得租金收入。检查经营性租赁时，应查明以下内容。

① 固定资产的租赁是否签订了合同、租约，手续是否完备，合同内容是否符合国家规定，是否经相关管理部门审批。

② 租入的固定资产是否确属企业必需，或者出租的固定资产是否确属企业多余、闲置不用的，双方是否认真履行合同，是否存在不正当交易。

③ 租金收取是否签有合同，有无多收、少收现象。

④ 租入固定资产有无久占不用、浪费损坏的现象；租出的固定资产有无长期不收租金、无人过问，是否有变相馈送、转让等情况。

⑤ 租入固定资产是否已登入备查簿。

⑥ 必要时，向出租人函证租赁合同及执行情况。

⑦ 租入固定资产改良支出的核算是否符合规定。

在融资租赁中，租入企业在租赁期间，对融资租入的固定资产应按企业自有固定资产一样管理，并计提折旧、进行维修。如果被审计单位的固定资产中融资租赁占有相当大的比例，应当复核租赁协议，确定租赁是否符合融资租赁的条件，结合长期应付款、未确认融资费用等科目检查相关的会计处理是否正确（资产的入账价值、折旧、相关负债）。在审计融资租赁固定资产时，除可参照经营租赁固定资产检查要点以外，还应补充实施以下审计程序。

① 复核租赁的折现率是否合理。

② 检查租赁相关税费、保险费、维修费等费用的会计处理是否符合企业会计准则的规定。

③ 检查融资租入固定资产的折旧方法是否合理。

④ 检查租赁付款情况。

⑤ 检查租入固定资产的成新程度。

⑥ 检查融资租入固定资产发生的固定资产后续支出，其会计处理是否遵循自有固定资产发生的后续支出的处理原则。

9）获取暂时闲置固定资产的相关证明文件，并观察其实际状况，检查是否已按规定计提折旧、相关的会计处理是否正确。

10）获取已提足折旧仍继续使用固定资产的相关证明文件，并做相应记录。

11）获取持有待售固定资产的相关证明文件，并做相应记录，检查对其预计净残值调整是否正确、会计处理是否正确。

12）检查固定资产保险情况，复核保险范围是否足够。

13）检查有无与关联方的固定资产购售活动，是否经适当授权、交易价格是否公允。对于合并范围内的购售活动，记录应予合并抵销的金额。

14）对应计入固定资产的借款费用，应根据企业会计准则的规定，结合长短期借款、应付债券或长期应付款的审计，检查借款费用（借款利息、折溢价摊销、汇兑差额、辅助费用）资本化的计算方法和资本化金额，以及会计处理是否正确。

15）检查购置固定资产时是否存在与资本性支出有关的财务承诺。

16）检查固定资产的抵押、担保情况。结合对银行借款等的检查，了解固定资产是否存在重大的抵押、担保情况。如果存在，应取证，并做相应的记录，同时提请被审计单位进行恰当披露。

17）确定固定资产是否已按照企业会计准则的规定在财务报表中做出恰当列报。

财务报表附注通常应说明固定资产的标准、分类、计价方法和折旧方法；融资租入固定资产的计价方法；固定资产的预计使用寿命和预计净残值；对固定资产所有权的限制及其金额（这一披露要求是指企业因贷款或其他原因而以固定资产进行抵押、质押或担保的类别、金额、时间等情况）；已承诺将为购买固定资产支付的金额；暂时闲置的固定资产账面价值（这一披露要求是指企业应披露暂时闲置的固定资产账面价值，导致固定资产暂时闲置的原因，如开工不足、自然灾害或其他情况等）；已提足折旧仍继续使用的固定资产账面价值；已报废和准备处置的固定资产账面价值。固定资产因使用磨损或其他原因而需报废时，企业应及时对其处置，如果其已处于处置状态而尚未转销时，企业应披露这些固定资产的账面价值。

如果被审计单位是上市公司，则通常应在其财务报表附注中按类别分项列示固定资产期初余额、本期增加额、本期减少额及期末余额；说明固定资产中存在的在建工程转入、出售、置换、抵押或担保等情况；披露通过融资租赁租入的固定资产每类租入资产的账面原值、累计折旧、账面净值；披露通过经营租赁租出的固定资产每类租出资产的账面价值。

（三）固定资产——累计折旧的实质性程序

1）获取或编制累计折旧分类汇总表，复核加计是否正确，并与总账数和明细账合计数核对是否相符。

2）检查被审计单位制定的折旧政策和方法是否符合相关会计准则的规定，确定其所采用的折旧方法能否在固定资产预计使用寿命内合理分摊其成本，前后期是否一致，预计使用寿命和预计净残值是否合理。

3）复核本期折旧费用的计提和分配。

① 了解被审计单位的折旧政策是否符合规定，计提折旧的范围是否正确，确定的使用寿命、预计净残值和折旧方法是否合理；如果采用加速折旧法，是否取得批准文件。

② 检查被审计单位折旧政策前后期是否一致。如果折旧政策或相关会计估计（如使用寿命、预计净残值）有变更，变更理由是否合理；如果没有变更，是否存在需要提请被审计单位关注的对折旧政策或会计估计产生重大影响的事项（如重大技术更新或设备使用环境的恶化等）。

③ 复核本期折旧费用的计提是否正确。

- 已计提部分减值准备的固定资产，计提的折旧是否正确。按照《企业会计准则第4号——固定资产》的规定，已计提减值准备的固定资产的应计折旧额应当扣除已计提的固定资产减值准备累计金额，按照该固定资产的账面价值及尚可使用寿命重新计算确定折旧率和折旧额。
- 已全额计提减值准备的固定资产，是否已停止计提折旧。
- 因更新改造而停止使用的固定资产是否已停止计提折旧，因大修理而停止使用的固定资产是否照提折旧。
- 对按规定予以资本化的固定资产装修费用是否在两次装修期间与固定资产尚可使

用年限两者中较短的期间内采用合理的方法单独计提折旧，并在下次装修时将该项固定资产装修余额一次全部计入了当期营业外支出。

- 对融资租入固定资产发生的、按规定可予以资本化的固定资产装修费用，是否在两次装修期间、剩余租赁期与固定资产尚可使用年限三者中较短的期间内采用合理的方法单独计提折旧。
- 对采用经营租赁方式租入的固定资产发生的改良支出，是否在剩余租赁期与租赁资产尚可使用年限两者中较短的期间内采用合理的方法单独计提折旧。
- 未使用、不需用和暂时闲置的固定资产是否按规定计提折旧。
- 持有待售的固定资产折旧计提是否符合规定。

④ 检查折旧费用的分配方法是否合理，是否与上期一致；分配计入各项目的金额占本期全部折旧计提额的比例与上期比较是否有重大差异。

⑤ 注意固定资产增减变动时，有关折旧的会计处理是否符合规定，查明通过更新改造、接受捐赠或融资租入而增加的固定资产的折旧费用计算是否正确。

4）将“累计折旧”账户贷方的本期计提折旧额与相应的成本费用中的折旧费用明细账户的借方相比较，以查明所计提折旧金额是否已全部摊入本期产品成本或费用。如果存在差异，应追查原因，并考虑是否应建议做适当调整。

5）检查累计折旧的减少是否合理、会计处理是否正确。

6）确定累计折旧的披露是否恰当。

如果被审计单位是上市公司，通常应在其财务报表附注中按固定资产类别分项列示累计折旧期初余额、本期计提额、本期减少额及期末余额。

参考资料

《企业内部控制基本规范》（2008年）

《内部会计控制规范》

思考与讨论

1. 采购与付款循环的特点是什么？
2. 采购交易的内部控制目标、关键内部控制和测试的关系是什么？
3. 采购交易的内部控制有哪些内容？
4. 付款交易的内部控制有哪些内容？
5. 固定资产的内部控制有哪些内容？
6. 如何评估采购与付款交易的重大错报风险？
7. 如何以内部控制目标为起点对采购与付款循环的控制进行测试？
8. 如何以风险为起点对采购与付款循环的控制进行测试？
9. 如何对应付账款、固定资产等项目进行实质性测试？

案例分析

1. 注册会计师张某等 3 人接受会计师事务所的委派，对华宇上市公司 2016 年度会计报表进行审计。注册会计师于 2016 年 11 月 1 至 7 日对华宇公司的内部控制制度进行了解和测试，注意到华宇公司在采购与付款循环中控制活动主要包括以下内容。

（1）采购物资需由请购部门编制请购单，经请购部门经理批准后，送采购部门。

（2）公司采购金额在 10 万元以下的，由采购部经理批准；采购金额超过 10 万元的，由总经理批准。由于总经理出差而生产车间又急需采购材料，采购部经理多次批准了单笔金额超过 10 万元的采购申请。

（3）根据请购单中所列信息，采购人员冯某编制订购单寄至供应商处。

（4）采购完成后，由采购部门指定采购部业务人员进行验收，并编制一式多联的未连续编号的验收单。仓库根据验收单验收货物，在验收单上签字后，将货物移入仓库加以保管。验收单一联交采购登记采购明细账和编制付款凭单，付款凭单经批准后，月末交会计部；一联交会计部登记材料明细账；一联由仓库保留并登记材料明细账。

（5）应付凭单部门核对供应商发票、入库单和采购订单，并编制预先连续编号的付款凭单。会计部门在接到经过凭单部门审核的上述单证和付款凭单后，应付凭单部门对相关原材料入库数量和采购成本进行汇总。应付凭单部门对已验收入库但尚未收到供应商发票的原材料编制清单，会计部门据此将相关原材料暂估入账。

（6）采购退货由采购部负责，采购部集中在每个季节末向财会部提供退货清单。

要求：

（1）指出该公司内部控制在设计与运行方面的缺陷，并提出改进建议。

（2）请分别指出上述内部控制缺陷与哪些会计报表项目或科目的何种认定相关。

2. 注册会计师张某在审计华宇公司 2016 年度会计报表时，发现以下情况。

（1）在 2016 年度，华宇公司有甲、乙、丙、丁 4 项在建工程已完工。具体情况为：甲在建工程已经试运行，且已经能够生产合格产品，但产量尚未达到设计生产能力；乙在建工程已经试运行，产量已经达到设计生产能力，但生产的产品中仅有少量合格产品；丙在建工程不需试运行，某实体建造和安装工作全部完成，并已达到预定可使用状态，但尚未办理验收手续；丁在建工程不需要试运行，其实体建造和安装工作全部完成，并已达到预定可使用状态，但资产负债表日后尚发生少量的购建支出。

（2）华宇公司于 2015 年 12 月 31 日增加投资者投入的一条生产线，其折旧年限为 10 年，残值率为 0，采用直线法计提折旧。该生产线账面原值为 1 500 万元，累计折旧为 900 万元，评估增值为 200 万元，协议价格与评估价值一致；2016 年 6 月 30 日对该生产线进行更新改造，2016 年 12 月 31 日该生产线更新改造完成，发生的更新改造支出为 1 000 万元。这次改造提高了使用性能，但并未延长其使用寿命。截至 2016 年 12 月 31 日，上述生产线账面原值和累计折旧分别为 2 700 万元和 1 100 万元。

（3）华宇公司于 2014 年 1 月购置一台半自动机床，价格为 800 万元，预计使用年限为

10 年，预计净残值为 60 万元，采用直线法计提折旧。2015 年 1 月，该机床因使用磨损太大，加上该种类型的全自动机床问世，导致半自动机床价格大跌。2015 年 12 月，公司对该半自动机床重新预计使用寿命为 6 年，预计净残值为 40 万元，并决定自 2016 年起由直线法改为双倍余额递减法进行折旧。

要求：

（1）该公司哪些在建工程应当结转固定资产，为什么？

（2）对固定资产和累计折旧进行审计后，应提出什么审计调整建议？为什么？

（3）查证固定资产计提折旧的变更审计程序，并提出 2016 年计提折旧的正确的会计处理。

（4）在审计实务中，如何测试本年度折旧费用整体的合理性？

学习情境八

审计生产与存货循环

知识目标

1. 了解生产与存货循环的特点、掌握控制测试程序。
2. 掌握存货项目审计的目标及审计程序。

能力目标

1. 能够指出被审计单位生产与存货循环内部控制在设计与运行方面的缺陷并进行测试。
2. 能够对被审计单位的存货项目进行审计。

任务一　对生产与存货循环的内部控制进行测试

任务引入

何先生是一家化妆品生产基地的生产总监。一天有人向他反映，说他所在厂家生产的产品在网上卖得很火爆。在外人看起来很好的一件事情，却让何先生很恼火。它的销售价格比何先生工厂要便宜很多，有的甚至便宜到 30%～40%。如此低廉的价格何先生从来没有遇到过，据他的经验，这样的价格连生产成本都不够，那么究竟是谁在赔本赚吆喝呢？何先生马上找到了厂子的销售部门，让销售部门确认这个网店或这个网站是不是公司授权的客户，销售部门查实没有这个客户。即然不是自己的授权销售网站，那么怎么会销售自己的产品呢，而且还把价格压得如此之低。这个厂家是老字号化妆品百雀羚的生产基地，如果有人把价格压低卖假货，这将对商家的声誉造成很坏的影响。有些客户也反映，你们是厂家直销，为什么比相应的网站的价格还贵。怪不得何先生很恼火，原来卖的是自己的产品，收钱的却不是自己，而且更为主要的是，何先生从这家网点的销售情况看来，似乎销量也很大，这让他很是着急。

为了验证对方所卖货品的真假，何先生决定先以顾客的身份购买该网店的一些产品。

买回来后，何先生对该产品进行了化验比对，结果发现的情况让他大跌眼镜。真货！

何先生同时也发现，这个网店每个月都有几千笔的生意成交。可是，按照厂家最低的进货价格，这个网店的每笔生意都在赔钱。那么这个网店为什么要这样做，这些货品究竟来自何处呢？工厂负责人何先生怀疑是从一个内部的渠道，或者通过其他方面的渠道，反正是非正规渠道得到的货品。难道是在厂子周围出了小偷？这家厂子位于江苏省吴江市黎里镇的外围，厂子的周围有很多的住户，那么是不是这些住户进行偷盗呢？工厂负责人何先生认为：厂外面有监控，基本上厂区里面，包括外围都是有监控的，而且相关负责人每天都会察看监控回放，如果有问题会报警的。厂方对外围群众的了解和分析监控，并没有发现村庄的住户有偷盗的迹象。难不成是自己的厂子出了“内鬼”？该厂绝大多数员工已经在此工作 10 多年，当地员工都非常纯朴，不会有这样的问题。而与此同时，何先生从网站的销量分析，这家网店有些月份的销量大概要在 10 万元以上，要将如此大数量的产品带出厂门，也不是一件容易的事情。那么，是不是有人把化妆品从仓库中带出来的？但是该厂的仓库是封闭式的，除非从大门出去。可工厂大门相应有成熟的安保体系，有监控系统，根据对该厂监控系统查阅，是没有货物从正面出去的。

这家网店是开在淘宝网上的，那么开这家网店的究竟是什么人，他的产品又来自何方？对此厂方并没有找到任何线索，于是到公安机关报了案。警方通过调查，到淘宝网总部获取了相关证据。警方调取了这个网站的开户记录、交易清单、资金往来账目等相关资料，查明网店的所有人叫徐俊霞。此人的暂住地为黎里镇，在该厂当地。警方发现，这个网店是徐俊霞在 2010 年开的，那么这个徐俊霞是什么人，她和这家工厂有没有关系呢？警方凭借这个名字到该厂人事部门调查，发现这个徐俊霞从来没有在该厂工作过。

一个女子，不是厂里的员工，怎么会得到厂里面如此多的产品呢？

这个网店从 2010 年年初开始在网上贩卖百雀羚牌化妆品，时间也比较长，买家也非常多，全国各地都有，全年交易记录上万条，买家有三四千名。而警方在分析这个网店的交易清单和资金往来账目时，发现一个主要问题是这家网店没有进货渠道。那徐俊霞卖的东西是从哪里来的？警方认为内外勾结的可能性非常大。也就是说，警方怀疑这个厂子里面应该有人与徐俊霞有联系。那么这个人会是谁呢？

警方根据掌握到的开户地址，包括徐俊霞暂住住址进行蹲守。经过一段时间的蹲守，发现没有大量的运输化妆品的车辆进入。这时候警方就想到是不是何先生所在公司内部有问题，警方的重点又转向了该公司内部的生产、销售、存储、物流各个方面。

经过对工厂各个环节的调查，警方也没有得到有价值的线索。就在警方充满疑问的时候，一个神秘而特殊的人物终于出现了。就在警方对徐俊霞的住所进行蹲守的时候，发现有一辆小轿车经常出现在徐俊霞的住所。警方随后调查得知，这辆车子的主人就是徐俊霞的男朋友，名叫李彦典，而他还有一个特殊的身份：何先生所在工厂的仓库管理员。

李彦典所在的仓库是该厂的一个退货仓。在厂子的一个不起眼的角落里，有一个废旧的仓库，里面存放的都是这个企业生产的一些瑕疵品。这里有 47 000 件左右的废品，大概有 200 多个品种在里面。这些所谓的废品在质量上并不存在问题，只是可能在外包装方面出现了破损。

直到这个时候，何先生才想到，当时自己从网上购买来的产品是没有外包装的。

此时，警方将视线转移到李彦典身上，可是令警方感到奇怪的是，李彦典已经辞职了。

而在警方接下来的跟踪过程中发现，辞职后的李彦典和另外的一个仓库管理员刘涛走得很近。随后，警方也对刘涛的租住地进行了蹲守。经常可以从刘涛暂住地看到有人提着化妆品出来。而同时警方也发现，提着化妆品出来的人不是别人，正是李彦典和他的女朋友徐俊霞。同时刘涛平时的工资并不高，但是平时的花销却比较大，另外一个重要的情况是，李彦典的经济收入也不高，但是在2010年买了一辆小轿车。

按照警方的调查，这两个仓库管理员都是外地打工人员，每个月的工资也就是1 000元左右，怎么可能花销巨大，甚至还买了小轿车？种种迹象表明，这两个人从厂里偷盗化妆品的可能性非常大。可是，他们又是如何从仓库里把大量的化妆品运出来的呢？从这家网店的交易量来看，光靠这两个人用随身携带的方法偷运是根本不可能满足需求的。警方在掌握了一些证据之后，决定立即采取行动。

警方在徐俊霞和李彦典的住房当场查获作案用的计算机两台，同时查获大量的百雀羚牌化妆品。几名犯罪嫌疑人终于归案，他们对所犯的罪行供认不讳，那么这几名犯罪嫌疑人究竟是怎样作案的，他们又是如何将那么多的化妆品从工厂的仓库里运出来的呢？

有一次收拾货物的时候，刘涛突然发现在仓库的最里面的墙上方有一条缝隙，恰好有一间民房的窗户正对着仓库的漏洞，于是刘涛便想方设法租下了那间民房。在选择好房屋之后，两人便找来了床单，一头绑在仓库一端，一头绑在房间一端。因为仓库的外墙要比他们的租房高许多，这样他们便用床单制作成滑梯，利用落差，将化妆品不断地运出仓库。就这样，几个人用这种方式悄悄地运输并在网上销售化妆品，做着无本的买卖，也在编织着他们的美梦。

回顾该案件，如果工厂仓库的货物不是堆得那么混乱，而是有一套完整的登记管理制度，就不会给两个仓库管理员留有机会。

任务分析

1. 该厂出现这么大的漏洞，问题出在哪里？
2. 企业该建立怎样的内部控制来加强存货的管理？

知识链接

一、生产与存货循环的特点

（一）不同行业类型的存货性质

不同行业类型的存货性质有很大的区别，如表8-1所示。

表8-1　不同行业类型的存货性质

行业类型	存货性质
贸易业	从厂商、批发商或其他零售商处采购的商品
一般制造商	采购的原材料、易耗品和配件等，生成的半成品和产成品
金融服务业	一般只有消耗品存货，如仅有文具、教学器材及行政用的计算机设备等
建筑业	建筑材料、在建项目成本（一般包括建造活动发生的直接人工成本和间接费用，以及支付给分包商的建造成本等）

（二）生产与存货循环的主要业务活动及主要凭证与会计记录

生产与存货循环的主要业务活动及其相应内容如表8-2所示。

表8-2 生产与存货循环的主要活动及其相应内容

主要业务活动	涉及的凭证及记录	相关的主要部门
1）计划和安排生产	生产通知单、材料领用申请单	生产计划部门
2）发出原材料	材料发出汇总表、领料单、限额领料单、领料登记簿、退料单	仓库部门
3）生产产品	生产通知单、生产加工指令单、产量和工时记录	生产部门
4）核算产品成本	生产通知单、领料单、计工单、入库单、工薪汇总表及工薪费用分配表、材料费用分配表、制造费用分配汇总表、成本计算单、存货明细账	会计部门
5）储存产成品	半成品入库单、半成品转移单、半成品出库单、产成品验收单、产成品入库单	仓库部门
6）发出产成品	出运通知单、产成品出库单、送货单	发运部门

二、生产与存货循环的内部控制

生产与存货循环的内部控制主要包括存货的内部控制和成本会计制度的内部控制两项内容。

表8-3列示了成本会计制度的内部控制目标、关键内部控制和测试的关系。

表8-3 成本会计制度的内部控制目标、关键内部控制和测试一览表

内部控制目标	关键内部控制	常用的控制测试	常用的交易实质性程序
生产业务是根据管理层一般或特定的授权进行的（发生）	对3个关键点，应履行恰当手续，经过特别审批或一般审批：①生产指令的授权批准；②领料单的授权批准；③工薪的授权批准	检查凭证中是否包括这3个关键点恰当审批	检查生产指令、领料单、工薪等是否经过授权
记录的成本为实际发生的而非虚构的（发生）	成本的核算是以经过审核的生产通知单、领发料凭证、产量和工时记录、工薪费用分配表、材料费用分配表、制造费用分配表为依据的	检查有关成本的记账凭证是否附有生产通知单、领发料凭证、产量和工时记录、工薪费用分配表、材料费用分配表、制造费用分配表等，原始凭证的顺序编号是否完整	对成本实施分析程序；将成本明细账与生产通知单、领发料凭证、产量和工时记录、工薪费用分配表、材料费用分配表、制造费用分配表相核对
所有耗费和物化劳动均已反映在成本中（完整性）	生产通知单、领发料凭证、产量和工时记录、工薪费用分配表、材料费用分配表、制造费用分配表均事先编号并已经登记入账	检查生产通知单、领发料凭证、产量和工时记录、工薪费用分配表、材料费用分配表、制造费用分配表的顺序编号是否完整	对成本实施分析程序；将生产通知单、领发料凭证、产量和工时记录、工薪费用分配表、材料费用分配表、制造费用分配表与成本明细账相核对

（续表）

内部控制目标	关键内部控制	常用的控制测试	常用的交易实质性程序
成本以正确的金额，在恰当的会计期间及时记录于适当的账户（发生、完整性、准确性、计价和分摊）	采用适当的成本核算方法，并且前后各期一致；采用适当的费用分配方法，并且前后各期一致；采用适当的成本核算流程和账务处理流程；内部核查	选取样本测试各种费用的归集和分配及成本的计算；测试是否按照规定的成本核算流程进行核算和账务处理	对成本实施分析程序；抽查成本计算单，检查各种费用的归集和分配及成本的计算是否正确；对重大在产品项目进行计价测试
对存货实施保护措施，保管人员与记录、批准人员相互独立（存在、完整性）	存货保管人员与记录人员职务相分离	询问和观察存货与记录的接触控制及相应的批准程序	
账面存在与实际存货定期核对（存在、完整性、计价和分摊）	定期进行存货盘点	询问和观察存货盘点程序	以存货实施监盘程序

三、评估重大错报风险

采购与付款交易的固有风险和检查风险的讨论内容，对生产与存货交易基本上是适用的。以制造类企业为例，影响生产与存货交易和余额的重大错报风险还可能包括以下因素。

1. 交易的数量和复杂性

制造类企业交易的数量庞大，业务复杂，这就增加了错误和舞弊的风险。

2. 成本基础的复杂性

制造类企业的成本基础是复杂的。虽然原材料和直接人工等直接费用的分配比较简单，但间接费用的分配就可能较为复杂，并且同一行业中的不同企业也可能采用不同的认定和计量基础。

3. 产品的多元化

产品的多元化可能要求聘请专家来验证其质量、状况或价值。另外，计算库存存货数量的方法也可能是不同的。例如，计量煤堆、筒仓里的谷物、糖、钻石或其他贵重的宝石、化工品和药剂产品的存储量的方法都可能不一样。这并不是要求注册会计师每次清点存货都需要专家配合，如果存货容易辨认，存货数量容易清点，就无须专家帮助。

4. 某些存货项目的可变现净值难以确定

例如，价格受全球经济供求关系影响的存货，由于其可变现净值难以确定，会影响存货采购价格和销售价格的确定，并将影响注册会计师对与存货计价认定有关的风险进行的评估。

5. 将存货存放在很多地点

大型企业可能将存货存放在很多地点，并且可以在不同的地点之间配送存货。这将增加商品途中毁损或遗失的风险，或者导致存货在两个地点被重复列示，也可能产生转移定价的错误或舞弊。

6. 寄存的存货

有时候存货虽然还存放在企业，但可能已经不归企业所有；反之，企业的存货也可能被寄存在其他企业。

注册会计师应当了解被审计单位对生产与存货的管理程序。如果注册会计师认为被审计单位可能存在销售成本和存货的重大错报风险，通常需要考虑对已选取的控制活动的运行有效性进行测试，以证实计划依赖的认定层次上的控制已经在整个期间内运行了。

很显然，控制是否适当直接关乎其预防、发现和纠正错报的能力。预防性的控制经常在交易初期和记录过程中实施。而作为管理层的监督程序的组成部分，检查性控制通常在交易执行和记录过程之后实施，以便检查、纠正错误与舞弊。测试已选取的、涉及几项认定的监督控制，要比测试交易初期的预防性控制更为有效。

注册会计师对于生产过程和存货管理中的控制的了解，来自于观察控制活动执行情况、询问员工及检查文件和资料。这些文件和资料包括以前年度审计工作底稿、原材料领料单上记录的各个生产流程的制造成本、人工成本记录和间接费用分配表，以及例外报告和及时采取的相应的纠正行动。

四、控制测试

（一）以内部控制目标为起点的控制测试

表 8-3 中列示的常用的控制测试程序比较清晰，无须逐一解释，下面对实施生产与存货交易的控制测试时应当注意的一些内容展开讨论，并对成本会计制度的控制测试单独进行讨论。

① 注册会计师应当通过控制测试获取支持将被审计单位的控制风险评价为中或低的证据。如果能够获取这些证据，注册会计师就可以接受较高的检查风险，并在很大程度上可以通过实施实质性分析程序获取进一步的审计证据，减少对生产与存货交易和营业成本、存货等相关项目的细节测试的依赖。

② 对于计划和安排生产这项主要业务活动，有些被审计单位的内部控制要求根据经审批的月度生产计划书，由生产计划经理签发预先按顺序编号的生产通知单。对此，注册会计师在实施控制测试时，应抽取生产通知单检查是否与月度生产计划书中的内容一致。

③ 对于发出原材料这项主要业务活动，有些被审计单位的内部控制要求如下。

第一，仓库管理员应把领料单编号、领用数量、规格等信息输入计算机系统，经仓储经理复核并以电子签名方式确认后，系统自动更新材料明细台账。

第二，原材料仓库分别于每月、每季和年度终了，对原材料存货进行盘点，会计部门对盘点结果进行复盘。由仓库管理员编写原材料盘点明细表，发现差异及时处理，经仓储经理、财务经理和生产经理复核后调整入账。相应地，注册会计师在实施控制测试时应当注意以下内容。

- 抽取出库单及相关的领料单，检查是否正确输入并经适当层次复核。
- 抽取原材料盘点明细表并检查是否经适当层次复核，有关差异是否得到处理。

④ 对于生产产品和核算产品成本这两项主要业务活动，有些被审计单位的内部控制要求如下。

第一，生产成本记账员应根据原材料出库单，编制原材料领用凭证，与计算机系统自动生成的生产记录日报表核对材料耗用和流转信息，由会计主管审核无误后，生成记账凭证并过账至生产成本及原材料明细账和总分类账。

第二，每月月末，由生产车间与仓库核对原材料、半成品、产成品的转出和转入记录，如果有差异，仓库管理员应编制差异分析报告，经仓储经理和生产经理签字确认后交会计部门进行调整。

第三，每月月末，由计算机系统对生产成本中各项组成部分进行归集，按照预设的分摊公式和方法，自动将当月发生的生产成本在完工产品和在产品中按比例分配。同时，将完工产品成本在各不同产品类别中分配，由此生成产品成本计算表和生产成本分配表。由生产成本记账员编制成生产成本结转凭证，经会计主管审核批准后进行账务处理。相应地，注册会计师在实施控制测试时应当注意以下事项。

- 抽取原材料领用凭证，检查是否与生产记录日报表一致，是否经适当审核，如果有差异是否及时处理。
- 抽取核对记录，检查差异是否已得到处理。
- 抽取生产成本结转凭证检查与支持性文件是否一致并经适当复核。
- 预设的分摊公式和方法是否存在变更，变更是否经适当审批。当然，必要时应当考虑利用计算机专家的工作。

⑤ 对于储存产成品和发出产成品这两项主要业务活动，有些被审计单位的内部控制要求如下。

第一，产成品入库时，质量检验员应检查并签发预先按顺序编号的产成品验收单，由生产小组将产成品送交仓库。仓库管理员应检查产成品验收单，并清点产成品数量，填写预先顺序编号的产成品入库单。经质检经理、生产经理和仓储经理签字确认后，由仓库管理员将产成品入库单信息输入计算机系统，计算机系统自动更新产成品明细台账并与采购订购单编号核对。

第二，产成品出库时，由仓库管理员填写预先顺序编号的出库单，并将产成品出库单信息输入计算机系统。经仓储经理复核并以电子签名方式确认后，计算机系统自动更新产成品明细台账并与发运通知单编号核对。

第三，产成品装运发出前，由运输经理独立检查出库单、销售订购单和发运通知单，确定从仓库提取的商品附有经批准的销售订购单，并且提取商品的内容与销售订购单一致。

第四，每月月末，生产成本记账员根据计算机系统内状态为“已处理”的订购单数量，编制销售成本结转凭证，结转相应的销售成本，经会计主管审核批准后进行账务处理。

第五，产成品仓库分别于每月、每季和年度终了，对产成品存货进行盘点，由会计部门对盘点结果进行复盘。仓库管理员应编写产成品存货盘点明细表，发现差异及时处理，经仓储经理、财务经理和生产经理复核后调整入账。相应地，注册会计师在实施控制测试时应当抽取产成品验收单、产成品入库单并检查输入信息是否准确；抽取发运通知单、出库单并检查是否一致；抽取发运单和相关销售订购单，检查内容是否一致；抽取销售成本结转凭证检查与支持性文件是否一致并适当复核；抽取产成品存货盘点报告并检查是否经适当层次复核有关差异是否得到处理。

⑥ 成本会计制度的控制测试。这包括直接材料成本控制测试、直接人工成本控制测试、制造费用控制测试和生产成本在当期完工产品与在产品之间分配的控制测试4项内容。

第一，直接材料成本控制测试。对采用定额单耗的企业，可选择某一成本报告期若干种具有代表性的产品成本计算单，获取样本的生产指令或产量统计记录及其直接材料单位消耗定额。根据材料明细账或采购业务测试工作底稿中各该直接材料的单位实际成本，计算直接材料的总消耗量和总成本，与该样本成本计算单中的直接材料成本核对，并注意这些事项：生产指令是否经过授权批准；单位消耗定额和材料成本计价方法是否适当，在当年度有无重大变更。

对未采用定额单耗的企业，可获取材料费用分配汇总表、材料发出汇总表（或领料单）、材料明细账（或采购业务测试工作底稿）中各该直接材料的单位成本。检查这些事项：成本计算单中直接材料成本与材料费用分配汇总表中该产品负担的直接材料费用是否相符，分配标准是否合理；将抽取的材料发出汇总表或领料单中若干种直接材料的发出总量和各该种材料的实际单位成本之积，与材料费用分配汇总表中各该种材料费用进行比较，并注意领料单的签发是否经过授权批准、材料发出汇总表是否经过适当的人员复核、材料单位成本计价方法是否适当、在当年有无重大变更。

对采用标准成本法的企业，获取样本的生产指令或产量统计记录、直接材料单位标准用量、直接材料标准单价及发出材料汇总表或领料单。检查这些事项：根据生产量、直接材料单位标准用量和标准单价计算的标准成本与成本计算单中的直接材料成本核对是否相符；直接材料成本差异的计算与账务处理是否正确，并注意直接材料的标准成本在当年度内有无重大变更。

第二，直接人工成本控制测试。对采用计时工资制的企业，获取样本的实际工时统计记录、职员分类表和职员工薪手册（工资率）及人工费用分配汇总表。进行这些检查：成本计算单中直接人工成本与人工费用分配汇总表中该样本的直接人工费用核对是否相符；样本的实际工时统计记录与人工费用分配汇总表中该样本的实际工时核对是否相符；抽取生产部门若干天的工时台账与实际工时统计记录核对是否相符；当没有实际工时统计记录时，可根据职员分类表及职员工薪手册中的工资率，计算复核人工费用分配汇总表中该样本的直接人工费用是否合理。

对采用计件工资制的企业，获取样本的产量统计报告、个人（小组）产量记录和经批准的单位工薪标准或计件工资制度。检查这些事项：根据样本的统计产量和单位工薪标准计算的人工费用与成本计算单中直接人工成本核对是否相符；抽取若干个直接人工（小组）的产量记录，检查是否被汇总记入产量统计报告。

对采用标准成本法的企业，获取样本的生产指令或产量统计报告、工时统计报告和经批准的单位标准工时、标准工时工资率、直接人工的工薪汇总表等资料。检查这些事项：根据产量和单位标准工时计算的标准工时总量与标准工时工资率之积同成本计算单中直接人工成本核对是否相符；直接人工成本差异的计算与账务处理是否正确，并注意直接人工的标准成本在当年内有无重大变更。

第三，制造费用控制测试。获取样本的制造费用分配汇总表、按项目分列的制造费用明细账、与制造费用分配标准有关的统计报告及其相关原始记录。进行这些检查：制造费用分配汇总表中，样本分担的制造费用与成本计算单中的制造费用核对是否相符；制造费用分配汇总表中的合计数与样本所属成本报告期的制造费用明细账总计数核对是否相符；制造费用分配汇总表选择的分配标准（机器工时数、直接人工工资、直接人工工时数、产量等）与相关的统计报告或原始记录核对是否相符，并对费用分配标准的合理性做出评估；如果企业采用预计费用分配率分配制造费用，则应针对制造费用分配过多或过少的差额，检查其是否进行了适当的账务处理；如果企业采用标准成本法，则应检查样本中标准制造费用的确定是否合理、计入成本计算单的数额是否正确、制造费用差异的计算与账务处理是否正确，并注意标准制造费用在当年度内有无重大变更。

第四，生产成本在当期完工产品和在产品之间分配的控制测试。检查成本计算单中在产品数量与生产统计报告或在产品盘存表中的数量是否一致；检查在产品约当产量计算或其他分配标准是否合理；计算复核样本的总成本和单位成本，最终对当年采用的成本会计制度做出评价。

（二）以风险为起点的控制测试

在审计实务中，注册会计师还可以以识别的重大错报风险为起点实施控制测试。表 8-4 列示了生产与存货交易相关的风险，旨在降低这些风险的计算机控制和人工控制及相应的控制测试程序。

表 8-4 生产与存货交易的风险、控制和控制测试

风　险	计算机控制	人工控制	控制测试
计划和开始生产			
生产规模可能不适当；可能因生产过量导致存货滞销，或者因产量不足导致存货脱销	根据销售需求量对存货生产数量实施计算机化监督，以显示具体存货项目的再次订购数量和经济订购数量	计划和生产进度由生产部门监控，并取得生产经理批准	检查授权生产的证据
产品可能没有按照客户要求的规格生产，导致顾客拒收而滞销		生产开始前，获取客户对于产品设计和规格的认可。计划和生产进度由生产部门监控，并取得生产经理批准	检查客户签署的认可函和生产经理批准的证据
生产流程			
发出原材料			
原材料的发出可能未经授权或发出用于生产的原材料可能不正确 原材料缺货可能导致生产延误 发出的原材料可能未分配或未正确分配到生产任务中	将事先编号的原材料通知单录入系统，生成发出原材料给工厂以供生产的原材料发出通知单 每日只印发出至生产过程的原材料，以及包含在生产任务通知单中的原材料发出通知单代码 每日打印未完成的原材料通知单和没有分配到特定生产任务的原材料发出通知单	由经授权的生产人员签署所有生产任务或供生产使用的原材料通知单 由生产经理复核载有每日发出至生产过程中的原材料信息的打印文件，并与由生产人员签署的原材料通知单核对一致 由生产人员监督没有完成的原材料通知单，并跟进发出原材料的延误 由生产人员分别就每个生产阶段逐个签署生产任务通知单，以表明为每一项生产任务所记录的原材料完整和准确	检查生产经理复核生产任务通知单，跟进未分配的原材料和未完成的原材料通知单的情况 特别是在期末查询没有分配的原材料发出通知单对于在产品的影响

（续表）

风 险	计算机控制	人工控制	控制测试
原材料可能被盗		确保原材料仓储的实物安全，仅允许经授权的人员进入原材料仓库 在生产地点安置监控录像机，控制安全通道。对于生产高价值或高度危险产品的地方，设置严密的安保系统	通过询问和观察以获取控制被执行的证据
在生产阶段转移商品			
直接人工工时可能未被记录或未被分配至正确的生产任务 直接机器工时可能未被记录或未被分配至正确的任务	每天在各生产任务上花费的人工时间要与按照每个员工的计时工资时间或工时记录比对一致 对分配到生产任务中直接人工工时与每天的工时记录的差异要打印在例外报告上 每天计入生产任务的机器工时要与机器生产能力总数比对一致，未分配的工时要打印在例外报告上 每日生产报告累计所有生产任务耗费的工时，并与每日工时总数比对一致	由管理层复核每日生产报告及对直接人工总工时分配的调节表 由管理层复核例外报告，并改正分配直接人工工时和机器工时中的错误	检查管理层复核生产报告和工时调节表的证据 检查管理层复核工时差异例外报告的证据，并检查其纠正例外报告所反映的错误的证据
在产品可能未被包括移送下一个生产阶段之前的所有累计成本	记录各个生产阶段中的产品移动。但在产品转移到下一个阶段前需经授权的生产人员的电子签名 出于这一目的，通过密码和菜单对授权人员的出入实施控制 下一生产阶段的成本核算直到前一生产阶段已经完成才能进行记录 每日生产报告记录生产任务从一个阶段转移到下一阶段的日期和时间，并识别授权转移的员工 每个连续性生产阶段最后的累计成本也要在每日生产报告中反映	经授权人员的电子签名要显示在生产任务通知单和每日生产报告中，以表明在批准向下一阶段转移生产任务面前，该人员已经检查并确认所有的直接材料、人工和机器工时成本是正确和完整的 生产管理层检查已分配的成本，询问不一致的情况	对于期末在产品，检查授权将生产任务转移至下一阶段的相关签名 比较原材料、人工工时和机器工时与完成该阶段生产任务的说明书，并检查生产经理监督和更正差异的证据

（续表）

风　险	计算机控制	人工控制	控制测试
转移产品至产成品仓库			
产成品仓库人员可能未记录接收的已完成产品，或者接收了生产的残次品	转移完工产品前需要生产经理的电子签名 产成品仓库人员通过电子签名显示接收已完工产品，以完成产品从在产品到完工产品的转移 由计算机将已完工产品转移的数量和成本记录至完工产品存货主文档 由计算机生成关于所有生产任务已转移至产成品存货的完工生产报告	由质量控制人员检查每一生产阶段完工的存货，以确保其在送达产成品仓库前符合质量标准 损坏的产品或不符合质量标准的产品应当立即撤出并处理 检查人员认为满意后在生产任务通知单上签字 除了他们的电子签名外，产成品仓库人员还应当通过在有关生产任务通知单上的签章证明已经接收了有关的产成品 生产经理每日检查完工生产报告，询问并调整所有与预期不一致的成本和数量	检查接收完工产品到产成品仓库的证据 检查管理层复核完工生产报告和追踪出现的误差的证据 使用计算机辅助审计方法，将完成的生产任务与转移到产成品仓库的完工产品进行比对，检查转移的数量、成本是否一致
产成品可能被盗	定期打印存货主文档中的产成品记录，反映仓库中的存货项目	对产成品进行实物保护，如只有经授权的员工才可以进入到仓库 在产成品仓库有选择地安装监控摄像机 由管理层持续地对存货进行盘点，并调整存货实物数量和存货主文档中存货余额之间的差异 对接收的产成品、采购和销售的商品实施截止测试	询问并观察安全措施的充分性 监盘和观察客户持续或定期的盘点程序，并调整记录在存货主文档中的存货余额 检查出于存货损耗和对期末完工产品、采购商品、销售商品实施截止测试产生的调整
分配至生产的存货的成本可能存在错误，包括：分配至生产的原材料的金额发生错误；直接人工工时和机器工时未正确分配到生产任务或分配的金额不正确	每日生产报告详细记录分配给各项任务的直接材料、人工和机器工时，并将其与发出原材料、计时工资记录和机器工时记录进行比较将比对不一致的直接成本生成例外报告	由管理层复核每日生产报告和例外报告，并采取措施纠正在产品在各阶段转移过程中的错误和分配错误	检查每日生产报告和例外报告，获取管理层复核及采取相关措施的证据

（续表）

风　险	计算机控制	人工控制	控制测试
分配经在产品和产成品的间接费用成本可能没有正确计算，可能未分配至正确的生产任务，或者导致应该被费用化的部分可能被记入存货成本	计算机通常以直接人工、直接机器工时或其他特定的生产流程为基础来分配间接成本 每日生产报告应该反映标准成本差异及间接费用的分配	由管理层定期审批间接费用分配率和分配基础或分配至在产品的标准成本 由管理层定期复核并调查标准成本差异，并根据市场中的有关销售价格考虑产品的可变现净值	检查管理层对标准成本、费用的分配率和分配基础的审批 询问会计政策的一贯性 检查管理层复核标准成本差异及产品可变现净值的证据
已完工产品的生产成本可能没有转移到产成品中	每日完工产品报告中反映了转移到产成品中的成本，以及经授权的生产人员批准这一转移，和经授权的产成品仓库人员接收完工产品至产成品仓库的签字	由生产管理层复核每日的产成品报告，询问并调整任何与预期不一致的成本或产量	使用计算机辅助审计方法，将完工产品与产成品仓库接收的产品的成本和数量进行核对 检查每日完工产品报告及管理层复核的证据
保管存货和维护存货主文档			
记录的存货数量可能与实际存货数量不一致		定期或持续执行存货盘点，调整存货主文档中的存货余额和总分类的余额 对于接收的完工产品、外购和销售的商品实施截止测试	检查存货盘点记录的存货余额 检查授权调整已记录存货余额的证据
存货主文档中总额可能和存货总分类账的金额不一致	由计算机将总分类账和存货主文档中的总额进行持续的比对，并打印比对不一致的交易和余额的例外报告	对接收的产成品、外购和销售的商品实施截止测试。对于存货主文档和存货总分类账中存货的损耗和错误进行调整	检查管理层复核和经授权调整的证据
存货过时或状况恶化，以至于其账面价值可能超过了可变现净值	打印出各存货项目的销售量，以及与现有销售需求对应的当前库存情况	经常复核过时毁损的存货，定期对存货项目计提减值的准备做出决定 期末按照过往经验和一贯的会计政策计算存货跌价准备 检查存货的销售情况及各存货项目的最后销售日，以便识别销售缓慢和没有销售出去的存货	检查管理层复核存货过时和存货减值的证据 询问计算存货减值准备人员的胜任能力 确认行业标准并考虑被审计单位的假设是否合理 测试确定存货销售量的程序化的控制

（续表）

风　险	计算机控制	人工控制	控制测试
控制环境和控制活动可能未能使管理层关注存货的变动、计量或计价，以及与之高度相关的财务报表中可能存在潜在错误、错报和舞弊		高级管理层的监控主要涉及这些方面：生产量和生产成本；原材料和产成品存货水平；根据存货盘点的数量和存货主文档及存货的损耗和丢失情况进行调整；与销售需求有关的脱销和储存过量情况；标准成本差异和间接费用分配应当与企业的实际情况和行业的一般情况匹配；监控关键业绩指标	检查管理层监控程序和关键业绩指标的有效性，以防止、发现并纠正生产与存货交易和余额相关的错误和舞弊

任务二　对生产与存货循环进行实质性测试

任务引入

1938年，美国纽约州的罗宾斯药材公司突然宣布倒闭。在经济萧条时期，股份公司的倒闭本来习以为常。然而，该公司的倒闭，却使得“报刊以耸人听闻的手法来对待这件案子”。究其原因，是因为该案涉及审计程序中的一系列问题。

1938年初，长期贷款给罗宾斯药材公司的汤普森公司，在审核罗宾斯药材公司财务报表时发现两个疑问。第一，罗宾斯药材公司中的制药原料部门，原是个盈利率较高的部门，但该部门却一反常态地没有现金积累，而且流动资金也未见增加。相反，该部门还不得不依靠公司管理者重新调集资金来进行再投资，以维持生产。第二，公司董事会曾开会决议，要求公司减少存货金额。但到1938年年底，公司存货反而增加100万美元。汤普森公司立即表示，在没有查明这两个疑问之前，不再予以贷款，并请求官方协调控制证券市场的权威机构——纽约证券交易委员会调查此事。

纽约证券交易委员会在收到请求之后，立即组织有关人员进行调查。调查发现该公司在经营的10余年中，每年都聘请了美国著名的沃特豪斯会计师事务所对该公司的财务报表进行审定。在查看这些审计人员出具的审计报告中，审计人员每年都对该公司的财务状况及经营成果发表了“正确、适当”等无保留的审计意见。为了核实这些审计结论是否正确，调查人员对该公司1937年的财务状况与经营成果进行了重新审核。结果发现：1937年12月31日的合并资产负债表计有总资产8 700万美元，但其中的1 907.5万美元的资产是虚构的，包括存货虚构1 000万美元，销售收入虚构900万美元，银行存款虚构7.5万美元；

在1937年年度合并损益表中，虚假的销售收入和毛利分别达到1 820万美元和180万美元。

在此基础上，调查人员对该公司经理的背景做了进一步调查，结果发现公司经理菲利普·科斯特及其同伙穆西卡等人都是犯有前科的诈骗犯。他们都是用了假名，混入公司并爬上公司管理岗位。他们将亲信安插在掌管公司钱财的重要岗位上，并相互勾结、沆瀣一气，使他们的诈骗活动持续很久都没能被人发现。

证券交易委员会将案情调查结果在听证会上一宣布，立即引起轩然大波。根据调查结果，罗宾斯药材公司的实际财务状况早已“资不抵债”，应立即宣布破产。而首当其冲的受损失者是汤普森公司，因为它是罗宾斯药材公司的最大债权人。为此，汤普森公司指控沃特豪斯会计师事务所。汤普森公司认为其所以给罗宾斯公司贷款，是因为信赖了会计师事务所出具的审计报告。因此，他们要求沃特豪斯会计师事务所赔偿全部损失。

在听证会上，沃特豪斯会计师事务所拒绝了汤普森公司的赔偿要求。会计师事务所认为，他们执行的审计遵循了美国注册会计师协会在1936年颁布的《财务报表检查》中规定的各项规则；药材公司的欺骗是由于经理部门共同串通合谋所致，审计人员对此不负任何责任。最后，在证券交易委员会的调解下，沃特豪斯会计师事务所以退回历年来收取的审计费用共50万美元，作为对汤普森公司债权损失的赔偿。

任务分析

1. 请详细分析，在这个案件中，注册会计师对存货等项目的审计是否有失职之处？
2. 注册会计师应如何对存货实施实质性测试？

知识链接

一、生产与存货交易的实质性程序

（一）实质性分析程序

1）根据对被审计单位的经营活动、供应商的发展历程、贸易条件、行业惯例和行业现状的了解，确定营业收入、营业成本、毛利及存货周转和费用支出项目的期望值。

2）根据本期存货余额组成、存货采购、生产水平与以前期间和预算的比较，定义营业收入、营业成本和存货可接受的重大差异额。

3）比较存货余额和预期周转率。

4）计算实际数和预计数之间的差异，并同管理层使用的关键业绩指标进行比较。

5）通过询问管理层和员工，调查实质性分析程序得出的重大差异额是否表明存在重大错报风险，是否需要设计恰当的细节测试程序以识别和应对重大错报风险。

6）形成结论，即实质性分析程序能够提供充分、适当的审计证据，或者需要对交易和余额实施细节测试以获取进一步的审计证据。

实施实质性分析程序的目的在于获取支持相关审计目标的证据。因此，注册会计师在具体实施上述分析程序时还应当注意以下几个方面。

① 使用计算机辅助审计方法下载被审计单位存货主文档和总分类账户以便计算财务指标和经营指标，并将计算结果与期望值进行比较。例如，注册会计师利用所掌握的、适

用于被审计单位的销售毛利率知识，判断各类产品的销售毛利率是否符合期望值，存货周转率或周转能力是否随着重要存货项目的变化而变化。

② 按区域分析被审计单位各月存货变动情况，并考虑存货变动情况是否与季节性变动和经济因素变动一致。

③ 对周转缓慢或长时间没有周转（如超过半年）及出现负余额的存货项目单独摘录并列表。

④ 由于可能隐含着重要的潜在趋势，注册会计师应当注意不要过分依赖计算的平均值。各个存货项目的潜在重大错报风险可能并不一致，实质性分析程序应该用来查明单项存货或分类别存货的一些指标关系。

（二）生产与存货交易和相关余额的细节测试

1. 交易的细节测试

① 注册会计师应从被审计单位存货业务流程层面的主要交易流中选取一个样本，检查其支持性证据。例如，从存货采购、完工产品的转移、销售和销售退回记录中选取一个样本。

- 检查支持性的供应商文件、生产成本分配表、完工产品报告、销售和销售退回文件。
- 从供应商文件、生产成本分配表、完工产品报告、销售和销售退回文件中选取一个样本，追踪至存货总分类账户的相关分录。
- 重新计算样本所涉及的金额，检查交易经授权批准而发生的证据。

② 对期末前后发生的如采购、销售退回、销售、产品存货转移等主要交易流，实施截止测试。

确认本期末存货收发记录的最后一个顺序号码，并详细检查随后的记录，以检测在本会计期间的存货收发记录中是否存在更大的顺序号码，或者因存货收发交易被漏记或错计入下一会计期间而在本期遗漏的顺序号码。

2. 存货余额的细节测试

存货余额的细节测试内容很多，如以下各项。

① 观察被审计单位存货的实地盘存。

② 通过询问确定现有存货是否存在寄存情形，或者被审计单位存货在盘点日是否被寄存在他人处。

③ 获取最终的存货盘点表，并对存货的完整性、存在和计量进行测试。

④ 检查、计算、询问和函证存货价格。

⑤ 检查存货的抵押合同和寄存合同；检查、计算、询问和函证存货的可变现净值等。

二、存货的实质性程序

存货是指企业在日常活动中持有以备出售的产成品或商品、处在生产过程中的在产品、在生产过程或提供劳务过程中耗用的材料和物料等。

（一）存货监盘

1. 存货监盘的作用

如果存货对财务报表是重要的，注册会计师应当实施下列审计程序，对存货的存在和状况获取充分、适当的审计证据。

① 在存货盘点现场实施监盘（除非不可）。

② 对期末存货记录实施审计程序，以确定其是否准确反映实际的存货盘点结果。

具体来说，存货监盘涉及以下内容。

① 检查存货以确定其是否存在，评价存货状况，并对存货盘点结果进行测试。

② 观察管理层指令的遵守情况，以及用于记录和控制存货盘点结果的程序的实施情况。

③ 获取有关管理层存货盘点程序可靠性的审计证据。

存货监盘针对的主要是存货的存在认定、完整性认定及权利义务认定，注册会计师监盘存货的目的在于获取有关存货数量和状况的审计证据，以确认被审计单位记录的所有存货确实存在，已经反映了被审计单位拥有的全部存货，并属于被审计单位的合法财产。存货监盘作为存货审计的一项核心审计程序，通常可同时实现上述多项审计目标。

2. 存货监盘的计划

（1）制订存货监盘计划的基本要求

注册会计师应当根据被审计单位存货的特点、盘存制度和存货内部控制的有效性等情况，在评价被审计单位管理层制定的存货盘点程序的基础上，编制存货监盘计划，对存货监盘做出合理安排。

有效的存货监盘需要制定周密、细致的计划。为了避免误解并有助于有效地实施存货监盘，注册会计师通常需要与被审计单位就存货监盘等问题达成一致意见。因此，注册会计师首先应当充分了解被审计单位存货的特点、盘存制度和存货内部控制的有效性等情况，并考虑获取、审阅和评价被审计单位预定的盘点程序。存货存在与完整性的认定具有较高的重大错报风险，而且注册会计师通常只有一次机会通过存货的实地监盘对有关认定做出评价。根据计划过程搜集到的信息，有助于注册会计师合理确定参与监盘的地点及存货监盘的程序。

（2）制订存货监盘计划应考虑的相关事项

在编制存货监盘计划时，注册会计师需要考虑以下事项。

① 与存货相关的重大错报风险。存货通常具有较高水平的重大错报风险，影响重大错报风险的因素具体包括存货的数量和种类、成本归集的难易程度、陈旧过时的速度或易损坏程度、遭受失窃的难易程度。由于制造过程和成本归集制度的差异，制造企业的存货与其他企业（如批发企业）的存货相比往往具有更高的重大错报风险，对于注册会计师的审计工作而言则更具复杂性。外部因素也会对重大错报风险产生影响。例如，技术进步可能导致某些产品过时，从而导致存货价值更容易发生高估。

② 与存货相关的内部控制的性质。在制定存货监盘计划时，注册会计师应当了解被审计单位与存货相关的内部控制，并根据内部控制的完善程度确定进一步审计程序的性质、时间安排和范围。与存货相关的内部控制涉及被审计单位供、产、销各个环节，包括采购、验收、仓储、领用、加工、装运出库等方面。

③ 对存货盘点是否制定了适当的程序，并下达了正确的指令。注册会计师一般需要复核或与管理层讨论其存货盘点程序。在复核或与管理层讨论其存货盘点程序时，注册会计师应当考虑这些主要因素，以评价其能否合理地确定存货的数量和状况：盘点的时间安排；存货盘点范围和场所的确定；盘点人员的分工及胜任能力；盘点前的会议及任务布置；存货的整理和排列，对毁损、陈旧、过时、残次及所有权不属于被审计单位的存货的区分；存货的计量工具和计量方法；在产品完工程度的确定方法；存放在外单位的存货的盘点安排；存货收发截止的控制；盘点期间存货移动的控制；盘点表单的设计、使用与控制；盘点结果的汇总及盘盈或盘亏的分析、调查与处理。如果认为被审计单位的存货盘点程序存在缺陷，注册会计师应当提请被审计单位调整。

④ 存货盘点的时间安排。如果存货盘点在财务报表日以外的其他日期进行，注册会计师除实施存货监盘机关审计程序外，还应当实施其他审计程序，以获取审计证据，确定存货盘点日与财务报表日之间的存货变动是否已得到恰当的记录。

⑤ 被审计单位是否一贯采用永续盘存制。存货数量的盘存制度一般为实地盘存制和永续盘存制。存货盘存制度不同，注册会计师需要做出的存货监盘安排也不同。如果被审计单位通过实地盘存制确定数量，则注册会计师要参加此种盘点。如果被审计单位采用永续盘存制，注册会计师应在年度中一次或多次参加盘点。

⑥ 存货的存放地点（包括不同存放地点的存货的重要性和重大错报风险），以确定适当的监盘地点。注册会计师应了解所有的存货存放地点，既可以防止被审计单位或自己发生任何遗漏，也有助于恰当地分配审计资源。注册会计师通常应当重点考虑被审计单位的重要存货存放地点，特别是金额较大可能存在重大错报风险（如存货性质特殊）的存货地点，将这些存货地点列入监盘地点。对其他无法在存货盘点现场实施存货监盘的存货存放地点，注册会计师应当实施替代审计程序，以获取有关存货的存在和状况的充分、适当的审计证据。

⑦ 是否需要专家协助。注册会计师可能不具备其他专业领域专长与技能。在确定资产数量或资产实物状况（如矿石堆），或者在收集特殊类别存货（如艺术品、稀有玉石、房地产、电子器件、工程设计等）的审计证据时，注册会计师可以考虑利用专家的工作。

当在产品存货金额较大时，可能面临如何评估在产品完工程序问题。注册会计师可以了解被审计单位的盘点程序，如果有关在产品的完工程度未被明确列出，注册会计师应当考虑采用其他有助于确定完工程度的措施，如获取零部件明细清单、标准成本表及作业成本表，与工厂的有关人员进行讨论等，并运用职业判断。注册会计师也可以根据存货生产过程的复杂程度利用专家的工作。

（3）存货监盘计划的主要内容

存货监盘计划应当包括以下主要内容。

① 存货监盘的目标、范围及时间安排。存货监盘的主要目标包括获取被审计单位资产负债表日有关存货数量和状况及有关管理层存货盘点程序可靠性的审计证据，检查存货的数量是否真实完整，是否归属被审计单位，存货有无毁损、陈旧、过时、残次和短缺等状况。

存货监盘范围的大小取决于存货的内容、性质及与存货相关的内部控制的完善程度和重大错报风险的评估结果。存货监盘的时间，包括实地察看盘点现场的时间、观察存货盘点的时间和对已盘点存货实施检查的时间等，应当与被审计单位实施存货盘点的时间相协调。

② 存货监盘的要点及关注事项。存货监盘的要点主要包括注册会计师实施存货监盘程序的方法、步骤，各个环节应注意的问题及所要解决的问题。注册会计师需要重点关注的事项包括盘点期间的存货移动、存货的状况、存货的截止确认、存货的各个存放地点及金额等。

③ 参加存货监盘人员的分工。注册会计师应当根据被审计单位参加存货盘点人员分工、分组情况、存货监盘工作量的大小和人员素质情况，确定参加存货监盘的人员组成及各组成人员的职责和具体的分工情况，并加强督导。

④ 检查存货的范围。注册会计师应当根据对被审计单位存货盘点和对被审计单位内部控制的评价结果确定检查存货的范围。在实施观察程序后，如果认为被审计单位内部控制设计良好且得到有效实施，存货盘点组织良好，可以相应缩小实施检查程序的范围。

3. 存货监盘的程序

在存货盘点现场实施监盘时，注册会计师应当实施下列审计程序。

1）评价管理层用以记录和控制存货盘点结果的指令和程序。

注册会计师需要考虑这些指令和程序是否包括下列方面。

① 适当控制活动的运用，如收集已使用的存货盘点记录，清点未使用的存货盘点表单，实施盘点和复盘程序。

② 准确认定在产品的完工程度，流动缓慢（呆滞）、过时或毁损的存货项目，以及第三方储存的存货（如寄存货物）。

③ 在适用的情况下用于估计存货数量的方法，如可能需要估计煤堆的重量。

④ 对存货在不同存放地点之间的移动及截止日前后期间出入库的控制。

2）观察管理层制定的盘点程序的执行情况。

观察管理层制定的盘点程序（如对盘点时及其前后的存货移动的控制程序）的执行情况，这有助于注册会计师获取有关管理层指令和程序是否得到适当设计和执行的审计证据。尽管盘点存货时最好能保持存货不发生移动，但在某些情况下存货的移动是难以避免的。如果在盘点过程中被审计单位的生产经营仍将持续进行，注册会计师应通过实施必要的检查程序，确定被审计单位是否已经对此设置了相应的控制程序，确保在适当的期间内对存货做出了准确记录。

此外，注册会计师可以获取有关截止性信息（如存货移动的具体情况）的复印件，有助于日后对存货移动的会计处理实施审计程序。具体来说，注册会计师一般应当获取盘点日前后存货收发及移动的凭证，检查库存记录与会计记录期末截止是否正确。注册会计师在对期末存货进行截止测试时，通常应当关注以下内容。

① 所有在截止日期以前入库的存货项目是否均已包括在盘点范围内，并已反映在截止日期以前的会计记录中。任何截止日期以后入库的存货项目是否均未包括在盘点范围内，也未反映在截止日期以前的会计记录中。

② 所有截止日期以前装运出库的存货商品是否均未包括在盘点范围内，且未包括在截止日期的存货账面余额中；所有已记录为购货但尚未入库的存货是否均已包括在盘点范围

内，并已反映在会计记录中。

③ 所有已确认为销售但尚未装运出库的商品是否均未包括在盘点范围内，且未包括在截止日期的存货账面余额中；所有已记录为购货但尚未入库的存货是否均已包括在盘点范围内，并已反映在会计记录中。

④ 在途存货和被审计单位直接向顾客发运存货是否均已得到了适当的会计处理。

注册会计师通常可观察存货的验收入库地点和装运出库地点以执行截止测试。在存货入库和装运过程中采用连续编号的凭证时，注册会计师应当关注截止日期以前的最后编号。如果被审计单位没有使用连续编号的凭证，注册会计师应当列出截止日期以前的最后几笔装运和入库记录。如果被审计单位使用运货车厢，或者拖车进行存储、运输或验收入库，注册会计师应当详细列出存货场地上满载和空载的车厢或拖车，并记录各自的存货状况。

3）检查存货。

在存监盘过程中检查存货，虽然不一定确定存货的所有权，但有助于确定存货的存在，以及识别过时、毁损或陈旧的存货。注册会计师应当把所有过时、毁损或陈旧存货的详细情况记录下来，这既便于进一步追查这些存货的处置情况，也能为测试被审计单位存货跌价资金准备计提的准确性提供证据。

4）执行抽盘。

在对存货盘点结果进行测试时，注册会计师可以从存货盘点记录中选取项目追查至存货实物，以及从存货实物中选取项目追查至盘点记录，以获取有关盘点记录准确性和完整性的审计证据。

注册会计师在实施抽盘程序时发现差异，很可能表明被审计单位的存货盘点在准确性或完整性方面存在错误。由于检查的内容通常仅仅是已盘点存货中的一部分，所以在检查中发现的错误很可能意味着被审计单位的存货盘点还存在着其他错误。一方面，注册会计师应当查明原因，并及时提请被审计单位更正；另一方面，注册会计师应当考虑错误的潜在范围和重大程度，在可能的情况下，扩大检查范围以减少错误的发生。注册会计师还可要求被审计单位重新盘点。重新盘点的范围可限于某一特殊领域的存货或特定盘点小组。

5）需要特别关注的情况。

① 存货盘点范围。在被审计单位盘点存货前，注册会计师应当观察盘点现场，确定应纳入盘点范围的存货是否已经适当整理和排列，并附有盘点标识，防止遗漏或重复盘点。对未纳入盘点范围的存货，注册会计师应当查明未纳入盘点范围的原因。

对所有权不属于被审计单位的存货，注册会计师应当取得其规格、数量等有关资料，确定是否已单独存放、标明，且未被纳入盘点范围。在存货监盘过程中，注册会计师应当根据取得的所有权不属于被审计单位的存货的有关资料，观察这些存货的实际存放情况，确保其未被纳入盘点范围。即使在被审计单位声明不存在受托代存存货的情形下，注册会计师在存货监盘时也应当关注是否存在某些存货不属于被审计单位的迹象，以避免盘点范围不当。

② 对特殊类型存货的监盘。对某些特殊类型的存货而言，被审计单位通常使用的盘点方法和控制程序并不完全适用。这些存货通常或者没有标签，或者其数量难以估计，或者其质量难以确定，或者盘点人员无法对其移动实施控制。在这些情况下，注册会计师需要运用职业判断，根据存货的实际情况，设计恰当的审计程序，对存货的数量和状况获取审

计证据。表 8-5 列举了被审计单位特殊存货的类型、通常采用的盘点方法与存在的潜在问题，以及可供注册会计师实施的监盘程序。注册会计师在审计实务中，应当根据被审计单位所处行业的特点、存货的类别和特点及内部控制等具体情况，并在通用的存货监盘程序基础上，设计关于特殊类型存货监盘的具体审计程序。

表 8-5　特殊类型存货的监盘程序

存货类型	盘点方法与潜在问题	可供实施的监盘程序
木材、钢筋盘条、管子	通常无标签，但在盘点时会做上标记或用粉笔标识 难以确定存货的数量或等级	检查标记或标识 利用专家或被审计内部有经验的工作人员
堆积型存货（如糖、煤、钢废料）	通常既无标签又不做标记 在估计存货数量时存在困难	运用工程估测、几何计算、高空勘测，并依赖详细的存货记 如果堆场中的存货堆不高，可进行实地监盘，或者通过旋转存货堆加以估计录
使用磅秤测量的存货	在估计存货数量时存在困难	在监盘前和监盘过程中均应检验磅秤的精准度，并留意磅秤的位置移动与重新调校程序 将检查和重新衡量程序相结合 检查称量尺度的换算问题
散装物品（如贮窖存货，使用桶、箱、罐、槽等容器储存的液体、气体、谷类粮食、流体存货等）	在盘点时通常难以识别和确定 在估计存货数量时存在困难 在确定存货质量时存在困难	使用容器进行监盘或通过预先编号的清单列表加以确定 使用浸蘸、测量棒、工程报告及依赖永续存货记录 选择样品进行化验与分析，或者利用专家的工作
贵金属、石器、艺术品与收藏品	在存货辨认与质量确定方面存在困难	选择样品进行化验与分析，或者利用专家的工作
生产纸浆用木材，牲畜	在存货辨认与数量确定方面存在困难 可能无法对此类存货的移动实施控制	通过高空摄影以确定其存在性，对不同时点的数量进行比较，并依赖永续存货记录

6）存货监盘结束时的工作。

在被审计单位存货盘点结束前，注册会计师应当做到以下几点。

① 再次观察盘点现场，以确定所有应纳入盘点范围的存货是否均已盘点。

② 取得并检查已填用、作废及未使用盘点表单的号码记录，确定其是否连续编号，查明已发放的表单是否均已收回，并与存货盘点的汇总记录进行核对。注册会计师应当根据自己在存货监盘过程中获取的信息对被审计单位最终的存货盘点结果汇总记录进行复核，并评估其是否正确地反映了实际盘点结果。

如果存货盘点日不是资产负债表日，注册会计师应当实施适当的审计程序，确定盘点日与资产负债表日之间存货的变动是否已得到恰当的记录。

无论管理层通过年度实地盘点还是采用永续盘存制确定存货数量，由于实际原因，存货的实地盘点均有可能在财务报表日以外的某一天或某几天进行。无论哪种情况，针对存货变动的控制的设计、执行和维护的有效性，决定了在财务报表日以外的某一天或某几天执行的盘点程序是否符合审计目的。《中国注册会计师审计准则第 1231 号——针对评估的重大错报风险采取的应对措施》对在期中实施实质性程序做出了规定。

如果被审计单位采用永续盘存制，管理层可能执行实地盘点或其他测试方法，确定永续盘存记录中的存货数量信息的可靠性。在某些情况下，管理层或注册会计师可能识别出永续盘存记录和现有实际存货数量之间的差异，这可能表明对存货变动的控制没有有效运行。

当设计审计程序以获取关于盘点目的存货总量与期末存货记录之间的变动是否已被适当记录的审计证据时，注册会计师考虑的相关事项包括以下内容。

① 对永续盘存记录的调整是否适当。

② 被审计单位永续盘存记录的可靠性。

③ 从盘点获取的数据与永续盘存记录存在重大差异的原因。

（二）存货计价测试

监盘程序主要是对存货的结存数量予以确认。为验证财务报表上存货余额的真实性，还必须对存货的计价进行审计，即确定存货实物数量和永续盘存记录中的数量是否经过正确的计价和汇总。存货计价测试主要是针对被审计单位使用的存货单位成本是否正确所做的测试，当然，广义地看，存货成本的审计也可以被视为存货计价测试的一项内容。

单位成本充分的内部控制与生产和会计记录结合起来，对于确保用于期末存货计价的成本的合理性十分重要。一项重要的内部控制是使用标准成本记录来反映原材料、直接人工和制造费用的差异，它还可以用来评价生产。使用标准成本时，应设置相应程序及时反映生产过程与成本的变化。由独立于成本核算部门的雇员来复核单位成本的合理性，也是一项有用的计价控制。存货计价审计表如表 8-6 所示。

表 8-6　存货计价审计表

日期	品名及规格	购　入			发　出			余　额		
		数量	单价	金额	数量	单价	金额	数量	单价	金额
1. 计价方法说明：										
2. 情况说明及审计结论：										

1. 样本的选择

计价审计的样本，应从存货数量已经盘点、单价和总金额已经计入存货汇总表的结存存货中选择。选择样本时应着重选择结存余额较大且价格变化比较频繁的项目，同时考虑所选样本的代表性。抽样方法一般采用分层抽样法，抽样规模应足以推断总体的情况。

2. 计价方法的确认

存货的计价方法多种多样，被审计单位应结合企业会计准则的基本要求选择符合自身特点的方法。注册会计师除应了解掌握被审计单位的存货计价方法外，还应对这种计价方法的合理性与一贯性予以关注，没有足够理由，计价方法在同一会计年度内不得变动。

3. 计价测试

进行计价测试时，注册会计师首先应对存货价格的组成内容予以审核，然后按照所了解的计价方法对选择的存货样本进行计价测试。测试时，应尽量排除被审计单位已有计算程序和结果的影响，进行独立测试。测试结果出来后，应与被审计单位账面记录对比，编制对比分析表，分析形成差异的原因。如果差异过大，应扩大测试范围，并根据审计结果考虑是否应提出审计调整建议。

在存货计价审计中，由于被审计单位对期末存货采用成本与可变现净值孰低的方法计价，所以注册会计师应充分关注其对存货可变现净值的确定及存货跌价准备的计提。

可变现净值是指企业在日常活动中，存货的估计售价减去至完工时估计将要发生的成本、估计的销售费用及相关税费后的金额。企业确定存货的可变现净值，应当以取得的确凿证据为基础，并且考虑持有存货的目的及资产负债表日后事项的影响等因素。

参考资料

《企业内部控制基本规范》(2008年)

《内部会计控制规范》

思考与讨论

1. 生产与存货循环的特点是什么？
2. 成本会计制度的内部控制目标、关键内部控制和测试的关系是什么？
3. 如何评估生产与存货交易的重大错报风险？
4. 如何以内部控制目标为起点对生产与存货交易的控制进行测试？
5. 如何以风险为起点对生产与存货交易的控制进行测试？
6. 如何对存货项目进行实质性测试？

案例分析

1. 华宇公司的主业是生产和销售手机，其生产的手机全部发往各地销售处和境外销售分公司。华宇公司本部年末仓库不保留产成品，各地经销处除自行销售外，还将一部分寄销在各商场。各月初，经销处将上月的收、发、存的数量汇总后报华宇公司财务部门和销售部门，财务部门做相应会计处理。华宇公司生产的手机有 30%出口，出口的手机先发往境外销售分公司，再分销到世界各地。

2016 年 12 月 31 日，华宇公司的存货账面余额为 62 000 万元，资产总额为 140 000 万元。11 月，注册会计师通过对华宇公司内部控制的测试注意到，除下列情况表明存货相关内部控制可能存在缺陷外，其他内部控制均健全、有效。

（1）华宇公司以前年度未对存货实施盘点，但有完整的存货会计记录和仓库记录。

（2）华宇公司发出手机时未全部按顺序记录。

（3）华宇公司生产手机所需的零星材料委托长城公司代管，但华宇公司未对零星材料的变动进行会计记录。

（4）华宇公司每年12月25日后发出的存货在仓库的明细账上记录，但未在财务部门的会计账上反映。

（5）华宇公司发出的材料存在不按既定计价方法核算的现象。

（6）华宇公司财务部门的会计记录和仓库明细账均反映了代兴业公司保管的某材料。

2016年12月27日，华宇公司编制了存货盘点计划，并与注册会计师讨论。存货盘点计划的部分内容如下。

（1）华宇公司本部的存货由采购、生产、销售、仓库和财务等部门相关人员组成盘点小组，于2016年12月31日进行盘点。经销处及境外存货的盘点分别由各经销处和境外销售分公司负责，在12月31日前后进行，盘点结束后分别将盘点资料报送财务部门和仓库部门。

（2）限于人力和时间，在各商场寄销的手机以经销处的账面记录为准，不进行盘点。

（3）由于年度前后是销售旺季，在2016年12月31日，生产手机的生产线不停产，仓库除对外发出的手机外，不再对外发出其他存货。

（4）各盘点单位按存货类别和相关明细记录填写盘点清单、摆放存货，并填写连续编号的盘点标签。

（5）由于兴业公司寄存的某材料与华宇公司自身的零星材料并无区别，故未单独摆放。零星材料的库存数以盘点数扣除兴业公司寄存材料的账面数确定；由长城公司代管的零星材料不安排盘点，库存数直接根据长城公司的记录确定。

（6）废品与毁损品不进行盘点，以财务部门和仓库部门的账面记录为准。

根据华宇公司存货的内部控制情况和盘点计划，注册会计师决定实施的监盘计划部分内容如下。

（1）随机选择1/3的经销处进行存货监盘，直接审阅其盘点记录及账面记录。

（2）对在各商场寄销的手机以经审阅的经销处的账面记录为准。

（3）对境外销售分公司的存货不进行监盘，直接审阅其盘点记录及账面记录。

（4）对长城公司代管的零星材料，主要实施检查货运文件、出库记录等替代程序予以确认。

（5）检查相关凭证以证实盘点截止日前所有已确认为销售但尚未装运出库的存货均已纳入盘点范围。

（6）在观察华宇公司盘点后，注册会计师仅从存货盘点记录中选取项目追查至存货实物，以测试盘点记录的准确。

（7）注册会计师在复盘结束后，与公司盘点人员分别在清单上签字，并视情况考虑是否索取盘点前的最后一张验收报告单（或入库单）和最后一张货运单（或出库单）。

要求：

（1）分析华宇公司与存货相关的内部控制存在的缺陷及理由。

（2）针对与存货相关的内部控制存在的缺陷，分析其与会计报表哪些重大错报相关，可考虑设计一项最主要的实质性程序。

2. 注册会计师在审计华宇公司 2016 年财务报表时发现以下情况。

（1）2016 年 12 月 29 日购入货物 230 万件虽验收入库，也纳入年底存货盘点表中，但由于没有收到购货发票而没有入账。华宇公司 2016 年 1 月 3 日收到购货发票时记入 2016 年 2 月的账簿中。

（2）2016 年 12 月 30 日收到 A 原材料的购货发票时，及时做了相关会计处理，但后面没有附验收入库单，没有纳入 2016 年年末的存货盘点表中。2016 年 1 月 23 日该存货收到并验收入库。

（3）A 仓库中堆放 F 产品 100 件，没有悬挂盘点表标签。经了解，该产品已经销售给 Y 公司。

（4）2016 年 12 月 31 日运货车厢中存有 1 000 千克 B 材料，据了解该原材料为购入尚未验收入库，没有纳入存货盘点范围内，也没有做相应会计处理。

（5）截至 2016 年 12 月 31 日，华宇公司共计购进在途商品 10 万件，销售在途商品 20 万件，均没有纳入盘点范围。

要求：

（1）存货正确截止的关键是什么？

（2）列举出存货截止性测试的两种方法。

学习情境九

审计货币资金

知识目标

1. 了解货币资金控制测试程序。

2. 掌握库存现金、银行存款项目审计的目标及审计程序。

能力目标

1. 能够指出被审计单位货币资金内部控制在设计与运行方面的缺陷并进行测试。

2. 能够对被审计单位的库存现金、银行存款项目进行审计。

任务一　审计库存现金

任务引入

按照审计署的部署，2002 年 5 月，审计署广州办、昆明办对某集团公司原法定代表人进行任期经济责任审计。2002 年 4 月，审计署广州办、昆明办组成的审前调查组对该集团公司进行了审前调查。昆明办的审计人员在查阅该集团公司提供的财务资料、收发文本、董事会记录、总经理办公会记录、审计监察档案等资料时，一份审计监察简报的部分内容使审计人员产生了重大疑虑：该集团所属 A 研究院出纳员邢某擅自挪用公款 2 640 万元给 B 市某出租汽车公司法人代表张某使用，尚有 1 840 万元未收回，A 研究院已向检察机关报案，但检察机关至今仍未立案。

“挪用公款 2 640 万元，1 840 万元未收回”“已报案”“仍未立案”。为什么会这样？问题出在哪里？犯罪嫌疑人有什么高招？法制在什么环节显得如此疲软？上千万元的国有资金损失为何不一查到底？犯罪嫌疑人为何长期逍遥法外？审前调查组决定把 A 研究院的上述情况向审计组汇报，拟将其作为延伸审计的重点单位，彻底查清挪用公款事件的来龙去脉。

审前调查组及时将A研究院出纳员挪用公款的情况及审计工作的思路向审计组进行了汇报：A研究院从建院到现在30多年未接受过国家审计，该院又负责科研经费的拨付管理，在对其上级主管集团公司原法定代表人任期经济责任进行审计，出现财务人员挪用公款数额巨大，处理未果的情况下，本着对国家和人民负责的态度，审计应该及时介入，按照摸清家底，揭示问题，查清真相，促进发展的工作思路开展审计工作。

两个特派办的特派员和经贸处有关人员进一步研究审计对策，在充分调查研究的基础上，制定了周密的审计方案，并决定A研究院由昆明办负责核查，两个办定期沟通情况，发现重大问题立即向审计署汇报。

2002年5月，昆明办抽调了经贸处处长等9名业务骨干组成审计小组，在一名副特派员的亲自率领下，对A研究院进行了延伸审计。审计方法以资金运动轨迹为主线，重点核查A研究院的货币资金。为使点和面有机结合，将审计人员分成两个小组：第1个小组负责对A研究院财务处和财务中心的全面审计，同时核实出纳员邢某挪用公款等情况；第2个小组负责对A研究院所办的经济实体的审计。两个小组每天开碰头会，发现重大问题再统一调配力量。

审计组进点后，立即按分工开展工作。审计组了解到邢某从1994年就有挪用公款的行为，但未受到任何处罚，现在虽未上班但仍在A研究院领取基本工资。

为了进一步搞清楚邢某挪用公款的来龙去脉，审计组决定找邢某进行谈话。但A研究院已无法与邢某联系上，并告知审计组邢某有可能已经失踪。

审计组的工作并没有因为邢某的失踪而受到影响，而是按既定的方案和分工继续核查财务处及财务中心1999—2001年度的十几个银行账户。A研究院财务管理和会计核算基础较差、内部控制失控、银行日记账比较混乱、银行对账单不完整、有的会计原始凭证已被销毁、30多年来未接受过国家审计、财务人员变动大，这些都极大地增加了审计工作的难度。面对当事人失踪、会计档案不全的严峻情况，审计人员增强了责任心和紧迫感，变换思维，多角度地思考分析问题。在分组认真核对A研究院提供的银行账户有关资料，核查财务处2000年在某银行开立的银行账户时，一笔767万元未记银行日记账且无相关原始单据的收付款引起了审计人员的高度警觉。为什么该笔资金收付均不记账？相关的转账支票存根和银行进账单等原始单据到哪里去了？什么资金？资金从哪里来？类似的情况还有多少？是不是A研究院的账外资金？带着一系列的疑问，审计人员决定找经办的出纳员宁某来一起核对银行对账单，并解释清楚该笔资金收付及原始单据存放的具体情况。

2002年5月20日下午，宁某来到审计组办公地点与审计人员对账，宁某一到审计组办公室就拍着胸脯向审计组承诺：他所记的银行账没有问题，银行存款余额调节表也是没有问题的。当审计人员询问收付款767万元为什么不记账，转账支票存根和银行进账单等原始单据到哪里去了，资金从哪里来，到底是什么资金等问题时，宁某气急败坏，刁钻蛮横地说："这账没法对，怎么能像这样对账，只要我的账是平的就行，要对你们自己慢慢对。"宁某不与审计人员配合，故作镇静地离去。面对宁某的蛮横与不配合，审计人员决定通过A研究院通知宁某到审计现场，但宁某音信杳然。之后，A研究院告知审计组宁某已无法找到，审计组立刻意识到宁某可能失踪。

两个出纳人员的先后失踪，使审计面临新的考验。是到此为止，以遗憾收场，还是继续深入，另辟蹊径，审计组果断地选择了后者。经过全体审计人员的热烈讨论，全面分析和反复推敲，审计组迅速调整审计策略，把审计的重点放在宁某经手的该笔资金上，重新调配审计力量，采取由外围入手、分兵出击，逐层突破的方法，分兵多路到多家开户银行、工商部门、居委会等部门了解资金的来龙去脉、资金挪用企业（B 市某商厦，私营）的注册登记和承包经营情况，力图尽快获取线索，寻找突破口。

通过马不停蹄的内查外调，审计组获得了大量的证明材料。经过去伪存真、由此及彼、由表及里、深入细致的分析，审计组发现了一个神秘的公司——C 科技咨询服务部。审计人员立刻向 A 研究院有关人员询问相关情况，但奇怪的是，A 研究院的领导及财务处长都摇头说不清楚，没有听说过 C 科技咨询服务部的有关情况。经审计组进一步核实，发现 C 科技咨询服务部与 A 研究院没有行政隶属和财务关系，C 科技咨询服务部银行开户许可证法人代表为唐某（A 研究院财务处副处长），邢某任会计和出纳；C 科技咨询服务部未在工商、民政等相关部门办理登记手续；而邢某挪入 C 科技咨询服务部的资金达 12 004 万元。与此同时，审计通过内查外调，进一步证实了 A 研究院邢某、宁某挪用公款提供给法人为张某经营的 B 市 H 区某出租汽车公司（名为集体实为承包经营）和 B 市某商厦（名为集体实为私营）的情况。

经过多番内查外调和执着努力，审计核查取证取得了重大突破，A 研究院财务人员挪用公款数额由原来的 2 640 万元猛增到 1.6 亿多元，审计人员深感责任重大。

经审计核查证实：1994—2001 年，A 研究院的 3 位财务人员先后 63 次累计挪用公款 16 264 万元给有关单位和个人使用，现尚有 1 840 万元未收回。

2003 年 12 月 24 日，B 市人民法院对审计署驻昆明特派办在审计中发现的某研究院财务人员涉嫌挪用公款 1.6 亿元的案件进行了判决，对挪用公款的邢某和私人业主张某判处无期徒刑，剥夺政治权利终身，继续追缴邢某和张某尚未归还的公款，将在案扣押物品变价并入追缴发还项执行。B 市某区人民法院对挪用公款的宁某和涉嫌挪用公款的财务处副处长唐某仍在审理中。

任务分析

请指出 A 研究院货币资金的内部控制在设计与运行方面存在哪些缺陷才导致出纳员挪用 1.6 亿元巨款。

知识链接

一、货币资金审计概述

根据货币资金存放地点及用途的不同，货币资金分为库存现金、银行存款及其他货币资金。

（一）货币资金与交易循环

货币资金与各交易循环均直接相关，如图 9-1 所示。需要说明的是，图 9-1 仅选取各业务循环中具有代表性的会计科目或财务报表项目予以列示，并未包括各业务循环中与货币资金有关的全部会计科目或财务报表项目。

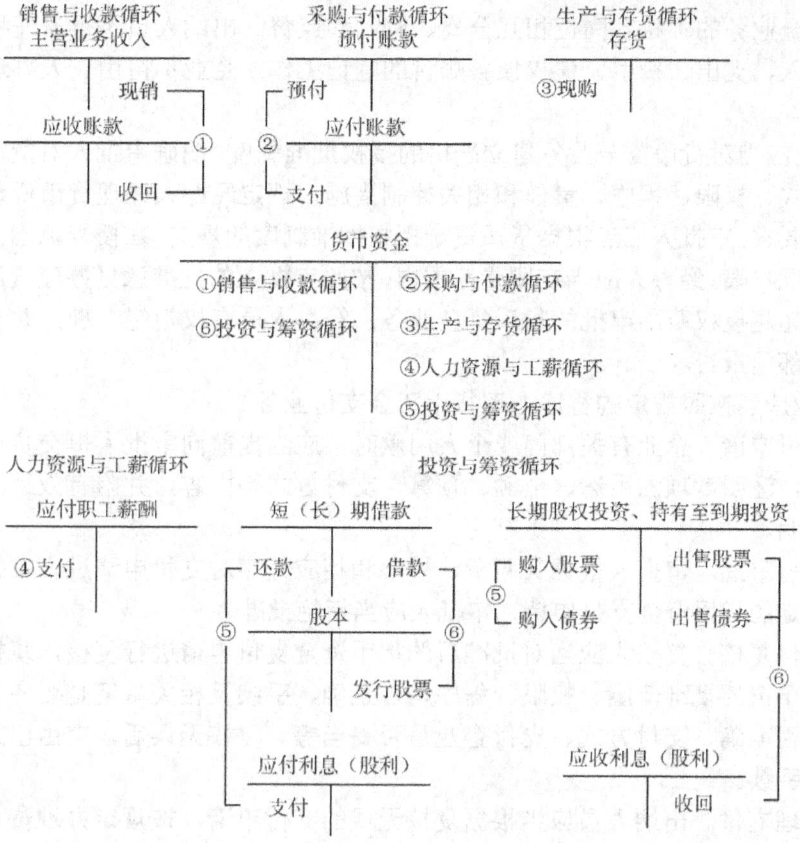

图 9-1　货币资金与交易循环的关系

（二）涉及的主要凭证和会计记录

货币资金涉及的凭证和会计记录主要有：①现金盘点表；②银行对账单；③银行存款余额调节表；④有关科目的记账凭证；⑤有关会计账簿。

（三）货币资金内部控制概述

一般而言，一个良好的货币资金内部控制应该达到以下几点。

① 货币资金收支与记账的岗位分离。

② 货币资金收支要有合理、合法的凭据。

③ 全部收支及时准确入账，并且支出要有核准手续。

④ 控制现金坐支，当日收入现金应及时送存银行。

⑤ 按月盘点现金，编制银行存款余额调节表，以做到账实相符。

⑥ 加强对货币资金收支业务的内部审计。

尽管由于每个企业的性质、所处行业、规模及内部控制健全程度等不同，而使得其与货币资金相关的内部控制内容有所不同，但以下要求是通常应当共同遵循的。

1. 岗位分工及授权批准

① 企业应当建立货币资金业务的岗位责任制，明确相关部门和岗位的职责权限，确保

办理货币资金业务的不相容岗位相互分离、制约和监督。出纳人员不得兼任稽核、会计档案保管和收入、支出、费用、债权债务账目的登记工作。企业不得由一人办理货币资金业务的全过程。

② 企业应当对货币资金业务建立严格的授权批准制度，明确审批人对货币资金业务的授权批准方式、权限、程序、责任和相关控制措施，规定经办人办理货币资金业务的职责范围和工作要求：审批人应当根据货币资金授权批准制度的规定，在授权范围内进行审批，不得超越审批权限。经办人应当在职责范围内，按照审批人的批准意见办理货币资金业务。对于审批人超越授权范围审批的货币资金业务，经办人员有权拒绝办理，并及时向审批人的上级授权部门报告。

③ 企业应当按照规定的程序办理货币资金支付业务。

- 支付申请。企业有关部门或个人用款时，应当提前向审批人提交货币资金支付申请，注明款项的用途、金额、预算、支付方式等内容，并附有效经济合同或相关证明。
- 支付审批。审批人根据其职责、权限和相应程序对支付申请进行审批。对不符合规定的货币资金支付申请，审批人应当拒绝批准。
- 支付复核。复核人应当对批准后的货币资金支付申请进行复核，复核货币资金支付申请的批准范围、权限、程序是否正确，手续及相关单证是否齐备，金额计算是否准确，支付方式、支付企业是否妥当等。复核无误后，交由出纳人员办理支付手续。
- 办理支付。出纳人员应当根据复核无误的支付申请，按规定办理货币资金支付手续，及时登记库存现金和银行存款日记账。

④ 企业对于重要货币资金支付业务，应当实行集体决策和审批，并建立责任追究制度，防范贪污、侵占、挪用货币资金等行为。

⑤ 严禁未经授权的机构或人员办理货币资金业务或直接接触货币资金。

2. 现金和银行存款的管理

① 企业应当加强现金库存限额的管理，超过库存限额的现金应及时存入银行。

② 企业必须根据《现金管理暂行条例》的规定，结合本企业的实际情况，确定本企业现金的开支范围。不属于现金开支范围的业务应当通过银行办理转账结算。

③ 企业现金收入应当及时存入银行，不得用于直接支付企业自身的支出。因特殊情况需坐支现金的，应事先报经开户银行审查批准。

企业借出款项必须执行严格的授权批准程序，严禁擅自挪用、借出货币资金。

④ 企业取得的货币资金收入必须及时入账，不得私设“小金库”，不得账外设账，严禁收款不入账。

⑤ 企业应当严格按照《支付结算办法》等国家有关规定，加强银行账户的管理，严格按照规定开立账户，办理存款、取款和结算。

企业应当定期检查、清理银行账户的开立及使用情况，发现问题，及时处理。

企业应当加强对银行结算凭证的填制、传递及保管等环节的管理与控制。

⑥ 企业应当严格遵守银行结算纪律，不准签发没有资金保证的票据或远期支票，套取

银行信用；不准签发、取得和转让没有真实交易和债权债务的票据，套取银行和他人资金；不准无理拒绝付款，任意占用他人资金；不准违反规定开立和使用银行账户。

⑦ 企业应当指定专人定期核对银行账户（每月至少核对一次），编制银行存款余额调节表，使银行存款账面余额与银行对账单调节相符。如果调节不符，应查明原因，及时处理。

⑧ 企业应当定期和不定期地进行现金盘点，确保现金账面余额与实际库存相符。发现不符，及时查明原因，做出处理。

3. 票据及有关印章的管理

① 企业应当加强与货币资金相关的票据的管理，明确各种票据的购买、保管、领用、背书转让、注销等环节的职责权限和程序，并专设登记簿进行记录，防止空白票据的遗失和被盗用。

② 企业应当加强银行预留印鉴的管理。财务专用章应由专人保管，个人名章必须由本人或其授权人员保管。严禁一人保管支付款项所需的全部印章。

按规定需要有关负责人签字或盖章的经济业务，必须严格履行签字或盖章手续。

4. 监督检查

① 企业应当建立对货币资金业务的监督检查制度，明确监督检查机构或人员的职责权限，定期和不定期地进行检查。

② 货币资金监督检查的内容主要包括以下几点。

- 货币资金业务相关岗位及人员的设置情况。重点检查是否存在货币资金业务不相容职务混岗的现象。
- 货币资金授权批准制度的执行情况。重点检查货币资金支出的授权批准手续是否健全，是否存在越权审批行为。
- 支付款项印章的保管情况。重点检查是否存在办理付款业务所需的全部印章交由一人保管的现象。
- 票据的保管情况。重点检查票据的购买、领用、保管手续是否健全，票据保管是否存在漏洞。

③ 对监督检查过程中发现的货币资金内部控制中的薄弱环节，应当及时采取措施，加以纠正和完善。

二、库存现金的审计目标

库存现金包括企业的人民币现金和外币现金。现金是企业流动性最强的资产，尽管其在企业资产总额中的比重不大，但企业发生的舞弊事件大都与现金有关，因此，注册会计师应该重视库存现金的审计。

库存现金的审计目标一般应包括（括号内的为相应的财务报表认定）以下几项。

① 确定被审计单位资产负债表的货币资金项目中的库存现金在资产负债表日是否确实存在。（存在）

② 确定被审计单位所有应当记录的现金收支业务是否均已记录完毕，有无遗漏。（完整性）

③ 确定记录的库存现金是否为被审计单位所拥有或控制。（权利和义务）

④ 确定库存现金以恰当的金额包括在财务报表的货币资金项目中，与之相关的计价调整已恰当记录。（计价和分摊）

⑤ 确定库存现金是否已按照企业会计准则的规定在财务报表中做出恰当列报。（列报）

三、库存现金内部控制的测试

（一）库存现金内部控制的特点

一般而言，一个良好的现金内部控制应该达到以下几点。

① 现金收支与记账的岗位分离。

② 现金收支要有合理、合法的凭据。

③ 全部收入及时准确入账，全部支出要有核准手续。

④ 控制现金坐支，当日收入现金应及时送存银行。

⑤ 按月盘点现金，以做到账实相符。

⑥ 加强对现金收支业务的内部审计。

（二）库存现金内部控制测试的内容

1. 了解现金内部控制

通常通过现金内部控制流程图来了解现金内部控制。编制现金内部控制流程图是现金控制测试的重要步骤。注册会计师在编制之前应通过询问、观察等调查手段收集必要的资料，然后根据所了解的情况编制流程图。对中小企业，也可采用编写现金内部控制说明的方法。

如果以前年度审计时已经编制了现金内部控制流程图，注册会计师可根据调查结果加以修正，以供本年度审计之用。一般地，了解现金内部控制时，注册会计师应当注意检查库存现金内部控制的建立和执行情况，重点包括以下内容。

① 库存现金的收支是否按规定的程序和权限办理。

② 是否存在与被审计单位经营无关的款项收支情况。

③ 出纳与会计的职责是否严格分离。

④ 库存现金是否妥善保管，是否定期盘点、核对等。

2. 抽取并检查收款凭证

如果现金收款内部控制不强，很可能会发生贪污舞弊或挪用等情况。例如，在一个小企业中，出纳员同时负责登记应收账款明细账，很可能发生循环挪用货款的情况。为测试现金收款的内部控制，注册会计师应按现金的收款凭证分类，选取适当的样本量，做如下检查：核对现金日记账的收入金额是否正确；核对现金收款凭证与应收账款明细账的有关记录是否相符；核对实收金额与销货发票是否一致，等等。

3. 抽取并检查付款凭证

为测试现金付款内部控制，注册会计师应按照现金付款凭证分类，选取适当的样本量，做如下检查：检查付款的授权批准手续是否符合规定；核对现金日记账的付出金额是否正确；核对现金付款凭证与应付账款明细账的记录是否一致；核对实付金额与购货发票是否相符，等等。

4. 抽取一定期间的库存现金日记账与总账核对

注册会计师应抽取一定期间的库存现金日记账，检查其加总是否正确无误，库存现金日记账是否与总分类账核对相符。

5. 检查外币现金的折算方法是否符合有关规定，是否与上年度一致

对于有外币现金的被审计单位，注册会计师应检查外币库存现金日记账及“财务费用”“在建工程”等账户的记录，确定企业有关外币现金的增减变动是否采用交易发生日的即期汇率将外币金额折算为记账本位币金额，或者采用按照系统合理的方法确定的、与交易发生日即期汇率近似的汇率折算为记账本位币，选择采用汇率的方法前后各期是否一致；检查企业的外币现金的期末余额是否采用期末即期汇率折算为记账本位币金额；折算差额的会计处理是否正确。

6. 评价库存现金的内部控制

注册会计师在完成上述程序之后，即可对库存现金的内部控制进行评价。评价时，注册会计师应首先确定库存现金内部控制可信赖的程度及存在的薄弱环节和缺点，然后据以确定在库存现金实质性程序中对哪些环节可以适当减少审计程序，对哪些环节应增加审计程序并做重点检查，以减少审计风险。

四、库存现金的实质性程序

1）核对库存现金日记账与总账的金额是否相符，检查非记账本位币库存现金的折算汇率及折算金额是否正确。

注册会计师测试现金余额的起点是，核对库存现金日记账与总账的金额是否相符。如果不相符，应查明原因，必要时应建议做出适当调整。

2）监盘库存现金。监盘库存现金是证实资产负债表中货币资金项目下所列库存现金是否存在的一项重要审计程序。企业盘点库存现金，通常包括对已收到但未存入银行的现金、零用金、找换金等的盘点。盘点库存现金的时间和人员应视被审计单位的具体情况而定，但现金出纳员和被审计单位会计主管人员必须参加，并由注册会计师进行监盘。盘点和监盘库存现金的步骤与方法主要有以下几种。

① 制订监盘计划，确定监盘时间。对库存现金的监盘最好实施突击性的检查，时间最好选择在上午上班前或下午下班时，盘点的范围一般包括被审计单位各部门经管的现金。在进行现金盘点前，应由出纳员将现金集中起来存入保险柜，必要时可加以封存。然后由出纳员把已办妥现金收付手续的收付款凭证登入库存现金日记账。如果被审计单位库存现金存放部门有两处或两处以上，应同时进行盘点。

② 审阅库存现金日记账并同时与现金收付凭证相核对。一方面检查库存现金日记账的记录与凭证的内容和金额是否相符；另一方面了解凭证日期与库存现金日记账日期是否相符或接近。

③ 由出纳员根据库存现金日记账加计累计数额，结出现金结余额。

④ 盘点保险柜内的现金实存数，同时由注册会计师编制库存现金监盘表（格式参见表 9-1），分币种、面值列示盘点金额。

表 9-1　库存现金监盘表

被审计单位：__________　　　　索引号：__________

项目：总体审计策略　　　　财务报表截止日/期间：__________

编制：__________　　　　复核：__________

日期：__________　　　　日期：__________

检查盘点记录　　　　实有库存现金盘点记录

项目		项次	人民币	美元	某外币	面额	人民币		美元		某外币	
上一日账面库存余额		①					张	金额	张	金额	张	金额
盘点日末记账传票收入金额		②				1 000 元						
盘点日末记账传票支出金额		③				500 元						
盘点日账面应有金额		④=①+②-③				100 元						
盘点实有库存现金数额		⑤				50 元						
盘点日应有与实务差异		⑥=④-⑤				10 元						
差异原因分析	白条抵库（张）					5 元						
						2 元						
						1 元						
						0.5 元						
						0.2 元						
						0.1 元						
追溯调整	报表日至审计日库存现金付出总额					合计						
	报表日至审计日库存现金收入总额											
	报表日库存现金应有余额											
	报表日账面汇率											
	报表日余额折合本位币金额											
本位币合计												

出纳员：　　　会计主管人员：　　　监盘人：　　　检查日期：

审计说明：

⑤ 将盘点金额与库存现金日记账余额进行核对，如果有差异，应要求被审计单位查明原因，必要时应提请被审计单位做出调整；如果无法查明原因，应要求被审计单位按管理权限批准后做出调整。

⑥ 如果有冲抵库存现金的借条、未提现支票、未进行报销的原始凭证，应在库存现金监盘表中注明，必要时应提请被审计单位做出调整。

⑦ 在非资产负债表日进行盘点和监盘时，应调整至资产负债表日的金额。

3）分析被审计单位日常库存现金余额是否合理，关注是否存在大额未缴存的现金。

4）抽查大额库存现金收支。检查大额现金收支的原始凭证是否齐全、原始凭证内容是否完整、有无授权批准、记账凭证与原始凭证是否相符、账务处理是否正确、是否记录于恰当的会计期间等项内容。

5）抽查资产负债表日前后若干天的、一定金额以上的现金收支凭证实施截止测试。被审计单位资产负债表的货币资金项目中的库存现金数额，应以结账日实有数额为准。因此，注册会计师必须验证现金收支的截止日期，以确定是否存在跨期事项、是否应考虑提出调整建议。

6）检查库存现金是否在财务报表中做出恰当列报。根据有关规定，库存现金在资产负债表的“货币资金”项目中反映，注册会计师应在实施上述审计程序后，确定“库存现金”账户的期末余额是否恰当，进而确定库存现金是否在资产负债表中恰当披露。

任务二 审计银行存款

任务引入

2005 年，中国证监会对上市公司湖南天一科技股份有限公司（以下简称天一科技）做出行政处罚：该公司因虚假披露 2003 年年度、2004 年半年度报告和隐瞒重大事项未披露，存在虚假披露信息的违纪问题，被处以 50 万元罚款；公司董事长、董事总经理被分别给予警告、罚款 10 万元，公司董事财务总监、4 名董事被分别给予警告、罚款 5 万元，公司独立董事被分别给予警告处分。据悉，这是审计署驻沈阳特派办 2004 年对会计师事务所审计质量检查取得的成果。

2004 年，沈阳办按照审计署的统一部署，对北京天职孜信会计师事务所 2003 年度审计业务质量进行检查，经对该所出具审计报告的 14 家上市公司的调查分析和工作底稿等资料审查，发现该所连续 5 年出具无保留意见审计报告的天一科技疑点较多：一是该公司 4 个内部承包的驻外维修服务部分回利润达 395 万元，但承包分利协议的真实性不足；二是其联营公司分回利润 626 万元，占当期利润的 36%，但联营公司的报表却未按规定经过具有上市公司审计资格的会计师事务所审计，其利润的真实性值得怀疑；三是“在建工程”挂账预付某公司 2 451 万元购置设备款，却长达两年多未收到设备。该办经对天一科技重点延伸检查，发现了重大问题线索：该公司与当地的开户银行相互串通，通过伪造银行存款对账单方式，多计存款 1.31 亿元，少计贷款 7 100 万元，并给事务所出具虚假的询证回函，欺骗事务所。同时通过隐蔽关联公司回款等方式虚计利润 1 245 万元，造成会计信息严重不实。

面对已暴露出的巨额资金账外运作形成的银行存款空洞，该公司提供了一份由董事长、监事会主席和财务总监共同签字确认的账外资金投资情况表。此表反映天一科技 2001 年年末新一届董事会接任时，就已有 21 553 万元账外资金由关联公司运作，新一届董事会接任后继续维持账外经营状况，截至 2003 年年末共有账外投资 19 435 万元。但该公司拒不提供账外资金运作的有关资料及与账外资金运作有关的关联公司情况和资料，形成几年来巨额资金账外投资的盈亏、资金去向情况不明。

与此同时，审计工作也遇到巨大阻力：一是天一科技所在地平江县委、县人大、县政府、县政协“四大班子”主要负责人以控股股东名义，两次以向审计组汇报工作为名发出书面逐客令，集体要求审计组迅速结束审计工作；二是天一科技所在地开户银行迫于控股股东的压力，对审计人员要求提供的资料采取躲避、拖延的方式不予配合，致使许多重大问题的审计查证工作无法顺利进行；三是天一科技以种种理由拒不提供 1999 年上市以来至 2001 年的财务会计资料。

根据沈阳办反映的情况，国务院组成了由证监会牵头，审计署、银监会等部委参加的联合调查组。调查组查实：天一科技虚假披露 2003 年年度报告，虚构税前利润 6 353.86 万元；虚假披露募集资金项目投资规模 2 926 万元；虚假披露 2004 年半年度报告，虚构税前利润 1 575.89 万元；虚增存货、无形资产和应收账款等资产项目合计 6 571.7 万元；隐瞒控股子公司，不披露也不合并会计报表；未披露累计投入 5.6 亿元进行股票投资。

在国务院调查组调查期间，天一科技和作为控股股东的当地政府在上市公司公告中以自查方式披露了公司自身存在的问题。经追溯调整连续两年的会计报表，该公司 2003 年、2004 年已连续两年亏损，公司净资产缩减近 2 亿元，证券简称相应变更为“*ST 天一”，自今年 4 月 29 日起实施退市风险警示的特别处理。今年 8 月 30 日，深交所针对该公司涉嫌假利润、账外事项及未及时履行相应的审批程序和信息披露义务，根据《深圳证券交易所股票上市规则》对董事会成员及独立董事等相关责任人员予以公开谴责。

任务分析

注册会计师该如何对银行存款进行实质性测试？

知识链接

一、银行存款的审计目标

银行存款是指企业存放在银行或其他金融机构的各种款项。按照国家有关规定，凡是独立核算的企业都必须在当地银行开设账户。企业在银行开设账户以后，除按核定的限额保留库存现金外，超过限额的现金必须存入银行；除了在规定的范围内可以用现金直接支付款项外，在经营过程中所发生的一切货币收支业务，都必须通过银行存款账户进行结算。

银行存款的审计目标一般应包括（括号内的为相应的财务报表认定）以下内容。

① 确定被审计单位资产负债表的货币资金项目中的银行存款在资产负债表日是否确

实存在。（存在）

② 确定被审计单位所有应当记录的银行存款收支业务是否均已记录完毕，有无遗漏。（完整性）

③ 确定记录的银行存款是否为被审计单位拥有或控制。（权利和义务）

④ 确定银行存款以恰当的金额包括在财务报表的货币资金项目中，与之相关的计价调整已恰当记录。（计价和分摊）

⑤ 确定银行存款是否已按照企业会计准则的规定在财务报表中做出恰当列报。（列报）

二、银行存款的控制测试

（一）银行存款内部控制的特点

一般而言，一个良好的银行存款的内部控制同现金的内部控制一样，也应达到以下几点。

① 银行存款收支与记账的岗位分离。

② 银行存款收支要有合理、合法的凭据。

③ 全部收支及时准确入账，全部支出要有核准手续。

④ 按月编制银行存款余额调节表，以做到账实相符。

⑤ 加强对银行存款收支业务的内部审计。

按照我国现金管理的有关规定，超过规定限额以上的现金支出一律使用支票。因此，企业应建立相应的支票申领制度，明确申领范围、申领批准及支票签发、支票报销等。

对于支票报销和现金报销，企业应建立报销制度。报销人员报销时应当有正常的报批手续、适当的付款凭据，有关采购支出还应具有验收手续。会计部门应对报销单据加以审核，出纳员见到加盖核准戳记的支出凭据后方可付款。付款记录应及时登记入账，相关凭证应按顺序或内容编制会计记录的附件。

（二）银行存款控制测试的相关内容

1. 了解银行存款的内部控制

注册会计师对银行存款内部控制的了解一般与了解现金的内部控制同时进行。注册会计师应当注意的内容包括以下几点。

① 银行存款的收支是否按规定的程序和权限办理。

② 银行账户是否存在与本单位经营无关的款项收支情况。

③ 是否存在出租、出借银行账户的情况。

④ 出纳与会计的职责是否严格分离。

⑤ 是否定期取得银行对账单并编制银行存款余额调节表等。

2. 抽取并检查银行存款收款凭证

注册会计师应选取适当的样本量，进行如下检查。

① 核对银行存款收款凭证与存入银行账户的日期和金额是否相符。

② 核对银行存款日记账的收入金额是否正确。

③ 核对银行存款收款凭证与银行对账单是否相符。

④ 核对银行存款收款凭证与应收账款明细账的有关记录是否相符。

⑤ 核对实收金额与销货发票是否一致等。

3. 抽取并检查银行存款付款凭证

为测试银行存款付款内部控制，注册会计师应选取适当的样本量，进行如下检查。

① 检查付款的授权批准手续是否符合规定。

② 核对银行存款日记账的付出金额是否正确。

③ 核对银行存款付款凭证与银行对账单是否相符。

④ 核对银行存款付款凭证与应付账款明细账的记录是否一致。

⑤ 核对实付金额与购货发票是否相符等。

4. 抽取一定期间的银行存款日记账与总账核对

注册会计师应抽取一定期间的银行存款日记账，检查其有无计算错误，并与银行存款总分类账核对。

5. 抽取一定期间银行存款余额调节表，查验其是否按月正确编制并经复核

为证实银行存款记录的正确性，注册会计师必须抽取一定期间的银行存款余额调节表，将其同银行对账单、银行存款日记账及总账进行核对，确定被审计单位是否按月正确编制并复核银行存款余额调节表。

6. 检查外币银行存款的折算方法是否符合有关规定，是否与上年度一致

对于有外币银行存款的被审计单位，注册会计师应检查外币银行存款日记账及“财务费用”“在建工程”等账户的记录，确定有关外币银行存款的增减变动是否采用交易发生日的即期汇率将外币金额折算为记账本位币金额，或者采用按照系统合理的方法确定的、与交易发生日即期汇率近似的汇率折算为记账本位币，选择采用汇率的方法前后各期是否一致；检查企业的外币银行存款的余额是否采用期末即期汇率折算为记账本位币金额；折算差额的会计处理是否正确。

7. 评价银行存款的内部控制

注册会计师在完成上述程序之后，即可对银行存款的内部控制进行评价。评价时，注册会计师首先确定银行存款内部控制可信赖的程序及存在的薄弱环节和缺点，然后以确定在银行存款实质性程序中对哪些环节可以适当减少审计程序，对哪些环节应增加审计程序并做重点检查，以减少审计风险。

三、银行存款的实质性程序

银行存款的实质性程序一般包括以下内容。

1）获取或编制银行存款余额明细表，复核加计是否正确，并与总账数和日记账合计数核对是否相符；检查非记账本位币银行存款的折算汇率及折算金额是否正确。注册会计师测试银行存款余额的起点是核对银行存款日记账与总账的余额是否相符。如果不相符，应查明原因，必要时应建议做出适当调整。

2）实施实质性分析程序。计算银行存款累计余额应收利息收入，分析比较被审计单位银行存款应收利息收入与实际利息收入的差异是否恰当，评估利息收入的合理性，检查是否存在高息资金拆借，确认银行存款余额是否存在，利息收入是否已经完整记录。

3）检查银行存单。编制银行存单检查表，检查是否与账面记录金额一致，是否被质押或限制使用，存单是否为被审计单位拥有。

① 对已质押的定期存款，应检查定期存单，并与相应的质押合同核对，同时关注定期存单对应的质押借款有无入账。

② 对未质押的定期存款，应检查开户证实书原件。

③ 对审计外勤工作结束日前已提取的定期存款，应核对相应的兑付凭证、银行对账单和定期存款复印件。

4）取得并检查银行存款余额对账单和银行存款余额调节表。取得并检查银行存款余额对账单和银行存款余额调节表是证实资产负债表中所列银行存款是否存在的重要程序。银行存款余额调节表通常应由被审计单位根据不同的银行账户及货币种类分别编制，格式如表 9-2 所示。

表 9-2　银行存款余额调节表

年　月　日

编制人：________　　日期：________　　索引号：________

复核人：________　　日期：________　　页　次：________

户　别：________　　　　　　　　　　　币　别：________

项　目
银行对账单余额（　　年　　月　　日）
加：企业已收，银行尚未入账金额
其中：1. ____元
2. ____元
减：企业已付，银行尚未入账金额
其中：1. ____元
2. ____元
调整后银行对账单金额
企业银行存款日记账金额（　　年　　月　　日）
加：银行已收，企业尚未入账金额
其中：1. ____元
2. ____元
减：银行已付，企业尚未入账金额
其中：1. ____元
2. ____元
调整后企业银行存款日记账金额
经办会计人员：（签字）　　会计主管：（签字）

具体测试程序通常包括以下内容。

① 将被审计单位资产负债表日的银行存款余额对账单与银行询证函回函核对，确认是否一致，核对账面记录的存款金额是否与对账单记录一致。

② 获取资产负债表日的银行存款余额调节表，检查调节表中加计数是否正确，调节后

银行存款日记账余额与银行对账单余额是否一致。

③ 检查调节事项的性质和范围是否合理。

- 检查是否存在跨期收支和跨行转账的调节事项。编制跨行转账业务明细表，检查跨行转账业务是否同时对应转入和转出，未在同一期间完成的转账业务是否反映在银行存款余额调节表的调整事项中。
- 检查大额在途存款和未付票据。检查在途存款的日期，查明发生在途存款的具体原因，追查期后银行对账单存款记录日期，确定被审计单位与银行记账时间差异是否合理，确定在资产负债表日是否需提请被审计单位进行适当调整；检查被审计单位的未付票据明细清单，查明被审计单位未及时入账的原因，确定账簿记录时间晚于银行对账单的日期是否合理；检查被审计单位未付票据明细清单中有记录但截至资产负债表日银行对账单无记录且金额较大的未付票据，获取票据领取人的书面说明，确认资产负债表日是否需要进行调整。检查资产负债表日后银行对账单是否记录了调节事项中银行未付票据金额。

④ 检查是否存在未入账的利息收入和利息支出。

⑤ 检查是否存在其他跨期收支事项，检查相应的原始交易单据或银行收付款单据。

⑥ 当未经授权或授权不清支付货币资金的现象比较突出时，检查银行存款余额调节表中支付异常的领款（包括没有载明收款人）、签字不全、收款地址不清、金额较大票据的调整事项，确认是否存在舞弊。

5）函证银行存款余额，编制银行函证结果汇总表，检查银行回函。应注意以下问题。

① 向被审计单位在本期存过款的银行发函，包括零余额账户和在本期内注销的账户。

② 确定被审计单位账面余额与银行函证结果的差异，对不符事项做出适当处理。

银行存款函证是指注册会计师在执行审计业务的过程中，需要以被审计单位的名义向有关单位发函询证，以验证被审计单位的银行存款是否真实、合法、完整。按照国际惯例，财政部和中国人民银行于 1999 年 1 月 6 日联合下发了《关于做好企业的银行存款、借款及往来款项函证工作的通知》（以下简称《通知》），对函证工作提出了明确的要求，并规定：各商业银行、政策性银行、非银行金融机构要在收到询证函之日起 10 个工作日内，根据函证的具体要求，及时回函并可按照国家有关的规定收取询证费用；各有关企业或单位根据函证的具体要求回函。

函证银行存款余额是证实资产负债表所列银行存款是否存在的重要程序。通过向往来银行函证，注册会计师不仅可以了解企业资产的存在，还可了解企业账面反映所欠银行债务的情况，并有助于发现企业未入账的银行借款和未披露的或有负债。

注册会计师应当对银行存款（包括零余额账户和在本期内注销的账户）及与金融机构往来的其他重要信息实施函证程序，除非有充分的证据表明某一银行存款及与金融机构往来的其他重要信息对财务报表不重要且与之相关的重大风险很低。

如果不对这些项目实施函证程序，注册会计师应当在审计工作底稿中说明理由。

注册会计师需要考虑是否对在本期内注销的账户的银行进行函证，这通常是因为有可能存款账户已注销但仍有银行借款或其他负债存在。表 9-3 列示了银行询证函格式。

表 9-3 银行询证函

编号：________

××（银行）：

本公司聘请的××会计师事务所正在对本公司××年度财务报表进行审计，按照《中国注册会计师审计准则》的要求，询证本公司与贵行相关的信息。下列信息出自本公司记录，如果与贵行记录相符，请在本函下端"信息证明无误"处签单证明；如果有不符的情况，请在"信息不符"处列明不符项目及具体内容；如果存在与本公司有关的未列入本函的其他重要信息，也请在"信息不符"处列出其详细资料。回函请直接寄到××会计师事务所。

回函地址：________________ 邮编：________

电话：________ 传真：________ 联系人：________

截至××年××月××日，本公司与贵行相关的信息列示如下：

1. 银行存款

账户名称	银行账号	币种	利率	余额	起止日期	是否被质押、用于担保或存在其他使用限制	备注

除上述列示的银行存款外，本公司并无在贵行的其他借款。

注："起止日期"一栏仅适用于定期存款，如果为活期或保证金存款，可只填写"活期"或"保证金"字样。

2. 银行借款

借款人名称	币种	本息余额	借款日期	到期日期	利率	借款条件	抵（质）押品担保人	备注

除上述列示的银行借款外，本公司并无自贵行的其他借款。

注：此项仅函证截至资产负债表日本公司尚未归还的借款。

3. 截至函证日之前 12 个月内注销的账户

账户名称	银行账号	币种	注销账户日期

除上述列示的账户外，本公司并无截至函证日之前 12 个月内在贵行注销的其他账户。

4. 委托存款

账户名称	银行账号	借款方	币种	利率	余额	存款起止日期	备注

除上述列示的委托存款外，本公司并无通过贵行办理的其他委托存款。

（续表）

5. 委托贷款

账户名称	银行账号	资金使用方	币种	利率	本金	利息	贷款起止日期	备注

除上述列示的委托贷款外，本公司并无通过贵行办理的其他委托贷款。

6. 担保

（1）本公司为其他单位提供的、以贵行为担保受益人的担保

被担保人	担保方式	担保金额	担保期限	担保事由	担保合同编号	被担保人与贵行就担保事项往来的内容（借款等）	备注

除上述列示的担保外，本公司并无其他以贵行为担保受益人的担保。

注：如果采用抵押或质押方式提供担保的，应在备注中说明抵押物或质押物情况。

（2）贵行向本公司提供的担保

被担保人	担保方式	担保金额	担保期限	担保事由	担保合同编号	被担保人与贵行就担保事项往来的内容（借款等）	备注

除上述列示的担保外，本公司并无贵行提供的其他担保。

7. 本公司名称为出票人且由贵行承兑而尚未支付的银行承兑汇票

银行承兑汇票	票面金额	出票日	到 期 日

除上述列示的银行承兑汇票外，本公司并无由贵行承兑而尚未支付的其他银行承兑汇票。

8. 本公司向贵行已贴现而尚未到期的商业汇票

商业汇票号码	付款人名称	承兑人名称	票面金额	票面利率	出票日	到期日	贴现日	贴现率	贴现净额

除上述列示的商业汇票外，本公司并无向贵行已贴现而尚未到期的其他商业汇票。

9. 本公司为持票人且由贵行托收的商业汇票

商业汇票号码	承兑人名称	票面金额	出票日	到 期 日

除上述列示的商业汇票外，本公司并无由贵行托收的其他商业汇票。

（续表）

10. 本公司为申请人，由贵行开具的、未履行完毕的不可撤销信用证

信用证号码	受益人	信用证金额	到期日	未使用金额

除上述列示的不可撤销信用证外，本公司并无由贵行开具的、未履行完毕的其他不可撤销信用证。

11. 本公司与贵行之间未履行完毕的外汇买卖合约

类　别	合约号码	买卖币种	未履行的合约买卖金额	汇率	交收日期
贵行卖予本公司					
本公司卖予贵行					

除上述列示的外汇买卖合约外，本公司并无与贵行之间未履行完毕的其他外汇买卖合约。

12. 本公司存放于贵行的有价证券或其他产权文件

有价证券或其他产权文件名称	产权文件编号	数量	金　额

除上述列示的有价证券或其他产权文件外，本公司并无存放于贵行的其他有价证券或其他产权文件。

注：此项不包括本公司存放在贵行保管箱中的有价证券或其他产权文件。

13. 其他重大事项

注：此项应填列注册会计师认为重大且应予函证的其他事项，如信托存款等；如果没有则应填写“不适用”。

（公司盖章）

年　月　日

以下仅供被询证银行使用

结论：1.信息证明无误。

（银行盖章）

经办人：　　　　年　月　日

2. 信息不符，请列示不符项目及具体内容（对于在本函前述第 1 项至第 13 项中正列的其他重要信息，请列出详细资料）。

（银行盖章）

经办人：　　　　年　月　日

6）检查银行存款账户存款人是否为被审计单位，如果存款人非被审计单位，应获取该账户户主和被审计单位的书面声明，确认资产负债表日是否需要提请被审计单位进行调整。

7）关注是否存在质押、冻结等对变现有限制或存在境外的款项。如果存在，是否已提请被审计单位进行必要的调整和披露。

8）对不符合现金及现金等价物条件的银行存款在审计工作底稿中予以列明，以考虑对现金流量表的影响。

9）抽查大额银行存款收支的原始凭证，检查原始凭证是否齐全、记账凭证与原始凭证是否相符、账务处理是否正确、是否记录于恰当的会计期间等项内容。检查是否存在非营业目的的大额货币资金转移，并核对相关账户的进账情况；如果有与被审计单位生产经营无关的收支事项，应查明原因并做相应的记录。

10）检查银行存款收支的截止是否正确。选取资产负债表日前后若干张一定金额以上的凭证实施截止测试，关注业务内容及对应项目，如果有跨期收支事项，应考虑是否提请被审计单位进行调整。

11）检查银行存款是否在财务报表中做出恰当列报。根据有关规定，企业的银行存款在资产负债表的“货币资金”项目中反映，因此，注册会计师应在实施上述审计程序后，确定银行存款账户的期末余额是否恰当，进而确定银行存款是否在资产负债表中恰当披露。此外，如果企业的银行存款存在抵押、冻结等使用限制情况或潜在回收风险，注册会计师应关注企业是否已经恰当披露有关情况。

参考资料

《企业内部控制基本规范》（2008年）

《内部会计控制规范》

思考与讨论

1. 货币资金审计的特点是什么？
2. 货币资金内部控制的内容有哪些？
3. 库存现金的审计目标是什么？
4. 库存现金内部控制的特点是什么？
5. 如何对库存现金的内部控制进行测试？
6. 如何对库存现金进行实质性测试？
7. 银行存款的审计目标是什么？
8. 如何对银行存款的内部控制进行测试？
9. 如何对银行存款进行实质性测试？

案例分析

1. 华宇公司 2017 年 2 月 4 日的账面库存现金余额为 6 832 元，2 月 5 日发生的现金收支全部未登记入账。其中，收入金额为 5 580 元，支出金额为 2 000 元。注册会计师于 2 月

5 日下午 5 时对华宇公司库存现金进行监盘，发现以下情况。

（1）保险柜里现金盘点实有数为 5 108.70 元（50 张 100 元，2 张 50 元，8 张 1 元，1 张 5 角，1 张 2 角），另有单独包封的未领工资 1 480 元（10 张 100 元，8 张 50 元，8 张 10 元）没有包括在盘点实有数内。

（2）下列凭证已付款但尚未制证入账。

① 职工李力 1 月 25 日借差旅费 643.3 元。已经领导批准。

② 职工刘红 1 月 10 日借款 600 元。未经批准，也未说明用途。

（3）华宇公司下属门市部送来当天零售货款 2 580 元（25 张 100 元，8 张 10 元），附发票副本 16 张。未送存银行，不包括在盘点实有数内，也没有入账，放在出纳的办公桌抽屉里。

（4）银行核定库存现金限额 5 000 元。

要求：

（1）指出库存现金盘点应关注的事项。

（2）如果 2017 年 1 月 1 日到 2 月 4 日的现金收入总额为 165 200 元，现多支出总额为 165 500 元。根据盘点结果，编制库存现金盘点表。

（3）指出华宇公司现金业务中存在的问题，并提出审计处理意见。

2. 注册会计师在了解、评价和测试华宇公司银行存款内部控制相关情况后，对该公司的银行存款余额进行了审查，现将相关资料摘录如下。华宇公司的银行账号及存款情况如表 9-4 所示。

表 9-4　华宇公司的银行账号及存款情况

截止日期：2016 年 12 月 31 日　　元

开户银行	账号	银行账面余额	银行日记账	差额
工商银行朝阳支行	10 142	689 704.89	689 769.94	65.05
农业银行海淀支行	32 189	569 865.74	589 023.56	19 157.82
建设银行海淀支行	9 256	478 534.98	268 951.68	（209 583.30）
商业银行朝阳支行	4 057	311 505.38	311 505.38	

华宇公司 2017 年 12 月末银行存款日记账余额为 1 878 250.56 元，银行对账单上企业存款余额为 2 049 610.99 元。经逐笔核对，工商银行账户中发现以下未到账项。

（1）2017 年 12 月 25 日，长城公司以电汇方式向华宇公司汇入代垫的产品运输费用 71 434.95 元。工商银行已经入账，公司未收到收账通知，尚未入账。

（2）2017 年 12 月 21 日，在工商银行对账单上有编号为 2241999 号的转账支票划出资金 50 000 元，而公司的银行存款日记账中无此记录。审计是在查阅公司支票登记簿时发现该支票的存根，经查证为出纳员私自将款项借与亲友使用，待其归还后直接销账。

（3）2017 年 12 月 26 日，公司送存工商银行转账支票一张，系南方公司开具，面值 20 000 元。华宇公司已按进账单入账，销售尚未入账。

（4）根据委托收款凭证，2017 年 12 月 31 日，工商银行为公司支付电缆费 10 500 元。已从公司存款账户划出，企业未收到付款通知和电力部门开具的发票，因而未入账。

要求：

（1）编制华宇公司银行存款余额调节表。

（2）华宇公司银行存款业务中存在哪些问题？应当如何应对？

（3）注册会计师应当如何获取和检查银行存款余额调节表？

学习情境十

编制审计报告

知识目标

1. 了解审计报告的内容。
2. 掌握审计报告的类型。
3. 掌握审计报告的编写方法。

能力目标

能够根据具体审计情况确定审计意见类型并编写审计报告。

任务一　编制审计报告

任务引入

审计报告

信会师报字〔2017〕第ZG10450号

许继电气股份有限公司全体股东：

我们审计了后附的许继电气股份有限公司（以下简称“贵公司”）财务报表，包括2016年12月31日的合并及公司的资产负债表，2016年度合并及公司的利润表、合并及公司的现金流量表和合并及公司的股东权益变动表以及财务报表附注。

一、管理层对财务报表的责任

编制和公允列报财务报表是贵公司管理层的责任。这种责任包括：（1）按照企业会计准则的规定编制财务报表，并使其实现公允反映；（2）设计、执行和维护必要的内部控制，以使财务报表不存在由于舞弊或错误导致的重大错报。

二、注册会计师的责任

我们的责任是在执行审计工作的基础上对财务报表发表审计意见。我们按照中国注册会计师审计准则的规定执行了审计工作。《中国注册会计师审计准则》要求我们遵守中国注册会计师职业道德守则，计划和执行审计工作以对财务报表是否不存在重大错报获取合理保证。审计工作涉及实施审计程序，以获取有关财务报表金额和披露的审计证据。选择的审计程序取决于注册会计师的判断，包括对由于舞弊或错误导致的财务报表重大错报风险的评估。在进行风险评估时，注册会计师考虑与财务报表编制和公允列报相关的内部控制，以设计恰当的审计程序。审计工作还包括评价管理层选用会计政策的恰当性和做出会计估计的合理性，以及评价财务报表的总体列报。我们相信，我们获取的审计证据是充分、适当的，为发表审计意见提供了基础。

三、审计意见

我们认为，贵公司财务报表在所有重大方面按照企业会计准则的规定编制，公允反映了贵公司 2016 年 12 月 31 日合并及公司的财务状况以及 2016 年度合并及公司的经营成果和现金流量。

立信会计师事务所（特殊普通合伙）　　　　中国注册会计师：张思博

中国 • 上海　　　　　　　　　　　　　　　中国注册会计师：养毅

二〇一七年三月二十三日

任务分析

注册会计师出具不同类型审计报告的依据是什么？

知识链接

一、审计报告的含义

审计报告是指注册会计师根据审计准则的规定，在执行审计工作的基础上，对财务报表发表审计意见的书面文件。

审计报告是注册会计师在完成审计工作后向委托人提交的最终产品，具有以下特征。

① 注册会计师应当按照审计准则的规定执行审计工作。

② 注册会计师在实施审计工作的基础上才能出具审计报告。

③ 注册会计师通过对财务报表发表意见履行业务约定书约定的责任。

④ 注册会计师应当以书面形式出具审计报告。

审计报告是注册会计师对财务报表是否在所有重大方面按照适用的财务报告编制基础的规定编制并实现公允反映形成审计意见的报告。

二、审计报告的作用

注册会计师签发的审计报告，主要具有鉴证、保护和证明三方面的作用。

（一）鉴证作用

注册会计师签发的审计报告，不同于政府审计和内部审计的审计报告，是以超然独立的第三者身份，对被审计单位财务报表合法性、公允性发表意见。这种意见，具有鉴证作用，得到了政府及其各部门和社会各界的普遍认可。政府有关部门，如财政部门、税务部门等了解、掌握企业的财务状况和经营成果的主要依据是企业提供的财务报表。财务报表是否合法、公允，主要依据注册会计师的审计报告做出判断。股份制企业的股东，主要依据注册会计师的审计报告来判断被投资企业的财务报表是否公允地反映了财务状况和经营成果，以进行投资决策等。

（二）保护作用

注册会计师通过审计，可以对被审计单位财务报表出具不同类型审计意见的审计报告，以提高或降低财务报表使用者对财务报表的信赖程度，能够在一定程度上对被审计单位的财产、债权人和股东的权益及企业利害关系人的利益起到保护作用。例如，投资者为了减少投资风险，在进行投资之前，需要查阅被投资企业的财务报表和注册会计师的审计报告，了解被投资企业的经营情况和财务状况。投资者根据注册会计师的审计报告做出投资决策，可以降低其投资风险。

（三）证明作用

审计报告是对注册会计师审计任务完成情况及其结果所做的总结，可以表明审计工作的质量并明确注册会计师的审计责任。因此，审计报告可以对审计工作质量和注册会计师的审计责任起证明作用。通过审计报告，可以证明注册会计师在审计过程中是否实施了必要的审计程序，是否以审计工作底稿为依据发表审计意见，发表的审计意见是否与被审计单位的实际情况相一致，审计工作的质量是否符合要求。通过审计报告，可以证明注册会计师对审计责任的履行情况。

三、审计意见的形成

注册会计师应当就财务报表是否在所有重大方面按照适用的财务报告编制基础编制并实现公允反映形成审计意见。为了形成审计意见，针对财务报表整体是否不存在由于舞弊或错误导致的重大错报，注册会计师应当得出结论，确定是否已就此获取合理保证。

① 在得出结论时，注册会计师应当考虑下列方面。

- 按照《中国注册会计师审计准则第 1231 号——针对评估的重大错报风险采取的应对措施》的规定，是否已获取充分、适当的审计证据。
- 按照《中国注册会计师审计准则第 1251 号——评价审计过程中识别出的错报》的规定，未更正错报单独或汇总起来是否构成重大错报。

② 在评价时注册会计师应当考虑被审计单位会计实务的质量，包括表明管理层的判断可能出现偏向的迹象。

③ 注册会计师应当依据适用的财务报告编制基础特别评价下列内容。

- 财务报表是否充分披露了选择和运用的重要会计政策。
- 所选择和运用的会计政策是否符合适用的财务报告编制基础，并适合被审计单位的具体情况。
- 管理层做出的会计估计是否合理。会计估计通常是指被审计单位以最近可利用的信息为基础对结果不确定的交易或事项所做的判断。由于会计估计的主观性、复杂性和不确定性，管理层做出的会计估计发生重大错报的可能性较大。因此，注册会计师应当判断管理层做出的会计估计是否合理，确定会计估计的重大错报风险是否是特别风险，是否采取了有效的措施予以应对。

- 财务报表列报的信息是否具有相关性、可靠性、可比性和可现解性。财务报表反映的信息应当符合信息质量特征，具有相关性、可靠性、可比性和可理解性。注册会计师应当根据《企业会计准则——基本准则》的规定，考虑财务报表反映的信息是否符合信息质量特征。
- 财务报表是否作出充分披露，使预期使用者能够理解重大交易和事项对财务报表所传递的信息的影响。
- 财务报表使用的术语（包括每一财务报表的标题）是否适当。

④ 在评价财务报表是否实现公允反映时，注册会计师应当考虑下列方面。

- 财务报表的整体列报、结构和内容是否合理。
- 财务报表（包括相关附注）是否公允地反映了相关交易和事项。

⑤ 注册会计师应当评价评价财务报表是否恰当提及或说明适用的财务报告编制基础。

四、审计报告的类型

审计报告分为无保留意见审计报告和非无保留意见审计报告。非无保留意见审计报告包括保留意见审计报告、否定意见审计报告和无法表示意见审计报告。

如果认为财务报表在所有重大方面按照适用的财务报告编制基础编制并实现公允反映，注册会计师应当发表无保留意见。

当存在下列情况之一时，注册会计师应当按照《中国注册会计师审计准则第 1502 号——在审计报告中发表非无保留意见》的规定，在审计报告中发表非无保留意见。

① 根据获取的审计证据，得出财务报表整体存在重大错报的结论。

② 无法获取充分、适当的审计证据，不能得出财务报表整体不存在重大错报的结论。

如果财务报表没有实现公允反映，注册会计师应当就该事项与管理层讨论，并根据适用的财务报告编制基础的规定和该事项得到解决的情况，决定是否有必要按照《中国注册会计师审计准则第 1502 号——在审计报告中发表非无保留意见》的规定在审计报告中发表非无保留意见。

五、审计报告的基本内容

审计报告应当包括下列要素。

① 标题。

② 收件人。

③ 审计意见。

④ 形成审计意见的基础。

⑤ 管理层对财务报表审计的责任。

⑥ 注册会计师对财务报表审计的责任。

⑦ 按照相关法律法规的要求报告的事项（如适用）。

⑧ 注册会计师的签名和盖章。

⑨ 会计师事务所的名称、地址和盖章。

⑩ 报告日期。

（一）标题

审计报告应当具有标题，统一规范为“审计报告”。考虑到这一标题已广为社会公众所接受，因此我国注册会计师出具的审计报告的标题没有包含“独立”两个字。但注册会计师在执行财务报表审计业务时，应当遵守独立性的要求。

（二）收件人

审计报告的收件人是指注册会计师按照业务约定书的要求致送审计报告的对象，一般是指审计业务的委托人。审计报告应当按照审计业务的约定载明收件人的全称。

注册会计师应当与委托人在业务约定书中约定致送审计报告的对象，以防止在此问题上发生分歧或审计报告被委托人滥用。针对整套通用目的财务报表出具的审计报告，审计报告的致送对象通常为被审计单位的股东或治理层。

（三）审计意见

审计报告的第一部分应当包含审计意见，并以“审计意见”作为标题。

审计意见部分还应包括下列方面。

① 指出被审计单位的名称。

② 说明财务报表已经审计。

③ 指出构成整套财务报表的每一财务报表的名称。

④ 提及财务报表附注（包括重要会计政策概要和其他解释性信息）。

⑤ 指明构成整套财务报表的每一财务报表的日期或涵盖的期间。

如果对财务报表发表无保留意见，除非法律法规另有规定，审计意见应当使用“我们认为，后附的财务报表在所有重大方面按照‘适用的财务报告编制基础（如企业会计准则等）’的规定编制，公允反映了‘……’”等的措辞。

（四）形成审计意见的基础

审计报告应当包含标题为“形成审计意见的基础”的部分，该部分应当紧接在审计意见部分之后，并包括下列方面。

① 说明注册会计师按照审计准则的规定执行了审计工作。

② 提及审计报告中用于描述审计准则规定的注册会计师责任的部分。

③ 声明注册会计师按照与审计相关的职业道德要求独立于被审计单位，并履行了职业道德方面的其他责任。声明中应当指明适用的职业道德要求，如《中国注册会计师职业道德守则》。

④ 说明注册会计师是否相信获取的审计证据是充分、适当的，为发表审计意见提供了基础。

（五）管理层对财务报表的责任

审计报告应当包含标题为“管理层对财务报表的责任”的部分。审计报告中应当使用特定国家或地区法律框架下的恰当术语，而不必限定为“管理层”，在某些国家或地区，恰当的术语可能是“治理层”。

管理层对财务报表的责任部分应当说明管理层负责下列方面。

① 按照适用的财务报告编制基础编制财务报表，并使其实现公允反映，并设计、执行和维护必要的内部控制，以使财务报表不存在由于舞弊或错误导致的重大错报。

② 评价被审计单位的持续经营能力和使用持续经营假设是否适当，并披露与持续经营相关的事项（如适用）。对管理层评估责任的说明应当包括描述在何种情况下使用持续经营假设是适当的。

（六）注册会计师的责任

审计报告应当包含标题为“注册会计师的责任”的段落。注册会计师的责任段应当说明下列内容。

① 说明注册会计师的目标是对财务报表整体是否不存在由于舞弊或错误导致的重大错报获取合理保证，并出具包含审计意见的审计报告。

② 说明合理保证是高水平的保证，但并不能保证按照审计准则执行的审计在某一重大错报存在时总能及时发现。

③ 说明错报可能由于舞弊或错误导致。

在说明错报可能是由于舞弊或错误导致时，注册会计师应当从下列两种做法中选取一种。

- 描述如果合理预期错报单独或汇总起来可能影响财务报表使用者依据财务报表做出的经济决策，则通常认为错报是重大的。
- 根据适用的财务报表编制基础，提供关于重要性的定义或描述。

④ 说明在按照审计准则执行审计工作的过程中，注册会计师应用职业判断，并保持职业怀疑。

⑤ 通过说明注册会计师的责任，对审计工作进行描述。这些责任如下。

- 识别和评估由于舞弊或错误导致的财务报表重大错报风险，设计和实施审计程序以应对这些风险，并获取充分、适当的审计证据，作为发表审计意见的基础。由于舞弊可以涉及串通、伪造、故意遗漏、虚假陈述或凌驾于内部控制之上，未能发现由于舞弊导致的重大错报的风险高于未能发现由于错误导致的重大错报的风险。
- 了解与审计相关的内部控制，以设计恰当的审计程序，但目的并非对内部控制的有效性发表意见。当注册会计师有责任在财务报表审计的财时对内部控制的有效性发表意见时，应当略去上述“目的并对内部控制的有效性发表意见”的表述。
- 评价管理层选用会计政策的恰当性和做出会计估计及相关披露的合理性。
- 对管理层使用持续经营假设的恰当性得出结论。同时，根据获取的审计证据，就可能导致对被审计单位持续经营能力产生重大疑虑的事项或情况是否存在重大不确定性得出结论。如果注册会计师得出结论认为存在重大不确定性，审计准则要求注册会计师在审计报告中提请报表使用者关注财务报表中的相关披露；如果披露不充分，注册会计师应当发表非无保留意见。注册会计师的结论基于截至审计报告日可获得的信息。然而，未来的事项或情况可能导致被审计单位不能持续经营。

- 评价财务报表的总体列报、结构和内容（包括披露），并评价财务报表是否公允反映相关交易和事项。
- 说明注册会计师与治理层就计划的审计范围、时间安排和重大审计发现等事项进行沟通，包括沟通注册会计师在审计中识别的值得关注的内部控制缺陷。
- 对于上市实体财务报表审计，指出注册会计师就已遵守与独立性相关的职业道德要求向治理层提供声明，并与治理层沟通可能被合理认为影响注册会计师独立性的所有关系和其他事项，以及相关的防范措施（如适用）。
- 对于上市实体财务报表审计，以及决定按照《中国注册会计师审计准则第1504号——在审计报告中沟通关键审计事项》的规定沟通关键审计事项的其他情况，说明注册会计师从与治理层沟通过的事项中确定哪些事项对本期财务报表审计最为重要，因而构成关键审计事项。注册会计师应当在审计报告中描述这些事项，除非法律法规禁止公开披露这些事项，或者在极少数情形下，注册会计师合理预期在审计报告中描述某事项造成的负面后果超过在公众利益方面产生的益处，因而确定不应在审计报告中描述该事项。

⑥ 其他报告责任。

除审计准则规定的注册会计师对财务报表出具审计报告的责任外，如果注册会计师在对财务报表出具的审计报告中履行其他报告责任，应当在审计报告中将其单独作为一部分，并以“按照相关法律法规的要求报告的事项”为标题。除非其他报告责任涉及的事项与审计准则规定的报告责任涉及的事项相同。如果涉及相同的事项，其他报告责任可以在审计准则规定的同一报告要素部分列示。

如果将其他报告责任在审计准则要求的同一报告要素部分列示，审计报告应当清楚地区分其他报告责任和审计准则要求的报告责任。

（七）注册会计师的签名和盖章

审计报告应当由注册会计师签名并盖章。注册会计师在审计报告上签名并盖章，有利于明确法律责任。《财政部关于注册会计师在审计报告上签名盖章有关问题的通知》（财会〔2001〕1035号）明确规定如下事项。

① 会计师事务所应当建立健全全面质量控制政策与程序以及各审计项目的质量控制程序，严格按照有关规定和本通知的要求在审计报告上签名盖章。

② 审计报告应当由两名具备相关业务资格的注册会计师签名盖章并经会计师事务所盖章方为有效。

- 审计报告应当由项目合伙人和另一名负责该项目的注册会计师签名和盖章。
- 注册会计师应当在对上市实体整套通用目的财务报表出具的审计报告中注明项目合伙人。

（八）会计师事务所的名称、地址和盖章

审计报告应当载明会计师事务所的名称和地址，并加盖会计师事务所公章。

根据《注册会计师法》的规定，注册会计师承办业务，由其所在的会计师事务所统一受理并与委托人签订委托合同。因此，审计报告除了应由注册会计师签名和盖章外，还应载明会计师事务所的名称和地址，并加盖会计师事务所公章。

注册会计师在审计报告中载明会计师事务所地址时，标明会计师事务所所在的城市即可。在实务中，审计报告通常载于会计师事务所统一印刷的、标有该所详细通信地址的信笺上，因此无须在审计报告中注明详细地址。此外，根据国家工商行政管理部门的有关规定，在主管登记机关管辖区内，已登记注册的企业名称不得相同。因此，在同一地区内不会出现重名的会计师事务所。

（九）报告日期

审计报告应当注明报告日期。审计报告日不应早于注册会计师获取充分、适当的审计证据（包括管理层认可对财务报表的责任且已批准财务报表的证据），并在此基础上对财务报表形成审计意见的日期。在确定审计报告日时，注册会计师应当确信已获取下列两方面的审计证据。

① 构成整套财务报表的所有报表（包括相关附注）已编制完成。

② 被审计单位的董事会、管理层或类似机构已经认可其对财务报表负责。

审计报告的日期向审计报告使用者表明，注册会计师已考虑其知悉的、截至审计报告日发生的事项和交易的影响。注册会计师对审计报告日后发生的事项和交易的责任，在《中国注册会计师审计准则第 1332 号——期后事项》中做出了规定。因此，审计报告的日期非常重要。注册会计师对不同时段的财务报表日后事项有着不同的责任，而审计报告的日期是划分时段的关键时点。由于审计意见是针对财务报表发表的，并且编制财务报表是管理层的责任，所以只有在注册会计师获取证据证明构成整套财务报表的所有报表（包括相关附注）已经编制完成，并且管理层已认可其对财务报表的责任的情况下，注册会计师才能得出已经获取充分、适当的审计证据的结论。在实务中，注册会计师在正式签署审计报告前，通常把审计报告草稿和已审计财务报表草稿一同提交给管理层。如果管理层批准并签署已审计财务报表，注册会计师即可签署审计报告。注册会计师签署审计报告的日期通常与管理层签署已审计财务报表的日期为同一天，或者晚于管理层签署已审计财务报表的日期。

在审计实务中，可能发现被审计单位根据法律法规的要求或出于自愿选择，将适用的财务报告编制基础没有要求的补充信息与已审计财务报表一同列报。例如，被审计单位列报补充信息以增强财务报表使用者对适用的财务报告编制基础的理解，或者对财务报表的特定项目提供进一步解释。这种补充信息通常在补充报表中或作为额外的附注进行列示。注册会计师应当评价被审计单位是否清楚地将这些补充信息与已审计财务报表予以区分。如果被审计单位未能予以清楚区分，注册会计师应当要求管理层改变未审计补充信息的列报方式。如果管理层拒绝改变，注册会计师应当在审计报告中说明补充信息未审计。

对于适用的财务报告编制基础没有要求的补充信息，如果由于其性质和列报方式导致

不能使其清楚地与已审计财务报表予以区分，从而构成财务报表必要的组成部分，这些补充信息应当涵盖在审计意见中。例如，财务报表附注中关于该财务报表符合另一财务报告编制基础的程度的解释，属于这种补充信息。审计意见也涵盖与财务报表进行交叉索引的附注或补充报表。

六、在审计报告中沟通关键审计事项

（一）关键审计事项的定义

关键审计事项是指注册会计师根据职业判断认为对本期财务报表审计最为重要的事项。关键审计事项从注册会计师与治理层沟通过的事项中选取。

（二）注册会计师的目标

注册会计师的目标是：确定关键审计事项，并在对财务报表形成审计意见后，以在审计报告中描述关键审计事项的方式沟通这些事项。

（三）确定关键审计事项

注册会计师应当从与治理层沟通过的事项中确定在执行审计工作时重点关注过的事项。在确定时，注册会计师应当考虑下列方面。

① 按照《中国注册会计师审计准则第 1211 号——通过了解被审计单位及其环境识别和评估重大错报风险》的规定，评估的重大错报风险较高的领域或识别出的特别风险。

② 与财务报表中涉及重大管理层判断（包括被认为具有高度估计不确定性的会计估计）的领域相关的重大审计判断。

③ 本期重大交易或事项对审计的影响。

（四）沟通关键审计事项

注册会计师应当在审计报告中单设一部分，以“关键审计事项”为标题，并在该部分使用恰当的子标题逐项描述关键审计事项。关键审计事项部分的引言应当同时说明下列事项。

① 关键审计事项是注册会计师根据职业判断，认为对本期财务报表审计最为重要的事项。

② 关键审计事项的应对以对财务报表整体进行审计并形成审计意见为背景，注册会计师不对关键审计事项单独发表意见。

除非存在下列情形之一，注册会计师应当在审计报告中描述每项关键审计事项。

① 法律法规禁止公开披露某事项。

② 在极少数情形下，如果合理预期在审计报告中沟通某事项造成的负面后果超过在公众利益方面产生的益处，注册会计师确定不应在审计报告中沟通该事项。如果被审计单位已公开披露与该事项有关的信息，则本项规定不适用。

（五）与治理层的沟通

注册会计师应当就下列事项与治理层沟通。

① 注册会计师确定的关键审计事项。

② 根据被审计单位和审计业务的具体事实和情况，注册会计师确定不存在需要在审计报告中沟通的关键审计事项（如适用）。

七、非无保留意见的审计报告

（一）非无保留意见的含义

非无保留意见是指保留意见、否定意见或无法表示意见。

当存在下列情形之一时，注册会计师应当在审计报告中发表非无保留意见。

① 根据获取的审计证据，得出财务报表整体存在重大错报的结论。

② 无法获取充分、适当的审计证据，不能得出财务报表整体不存在重大错报的结论。

（二）确定非无保留意见的类型

当存在下列情形之一时，注册会计师应当发表保留意见。

① 在获取充分、适当的审计证据后，注册会计师认为错报单独或累计起来对财务报表影响重大，但不具有广泛性。

② 注册会计师无法获取充分、适当的审计证据以作为形成审计意见的基础，但认为未发现的错报（如存在）对财务报表可能产生的影响重大，但不具有广泛性。

在获取充分、适当的审计证据后，如果认为错报单独或累计起来对财务报表的影响重大且具有广泛性，注册会计师应当发表否定意见。

如果无法获取充分、适当的审计证据以作为形成审计意见的基础，但认为未发现的错报（如存在）对财务报表可能产生的影响重大且具有广泛性，注册会计师应当发表无法表示意见。

在极其特殊的情况下，可能存在多个不确定事项。尽管注册会计师对每个单独的不确定事项获取了充分、适当的审计证据，但由于不确定事项之间可能存在相互影响，以及可能对财务报表产生累积影响，注册会计师不可能对财务报表形成审计意见。在这种情况下，注册会计师应当发表无法表示意见。

在承接审计业务后，如果注意到管理层对审计范围施加了限制，且认为这些限制可能导致对财务报表发表保留意见或无法表示意见，注册会计师应当要求管理层消除这些限制。

如果管理层拒绝消除限制，除非治理层全部成员参与管理被审计单位，注册会计师应当就此事项与治理层沟通，并确定能否实施替代程序以获取充分、适当的审计证据。

如果无法获取充分、适当的审计证据，注册会计师应当通过下列方式确定其影响。

① 如果未发现的错报（如存在）可能对财务报表产生的影响重大，但不具有广泛性，注册会计师应当发表保留意见。

② 如果未发现的错报（如存在）可能对财务报表产生的影响重大且具有广泛性，以至于发表保留意见不足以反映情况的严重性，注册会计师应当在可行时解除业务约定（除非

法律法规禁止)；如果在出具审计报告之前解除业务约定被禁止或不可行，应当发表无法表示意见。

如果认为有必要对财务报表整体发表否定意见或无法表示意见，注册会计师不应在同一审计报告中对按照相同财务报告编制基础编制的单一财务报表或者财务报表特定要素、账户或项目发表无保留意见。在同一审计报告中包含无保留意见，将会与对财务报表整体发表的否定意见或无法表示意见相矛盾。

表10-1列示了注册会计师对导致发生非无保留意见的事项的性质和这些事项对财务报表产生或可能产生影响的广泛性做出的判断，以及注册会计师的判断对审计意见类型的影响。

表10-1　注册会计师对导致发生非无保留意见的事项的性质及相关判断

导致发生非无保留意见的事项的性质	这些事项对财务报表产生或可能产生影响的广泛性	
	重大但不具有广泛性	重大且具有广泛性
财务报表存在重大错报	保留意见	否定意见
无法获取充分、适当的审计证据	保留意见	无法表示意见

（三）非无保留意见的审计报告的格式和内容

如果对财务报表发表非无保留意见，除在审计报告中包含《中国注册会计师审计准则第1501号——对财务报表形成审计意见和出具审计报告》规定的审计报告要素外，注册会计师还应当：

① 将《中国注册会计师审计准则第1501号——对财务报表形成审计意见和出具审计报告》规定的“形成审计意见的基础”这一标题标题修改为恰当的标题，如“形成保留意见的基础”“形成否定意见的基础”或“形成无法表示意见的基础”；

② 在该部分对导致发表非无保留意见的事项进行描述。

如果财务报表中存在与具体金额(包括财务报表附注中的定量披露)相关的重大错报，注册会计师应当在形成审计意见的基础部分说明并量化该错报的财务影响。如果无法量化财务影响，注册会计师应当在该部分说明这一情况。

如果财务报表中存在与叙述性披露相关的重大错报，注册会计师应当在导致非无保留意见的事项段中解释该错报错在何处。

如果财务报表中存在与应披露而未披露信息相关的重大错报，注册会计师应当：

① 与治理层讨论未披露信息的情况；

② 在形成审计意见的基础部分描述未披露信息的性质；

③ 如果可行并且已针对未披露信息获取了充分、适当的审计证据，在形成审计意见的基础部分包含对未披露信息的披露，除非法律禁止。

如果无法获取充分、适当的审计证据而导致发表非无保留意见，注册会计师应当在形成审计意见的基础部分说明无法获取审计证据的原因。

即使发表了否定意见或无法表示意见，注册会计师也应当在形成审计意见的基础部分说明注意到的、将导致发表非无保留意见的所有其他事项及其影响。

在发表非无保留意见时，注册会计师应当对审计意见部分使用恰当的标题，如“保留意见”“否定意见”或“无法表示意见”。

当由于财务报表存在重大错报而发表保留意见时，注册会计师应当在审计意见部分中说明："注册会计师认为，除了形成保留意见的基础部分所述事项产生的影响外，后附的财务报表在所有重大方面按照适用的财务报告编制基础编制，公允反映了……"

当无法获取充分、适当的审计证据而导致发表保留意见时，注册会计师应当在审计意见段中使用"除……可能产生的影响外"等措辞。

当发表否定意见时，注册会计师应当在审计意见部分说明："注册会计师认为，由于形成否定意见的基础部分所述事项的重要性，后附的财务报表没有在所有重大方面按照适用的财务报告编制基础的规定编制，未能公允反映……"

当由于无法获取充分、适当的审计证据而发表无法表示意见时，注册会计师应当：

① 说明注册会计师不对后附的财务报表发表审计意见；

② 说明由于形成无法表示意见的基础部分所述事项的重要性，注册会计师无法获取充分、适当的审计证据以作为对财务报表发表审计意见提供基础；

③ 修改《中国注册会计师审计准则第 1501 号——对财务报表形成审计意见和出具审计报告》中规定的财务报表已经审计的说明，改为注册会计师接受委托审计财务报表。

当发表保留意见或否定意见时，注册会计师应当修改《中国注册会计师审计准则第 1501 号——对财务报表形成审计意见和出具审计报告》规定的表述，在对注册会计师是否获得充分、适当的审计证据以作为形成审计意见的基础的说明中，包含恰当的措辞，如"保留"或"否定"。

当注册会计师对财务报表发表无法表示意见时，审计报告中不应当包含《中国注册会计师审计准则第 1501 号——对财务报表形成审计意见和出具审计报告》规定的要素，即：

① 提及审计报告中用于描述注册会计师责任的部分；

② 说明注册会计师是否已获取充分、适当的审计证据以作为形成审计意见的基础。

当由于无法获取充分、适当的审计证据而发表无法表示意见时，注册会计师应当对按照《中国注册会计师审计准则第 1501 号——对财务报表形成审计意见和出具审计报告》规定在审计报告中对注册会计师责任做出的表述进行修改，仅包含下列内容：

① 注册会计师的责任是按照中国注册会计师审计准则的规定，对被审计单位财务报表执行审计工作，以出具审计报告；

② 但由于形成无法表示意见的基础部分所述的事项，注册会计师无法获取充分、适当的审计证据以作为发表审计意见的基础；

③ 按照《中国注册会计师审计准则第 1501 号——对财务报表形成审计意见和出具审计报告》规定，关于注册会计师在独立性和职业道德方面的其他责任的声明。

除非法律法规另有规定，当对财务报表发表无法表示意见时，注册会计师不得在审计报告中包含《中国注册会计师审计准则第 1504 号——在审计报告沟通关键审计事项》规定的关键审计事项部分，也不得在审计报告中包含《中国注册会计师审计准则第 1521 号——注册会计师对其他信息的责任》规定的其他信息部分。

八、审计报告的示例

基于对上市实体财务报表出具的无保留意见的审计报告如下。

审计报告

ABC股份有限公司全体股东：

一、对财务报表出具的审计报告

（一）审计意见

我们审计了ABC股份有限公司（以下简称“ABC公司”）财务报表，包括20×1年12月31日的资产负债表，20×1年度的利润表、现金流量表、股东权益变动表以及相关财务报表附注。

我们认为，后附的财务报表在所有重大方面按照企业会计准则的规定编制，公允反映了ABC公司20×1年12月31日的财务状况以及20×1年度的经营成果和现金流量。

（二）形成审计意见的基础

我们按照中国注册会计师审计准则的规定执行了审计工作。审计报告的“注册会计师对财务报表审计的责任”部分进一步阐述了我们在这些准则下的责任。按照中国注册会计师职业道德守则，我们独立于ABC公司，并履行了职业道德方面的其他责任。我们相信，我们获取的审计证据是充分、适当的，为发表审计意见提供了基础。

（三）关键审计事项

关键审计事项是根据我们的职业判断，认为对本期财务报表审计最为重要的事项。这些事项是在对财务报表整体进行审计并形成意见的背景下进行处理的，我们不对这些事项提供单独的意见。

[按照《中国注册会计师审计准则第1504号——在审计报告中沟通关键审计事项》的规定描述每一关键审计事项。]

（四）管理层和治理层对财务报表的责任

管理层负责按照企业会计准则的规定编制财务报表，使其实现公允反映，并设计、执行和维护必要的内部控制，以使财务报表不存在由于舞弊或错误导致的重大错报。

在编制财务报表时，管理层负责评估ABC公司的持续经营能力，披露与持续经营相关的事项（如适用），并运用持续经营假设，除非计划清算ABC公司、停止营运或别无其他现实的选择。

治理层负责监督ABC公司的财务报告过程。

（五）注册会计师对财务报表审计的责任

我们的目标是对财务报表整体是否不存在由于舞弊或错误导致的重大错报获取合理保证，并出具包含审计意见的审计报告。合理保证是高水平的保证，但并不能保证按照审计准则执行的审计在某一重大错报存在时总能发现。错报可能由于舞弊或错误导致，如果合理预期错报单独或汇总起来可能影响财务报表使用者依据财务报表做出的经济决策，则通常认为错报是重大的。

在按照审计准则执行审计的过程中，我们运用了职业判断，保持了职业怀疑。我们同时：

（1）识别和评估由于舞弊或错误导致的财务报表重大错报风险；对这些风险有针对性地设计和实施审计程序；获取充分、适当的审计证据，作为发表审计意见的基础。由于舞弊可能涉及串通、伪造、故意遗漏、虚假陈述或凌驾于内部控制之上，未能发现由于舞弊导致的重大错报的风险高于未能发现由于错误导致的重大错报的风险。

（2）了解与审计相关的内部控制，以设计恰当的审计程序，但目的并非对内部控制的有效性发表意见。

（3）评价管理层选用会计政策的恰当性和做出会计估计及相关披露的合理性。

（4）对管理层使用持续经营假设的恰当性得出结论。同时，根据获取的审计证据，就可能导致对 ABC 公司持续经营能力产生重大疑虑的事项或情况是否存在重大不确定性得出结论。如果我们得出结论认为存在重大不确定性，审计准则要求我们在审计报告中提请报表使用者注意财务报表中的相关披露；如果披露不充分，我们应当发表非无保留意见。我们的结论基于审计报告日可获得的信息。然而，未来的事项或情况可能导致 ABC 公司不能持续经营。

（5）评价财务报表的总体列报、结构和内容（包括披露），并评价财务报表是否公允反映相关交易和事项。

我们与治理层就计划的审计范围、时间安排和重大审计发现（包括我们在审计中识别的值得关注的内部控制缺陷）等事项进行沟通。

我们还就遵守关于独立性的相关职业道德要求向治理层提供声明，并就可能被合理认为影响我们独立性的所有关系和其他事项，以及相关的防范措施（如适用）与治理层进行沟通。

从与治理层沟通的事项中，我们确定哪些事项对本期财务报表审计最为重要，因而构成关键审计事项。我们在审计报告中描述这些事项，除非法律法规禁止公开披露这些事项，或在极其罕见的情形下，如果合理预期在审计报告中沟通某事项造成的负面后果超过在公众利益方面产生的益处，我们确定不应在审计报告中沟通该事项。

二、按照相关法律法规的要求报告的事项

[本部分的格式和内容，取决于法律法规对其他报告责任的性质的规定。法律法规规范的事项（其他报告责任）应当在本部分处理，除非其他报告责任与审计准则所要求的报告责任涉及相同的主题。如果涉及相同的主题，其他报告责任可以在审计准则所要求的同一报告要素部分中列示。]

[当其他报告责任和审计准则规定的报告责任涉及同一主题，并且审计报告中的措辞能够将其他报告责任与审计准则规定的责任予以清楚地区分（如差异存在）时，允许将两者合并列示（即包含在“对财务报表出具的审计报告”部分中，并使用适当的副标题）。]

××会计师事务所　　　　　　　　　　中国注册会计师：×××（项目合伙人）
（盖章）　　　　　　　　　　　　　　　（签名并盖章）

中国注册会计师：×××
（签名并盖章）

中国××市
二〇×二年×月×日

参考资料

财政部等五部委联合制定的《企业内部控制基本规范》（2008年）

财政部《内部会计控制规范》

《中国注册会计师审计准则第1501号——对财务报表形成审计意见和出具审计报告》

《中国注册会计师审计准则第1502号——在审计报告中发表非无保留意见审计报告》

《中国注册会计师审计准则第1504号——在审计报告中沟通关键审计事项》

思考与讨论

1. 审计报告的含义是什么？
2. 审计报告的作用是什么？
3. 审计意见是如何形成的？
4. 审计意见有几种类型？
5. 审计报告的基本内容是什么？
6. 非无保留意见审计报告的含义是什么？
7. 非无保留意见审计报告的类型有哪些？

参 考 文 献

[1] 中国注册会计师协会. 审计[M]. 北京：经济科学出版社，2012.
[2] 胡中艾. 审计[M]. 3 版. 大连：东北财经大学出版社，2011.
[3] 李晓慧. 审计学实务与案例[M]. 北京：中国人民大学出版社，2008.
[4] 刘华. 审计理论与案例[M]. 上海：复旦大学出版社，2005.
[5] 孙坤，徐平. 审计习题与案例[M]. 大连：东北财经大学出版社，2007.
[6] 赵保卿. 审计案例研究[M]. 北京：中央广播电视大学出版社，2002.
[7] 王宏，邹春，李凤荣. 审计理论与实务[M]. 北京：北京理工大学出版社，2011.
[8] 刘慧芬. 审计分析程序风险识别信号研究：基于锦州港造假案例的分析[J]. 财会通讯，2011（10）.
[9] 刘志耕. 了解被审计单位及其环境要因地制宜[J]. 中国注册会计师，2009（4）.

尊敬的老师：

您好。

请您认真、完整地填写以下表格的内容（务必填写每一项），索取相关图书的教学资源。

教学资源索取表

书 名				作者名	
姓 名		所在学校			
职 称		职 务		职 称	
联系方式	电 话		E-mail		
	QQ号		微信号		
地址（含邮编）					
贵校已购本教材的数量（本）					
所需教学资源					
系/院主任姓名					

系 / 院主任：________________（签字）

（系 / 院办公室公章）

20____年____月____日

注意：

① 本配套教学资源仅向购买了相关教材的学校老师免费提供。

② 请任课老师认真填写以上信息，并请系 / 院加盖公章，然后传真到（010）80115555 转 718438 索取配套教学资源。也可将加盖公章的文件扫描后，发送到 fservice@126.com 索取教学资源。欢迎各位老师扫码关注我们的微信号和公众号，随时与我们进行沟通和互动。

③ 个人购买的读者，请提供含有书名的购书凭证，如发票、网络交易信息，以及购书地点和本人工作单位来索取。

微信号

公众号